中国社会科学院创新工程学术出版项目

广东省普通高校人文社会科学重点研究基地广州大学广州发展研究院研究成果
广东省教育厅"广州学"协同创新发展中心、广州市教育局"广州学"协同
创新重大项目研究成果

广州蓝皮书

BLUE BOOK OF GUANGZHOU

丛书主持／涂成林

2014年中国广州社会形势分析与预测

ANALYSIS AND FORECAST ON SOCIAL SITUATION
OF GUANGZHOU IN CHINA (2014)

主　编／张　强　陈怡霓　杨　秦
副主编／涂成林　刘冬和　姚森隆

社会科学文献出版社
SOCIAL SCIENCES ACADEMIC PRESS (CHINA)

图书在版编目（CIP）数据

2014 年中国广州社会形势分析与预测/张强，陈怡霓，杨秦主编.
—北京：社会科学文献出版社，2014.5
（广州蓝皮书）
ISBN 978 - 7 - 5097 - 5964 - 6

Ⅰ.①2… Ⅱ.①张… ②陈… ③杨… Ⅲ.①社会调查 - 白皮书 -
广州市 - 2014 Ⅳ.①D668

中国版本图书馆 CIP 数据核字（2014）第 083483 号

广州蓝皮书
2014 年中国广州社会形势分析与预测

主 编/张 强 陈怡霓 杨 秦
副 主 编/涂成林 刘冬和 姚森隆

出 版 人/谢寿光
出 版 者/社会科学文献出版社
地 址/北京市西城区北三环中路甲 29 号院 3 号楼华龙大厦
邮政编码/100029

责任部门/皮书出版分社 （010）59367127 责任编辑/高振华
电子信箱/pishubu@ ssap. cn 责任校对/李文明
项目统筹/任文武 责任印制/岳 阳
经 销/社会科学文献出版社市场营销中心 （010）59367081 59367089
读者服务/读者服务中心 （010）59367028

印 装/北京季蜂印刷有限公司
开 本/787mm×1092mm 1/16 印 张/20.25
版 次/2014 年 5 月第 1 版 字 数/325 千字
印 次/2014 年 5 月第 1 次印刷
书 号/ISBN 978 - 7 - 5097 - 5964 - 6
定 价/69.00 元

主要编撰者简介

张　强　男，河北平山人，现任广州大学党委副书记、纪委书记。1982年参加工作，1985年加入中国共产党。哲学学士，经济学硕士，副教授。1982年起任共青团石家庄市委办公室主任、宣传部部长；1990年起任原广州大学办公室副主任、维修工程技术部党支部书记、党委宣传部部长；2001年起任合并后的广州大学党委宣传部部长、党委组织部部长；2005年起任广州医学院党委副书记、纪委书记；2012年11月至今任广州大学党委副书记、纪委书记。第十一届广州市政协委员。曾获广州市优秀党务工作者称号。

陈怡霓　女，1984年7月参加工作，医学硕士。现任广州市政协副主席，广州市卫生局局长，致公党广州市委员会主任委员。1984年广州市红十字会医院妇产科医师。1985～1997年先后在英国伯明翰大学攻读医学硕士学位、英国中部地区内分泌研究所和英国伯明翰英女皇医院从事医学临床实验研究工作。1997年7月起先后在广州市红十字会医院任主任医师、检验科主任、创伤研究所副所长、中心实验室主任。2002年当选致公党广州市委员会副主委，2006年起任致公党广州市委员会主委。2010年8月任广州市卫生局副局长，2013年4月任广州市卫生局局长。2012年1月当选广州市政协副主席。第十一届全国人大代表、第十二届全国政协委员。广东省第十届人大代表、华侨民族宗教委员会委员。广州市第十三届人大常委。致公党中央第十三届、第十四届委员会委员；致公党广东省委员会第十届、第十一届副主委。

杨　秦　男，1976年2月参加工作，工商管理硕士学位，现任广州市人力资源和社会保障局党委书记、局长。1976～1998年在空军部队服役，历任战士、政治指导员，兰州军区空军政治部干事、军区空军党委秘书、科长、组织处副处长、团政委、旅副政委等职。1998年转业地方。历任中国试飞员学院党委副书记，中飞通用航空公司党委书记（其间：1999～2002年挂任中共陕西大荔县委副书记），中共广州市委组织部巡视员、机关党委书记，中共广州市纪委党委、秘书长（其间：2007年兼广州市纪委、市监察局机关党委书记）。

涂成林　男，现任广州大学广州发展研究院、广东发展研究院院长，研究员，博士生导师。1978年起分别在四川大学、中山大学、中国人民大学学习，获得学士、硕士和博士学位。1985年起在湖南省委理论研究室工作。1991年起调入广州市社会科学院工作，2010年调入广州大学工作。社会兼职有：广东省体制改革研究会副会长、广东省综合改革研究院副院长、广州市股份经济研究会副会长、广州市哲学学会副会长、中国科学学与科技政策研究会理事等。曾赴澳大利亚、新西兰等国做访问学者，目前主要从事经济社会发展规划、科技政策、文化软实力以及西方哲学、唯物史观等方面的教学与研究，先后在《中国社会科学》、《哲学研究》、《教育研究》、《光明日报》等报刊发表论文100多篇，出版专著十余部，主持和承担国家社科基金等各类研究课题30余项，获全国青年社会科学成果专著类优秀奖等近20个奖项。

刘冬和　男，出生于广州。中共广东省委党校在职研究生学历。现任中共广州市委政策研究室巡视员，兼任广州市社科联副主席、广州市政协理论研究会副会长、广州市贸促委委员。1975年4月参加工作。曾在越秀区委宣传部工作，兼任《企业家》报编辑。1986年被中共广州市委政研室录用。在政研室经济处任主要负责人期间，被聘为广州经济社会发展研究中心特约研究员，兼任该中心工业组、外经组组长。20多年来，参与过广州市委、市政府许多重要政策文件的调研和起草工作，主编并参与编辑一批有关经济、社会发展重要理论研究的书籍，许多理论性强、实践性突出的文章被国家级和省市级刊物登载。

姚森隆　男，1971 年 9 月出生，汉族，广东潮阳人，1993 年 7 月参加工作，1992 年 4 月加入中国共产党，中山大学管理学硕士、理学学士，曾任广州市海珠区委政策研究室主任、海珠区琶洲街道党工委书记、黄埔区委常委、梅州市丰顺县委书记，现任广州市社会工作委员会专职副主任。

摘　要

　　《2014 年中国广州社会形势分析与预测》由广州大学与广州市委宣传部、广州市卫生局、广州市人力资源和社会保障局及广州市社会工作委员会等联合主编，作为广州蓝皮书系列之一列入社会科学文献出版社的"皮书系列"，并面向全国公开发行。本报告由总报告、社会治理篇、社会事业篇、社会工作篇、社情民意篇五部分组成，汇集了广州科研团体、高等院校和政府部门诸多社会问题研究专家、学者和相关部门工作者的最新研究成果，是关于广州社会运行情况和相关专题分析与预测的重要参考资料。

　　整个 2013 年，广州坚持民生为先，紧紧围绕推进新型城市化发展、建设幸福广州的核心任务，以保障和改善民生为重点，全力推进普惠共享型社会保障体系建设，不断推进和加强社会建设与管理机制创新，打造了良好的社会安全秩序；广州市社会发展态势平稳，人民生活持续改善，社会养老服务体系建设取得了历史性进展，社会治理各领域的制度建设稳步推进，文教医卫诸项事业实现了重大跨越，民生福利水平进一步提升，在社会组织发展和政府购买社会工作服务等方面取得了新的成绩。

　　2014 年，广州市将在十八届三中全会精神指引下，锐意推进社会治理体制和社会管理体制改革，将在继续提升民生福利的基础上，努力构建可持续发展的社会建设体制机制，形成合力推进广州新型城市化发展的态势。

目录

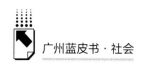

皮书数据库阅读使用指南

总 报 告

General Review

B.1

2013 年广州社会发展形势
分析与 2014 年展望[*]

广州大学广州发展研究院课题组^{**}

摘 要：

2013 年，广州不断推进和加强民生建设与社会治理创新，社会体制改革成效显著，社会治理合力初步形成；在推行养老服务设施、创新社会治理机制等若干重要社会建设与发展领域，形成了快速推进的发展态势。展望 2014 年，广州市将以改革贯穿民生社会建设领域，推进城乡居民医疗保险制度并轨，提升公共福利水平；社会组织将持续发展，社会领域预防与反腐败力度持续加大，社会治理合力将进一步形成。

* 本报告系广东省普通高校人文社会科学重点研究基地广州大学广州发展研究院、广东省教育厅"广州学"协同创新发展中心、广州市教育局"广州学"协同创新重大项目研究成果。

** 课题组长：涂成林；成员：梁柠欣、栾俪云、周凌霄、蒋余浩、谭苑芳、姚华松、吕慧敏、艾尚乐；执笔：梁柠欣，广州大学广州发展研究院副研究员、博士，所长。

关键词：

民生建设　社会治理　社会组织　广州

一　2013 年广州社会发展总体形势分析

2013 年是广州市经济发展不平凡的一年。受国内外经济环境变化的影响，2013 年广州市经济增长面临较大下行压力。面对复杂严峻的国内外经济环境，2013 年广州坚持稳中求进的工作总基调，以推进新型城市化发展为引领，全力以赴稳增长、促转型、惠民生、增后劲，全市经济保持平稳较快发展。2013 年，全市实现地区生产总值（GDP）15420.14 亿元，比上年增长 11.6%，增速较上年提高 1.1 个百分点。公共财政预算收入 1140.5 亿元，按可比口径增长 1%①。经济形势的稳定和地方财政收入的平稳增长，为广州社会建设与发展提供了坚实的物质基础。

2013 年广州坚持民生为先、底线思维，紧紧围绕推进新型城市化发展、建设幸福广州的核心任务，以保障和改善民生为重点，全力推进普惠共享型社会保障体系建设，不断推进和加强社会建设与管理机制创新，打造良好社会安全秩序，全面兑现了年初的十件民生实事，在促进城乡居民社会保障一体化、完善养老服务设施、创新社会治理体制等若干重要领域，形成了快速推进的发展态势。

（一）城乡居民收入稳步提高，人民生活持续改善

面对严峻复杂的国内外经济形势，2013 年广州市坚持稳中求进促发展，千方百计促投资、扩内需、稳外贸，国内生产总值依然实现了 11.6% 的增长速度，为城乡居民收入稳步增长、生活水平持续改善提供了坚实的基础。

1. 城乡居民收入水平继续稳步提高，收入差距进一步缩小

随着广州与内地经济发展差距缩小，"逃离北上广"已经蔓延为一股社会

---

①　资料来源：《2014 年广州市政府工作报告》、广州市统计局。下文有关数据，如无特别说明，均来自《2014 年广州市政府工作报告》或各有关部门数据。

风潮，广州对外来人口的吸引力正在悄然发生变化。从占据广州普通劳工与技术劳工供需服务市场主体地位的两家劳动力市场服务机构的统计数据看[①]，2013 年广州市劳动力市场吸引力不足，无论是普通的操作员工还是专业人才，单位用工需求仍然无法得到很好的满足。从反映劳动力供需变化最为直观的指标——求人倍率（劳动力市场需求人数与求职人数比）看，据广州市劳动力市场中心统计，2013 年广州地区全年普通劳动力市场的求人倍率平均为 1.4，即 1.4 个岗位只有 1 个求职者，前三季度的求人倍率通常在 1.3 以上，而临近元旦、春节的第四季度则因季节性影响因素，求人倍率上升到 2.19，普通劳动力供不应求矛盾突出。而南方人才市场统计数据显示[②]，2013 年中国南方人才市场全年各种类型招聘形式（现场招聘、网络招聘）的求人倍率达到 3.3，其中现场招聘会的求人倍率为 1.4，而网络招聘则达到 6.48，表明学历型人才供给不足，从数据上初步证实了白领"逃离北上广"的判断。数据表明，广州市的劳动力市场供不应求状态已经从技能人才招工难，进一步发展到普工招工难。为应对用工需求的不足、加大与劳动力输出地以及长江三角洲地区争夺劳动力的砝码，广州市大量用工单位尤其是劳动密集型企业唯有提高工资水平，直接推高了城镇居民可支配收入。据广州市统计局统计，2013 年广州市城市居民人均可支配收入达到 42066 元，同比增长 10.5%。而在农村，受益于农民专业合作社、广州美丽乡村建设、现代农业园区发展等举措，农民收入得以迅速增长。2013 年农村居民人均纯收入 18887 元，同比增长 12.5%。广州市农村居民人均纯收入增速继续快于城镇居民人均可支配收入增速，城乡居民人均收入比由 2012 年的 2.25∶1 进一步缩小为 2.23∶1。

2. 消费价格涨幅平稳回落，物价调控取得积极成效

受国内外宏观经济环境影响，2013 年广州市工业生产者出厂价格指数

---

① 广州地区主要有两大劳动力市场服务机构。其中，广州人力资源服务市场侧重于招收普通工人，南方人才市场更侧重于学历型人才。两大市场的劳动力供需总量占据了广州市通过现场招聘会与网络招聘形式招用劳动力的绝大部分，在很大程度上可以代表广州地区的劳动力供需情况，特此说明。

② 该部分各个数据均是作者依据中国南方人才市场发布的 2013 年度人才市场有关数据进行重新计算而得。原始数据源于张西陆：《职位不比去年多 今年就业仍严峻》，《南方日报》2014 年 2 月 12 日，第 A04 版。

（PPI）和购进价格指数（IPI）均呈下滑态势，同比分别下降 2.0% 和 1.8%，降幅分别比 2012 年扩大 1.7 个和 0.2 个百分点。由于建立了"菜篮子"最低保有量制度，扶持种养基地等平抑物价政策效应进一步放大，2013 年广州市城市居民消费价格（CPI）同比上涨 2.6%，涨幅比上年回落 0.4 个百分点，消费物价水平保持相对低位平稳的态势。

3. 消费市场继续保持畅旺，新型业态表现突出

2013 年，广州市着力促进传统商贸业转型升级，推进重点商圈升级改造，组织广货展销活动，大力推动电子商务等新业态的培育发展，拓宽新兴消费市场，优化消费环境，消费市场继续保持畅旺势头。全年全市实现社会消费品零售总额 6882.85 亿元，同比增长 15.2%，增速与上年持平。汽车消费逐步回暖，占限额以上商品零售额 26.0% 的汽车类零售额增长 30.2%，增速比上年提高 19.8 个百分点。电商企业呈现集聚发展态势，网上消费增势迅猛，纳入统计的限额以上网上商店零售额增长 64.5% 达到 316.85 亿元。时尚消费持续兴旺，市民追捧扎堆上市的新款智能时尚手机，纳入统计的限额以上通信器材类商品畅销，增速达 61.4%。

（二）就业景气指数稳态运行，劳动力供求基本平衡

确保市民通过就业的形式实现基本的民生权利，直接关系到广大市民生存与发展，是基本民生建设的重要领域。2013 年，广州市通过实施扩内需、促投资、稳外需举措，推行积极就业政策，就业景气指数继续在稳态区间运行，全年城镇登记失业率为 2.15%，就业形势继续保持平稳态势。

1. 就业景气指数继续在稳态区间运行

2013 年，广州经济发展面临复杂的国内与国际经济形势。在此背景下，广州市通过推进加快南沙新区、中新广州知识城等重大平台建设，举办"新广州·新商机"、世界华商 500 强广东（广州）圆桌会等投资推介活动，加快实施投资倍增计划，着力促进传统商贸业转型升级，大力培育电子商务等新业态发展，启动跨境贸易电子商务等一系列扩内需、促投资、稳外需举措。固定资产投资快速增长，全市全年完成固定资产投资 4454.55 亿元，同比增长 18.5%。消费市场保持畅旺，2013 年全市实现社会消费品零售总额 6882.85

亿元，同比增长 15.2%。外贸进出口止跌回升，2013 年，全市完成商品进出口总值 1188.88 亿美元，同比增长 1.5%，外商投资保持增长，全年外商直接投资实际使用金额 48.04 亿元，增长 5.0%。拉动经济增长的"三驾马车"持续发力，尤其是固定资产投资快速增长以及适合小成本创业的电子商务等现代服务业的快速发展，在一定程度上抑制了就业困难人群、高校毕业生形成的就业下行压力的影响，2013 年广州市全年就业景气指数继续在稳态区域运行，全年实现新增就业 27.75 万人，22.09 万名城镇登记失业人员实现再就业，全市城镇就业形势继续保持平稳态势。

2. 就业质量不高导致的就业不稳定性大幅攀升

目前，广州市的产业结构正在处于转型时期，技术密集型行业岗位增量少，劳动密集型的行业例如传统的商贸服务业等第三产业与传统制造业仍然是广州市劳动力需求最大的行业。由于原材料成本提高、市场持续低迷、市场竞争激烈等，在这些行业企业就业的员工很难在既有基础上大幅提高工资，导致劳动力工资增长幅度不大。据广州市劳动就业服务管理中心调查显示，2013年上半年广州企业职工月工资同比增长 11%，扣除同期城市居民消费价格指数，工资实际增幅仅为 8.4%，低于广州同期的 GDP 增速水平。好职业不足，工资收入低、增长慢，生活和工作压力大，在此背景下，企业职工频繁跳槽、逃离"北上广"现象增多，企业员工流失加剧，就业的不稳定性不断提高。据广州市劳动就业服务管理中心及华南师范大学人力资源研究所的调查，第三季度被调查企业的员工流失率达 11.97%，比上年同期的 6.8% 增加了 5.17 个百分点，是 2009 年以来最高水平。

（三）普惠共享型社保体系建设稳步推进，保障水平进一步提高

近年来，广州市始终坚持把保障和改善民生作为社会建设和发展工作的重中之重，继续实施积极的民生财政政策，2013 年仅市本级用于民生和各项公共事业经费就达到 462.3 亿元，占公共财政预算支出的 76.2%。财政资金持续、大量向民生领域倾斜，有力地推进了普惠共享型社保体系建设，民生保障水平不断提高。

1. 城乡居民社会养老保险实现从"制度全覆盖"到"参保对象全覆盖"的转变

在 2012 年建立统一的城乡居民社会养老保险制度的基础上，2013 年广州市财政投入 23.2 亿元，资助 122 万居民参加城乡居民养老保险，推动城乡居民养老保险覆盖率扩展到 99%，基本实现了从"制度全覆盖"到"参保对象全覆盖"的转变，城乡居民一体化社会保障体系建设迈出了新的一步。

2. 各项社会保险覆盖面继续扩大

2013 年广州市采取财政资金、集体经济资金、社会医疗救助金部分或全额资助参保的方式，激励城乡居民参加养老和医疗保险。其中，财政资助城乡居民参加城乡居民养老保险金额达到 23.2 亿元。政府资助城镇居民医疗保险、农村居民新农合的人均标准达到每年 320 元以上，而低保人员、低收入家庭成员及重度残疾人员等困难群体的个人应缴纳的部分，则由社会医疗救助金全额资助缴交。通过各种激励措施，各项社会保险参保人数持续增加，仅 2013 年全市社会保险参保人数达 2913 万人次，比上年增加近 130 万人次，社会保险覆盖面继续扩大。此外，广州市还以财政出资形式，为 20 万困难群众购买了重大疾病商业医疗保险，极大地缓解了群众的生活困难，降低了因病致贫的概率。

3. 城乡居民最低生活保障制度接轨步伐加快

2013 年广州市继续提高城乡居民最低生活保障标准。其中，全市城镇月均低保救助标准统一从 2012 年的 530 元提高到 540 元。与此同时，农村居民平均低保标准提高到 505 元，"五保"供养标准提高到当地农村人均纯收入的 70%。其中，白云区、花都区、从化市、增城市农村低保标准从 420 元提高到 480 元，增幅达到 14.3%，而番禺、萝岗、南沙区则已于 2012 年实现了城乡保障标准的并轨。农村贫困居民最低生活保障标准调整实施的小步快跑策略，促使城乡低保标准差距进一步缩小，预计未来 1~2 年全市基本可以实现居民最低生活保障标准的城乡并轨。

4. 城乡社会保障水平持续提高

2013 年广州市继续兑现提高各项社会保险待遇的承诺。职工养老保险待遇持续提高，全市企业离退休人员月人均养老金也提高到 2833 元，比上年增长约 8.38%，养老金水平位居全国第二。而城乡居民社会养老保险基础养老金也从 130 元提高到 150 元，增幅达 15.4%，城乡居民月人均养老金达到 496元。失业保险待遇大幅度提高，全市（含花都区、番禺区、从化市、增城市）失业保险金标准达到每月 1240 元，增幅 19.23%，高于同期物价增长幅度。医疗保险待遇也进一步提高，其中职工医疗保险的年度最高支付限额和退休人员个人医疗账户月注资金额在上年的基础上统一增加 10.9%，分别达到382512 元和 217.83 元，而城镇居民医疗保险和农村"新农合"的年度报销最高上限也分别达到 20.7 万元和 20 万元。医疗救助以及优抚对象抚恤补助标准等其他各项社会救助水平也继续提高。各项社会保险待遇和救助水平的持续提高，使广大城乡居民得以分享经济发展的成果，提升了幸福感，为和谐社会的建设奠定了良好的社会基础。

（四）继续加大公共服务投入，公共福利水平持续提高

2013 年广州市继续实施民生财政，全年广州市本级地方公共财政预算支出 1384.72 亿元，同比增长 8.9%。而财政支出中用于社会保障和就业、医疗卫生、教育等民生领域的支出增长幅度分别为 18.8%、16.5% 和 6.7%。财政资金大量持续向民生领域倾斜，为公共服务体系的完善与福利水平的提高提供了坚实的物质基础。2013 年，广州市全力兑现十件民生实事，医疗卫生、养老保险、住房保障、食品安全、文化惠民等年度承诺事项超额完成，城乡社区卫生服务继续得到优化，重大公共卫生服务惠及外来人口，学前教育资源公平性有所提升，养老服务设施取得了突破性进展。

1. 城乡社区卫生服务实现人口全覆盖，重大公共卫生服务项目开始惠及外来人口

2013 年广州市继续提高人均基本公共卫生服务经费标准（从 2012 年的 30元提高至 40 元），社区公共卫生服务体系建设持续推进，全市城乡社区卫生服务机构已经覆盖全市城乡社区居民，全年免费向城乡居民提供 11 类 37 项基本公共卫生服务项目。与此同时，公共医疗信息服务系统、10 万适龄儿童窝沟封闭以及孕前优生健康检查等重大公共卫生服务项目相继启动或初步建成。其中，广州市投资建立的统一的"12320"卫生公益热线和医疗机构预约挂号

系统已于 2013 年投入试运行，极大地便利了广州市民与外地患者。而为育龄夫妇提供的免费孕前优生健康检查的重大公共卫生服务项目，不仅面向广州城乡户籍居民，而且惠及在广州居住半年以上、符合生育政策的外地户籍育龄夫妇。

2. 服务设施建设大提速，养老服务实现跨越式发展

养老服务设施不足和有资质服务人员缺乏，严重制约了人口老龄化严重的广州市养老服务事业的发展。不仅社区托老服务机构数量少，老年活动与服务场地狭小，而且满足高龄、失能、低收入老人需要的养老机构床位也少。目前，广州市 126.4 万人 60 岁以上户籍老年人口中，有失能半失能老人约 24 万名，高龄老人约 17 万名，低保、低收入家庭老人约 1.5 万名，存在着日益增大的机构养老服务需求与滞后的养老服务设施之间的尖锐矛盾。尤其是收住低收入困难老人的公办养老机构设施严重不足，目前广州市 10 区县有 5 区县尚未开设公办养老院，市、区两级公办养老机构床位约为 3300 张，空余床位仅有 300 多张，低收入老年人入住轮候时间往往长达数年。为此，2013 年广州市在进一步完善养老政策体系建设、加快培育养老服务队伍的同时，不断加大资金投入力度，机构养老设施建设大提速，社区养老场地明显增加，养老服务实现了跨越式发展。

3. 面向低收入老人的公办养老院建设大提速

2013 年，广州市以福利彩票公益金和财政投入方式，大力兴办公办养老院。投资达 4.6 亿元的广州市第二养老院第一期工程破土动工，投入 7962 万元福利彩票公益金资助各区、市新建或改扩建公办养老院，同时资助 1000 万元对 7 个区（县级市）30 个镇级敬老院进行消防改造。全年合计新增 7836 张床位，已有的农村镇级敬老院服务设施将大为改观。民办养老机构资助与扶持政策全面落实。全年落实民办社会福利机构运营资助与新增床位财政资助资金 2783 万元。此外，积极协助、协调民办养老机构解决历史遗留问题和疑难问题，2013 年有 4 个民办社会福利机构项目启动，增加民办养老机构 3850 张床位。社区养老服务设施得到明显改善。2013 年广州市投入市福利彩票公益金 4000 万元，资助新建了 400 个农村老年人活动站点，使全市建有 100 平方米以上农村老年人活动站点的行政村增至 700 个，同时资助建成了 40 个日间托老机构，弥补了城乡社区养老与居家养老服务设施的不足，推动了城乡社区居家养老服务的开展。

4. 推进学前教育公益性、普惠性，学前教育资源公平性有所提升

2013 年广州继续推进公益性、普惠性学前教育的发展和公办幼儿园的改制工作，全年市财政投入学前教育专项经费达到 3.1 亿元（不含机关幼儿园经费），比上年略有增加。其中，投入 1 亿元用于普惠性民办幼儿园改善办学条件、资助困难家庭子女入学等用途的专项经费已经到位，在一定程度上改善了民办幼儿园条件，降低了办学成本，增加了普惠性学前教育机构学位的供给。与此同时，除个别特殊性质的公办幼儿园外，大多数的市属机关幼儿园已于 2013 年移交市教育局管理，当年有 15 所市属公办幼儿园通过电脑摇珠抽签派位的方式，向普通幼儿开放。通过上述举措，公办幼儿园学位占比提高到 30%，而受资助的普惠性公益性民办幼儿园占比超过 50%，学前教育资源公平性有所提升。

（五）社会体制改革成效显著，社会治理合力初步形成

2013 年广州市继续推进社会体制改革，大力培育和发展社会组织，社会治理模式实现了重大的制度创新，公共事务的多方合作治理模式初步形成。

1. 培育发展社会组织，慈善事业进一步规范发展

要形成完善的社会治理体制、改进社会治理方式，必须要有数量庞大，类型丰富，运作规范，与政府、市场良性合作的社会组织参与。培育发展社会组织一直是广州市建构完善社会治理体制的关键。自 2011 年以来，广州市不仅通过制定有关法规政策推动社会组织的发展，而且通过社会组织培育基地、政府购买服务方式，培育发展各类社会组织。目前，广州市已建成市、区（县级市）、街（镇）三级培育基地网络，29 个社会组织培育基地共吸纳 630 多个草根组织入驻，通过培育基地的孵化，相当部分草根组织顺利转型为符合社会组织规范的、正式注册登记条件的社会组织。2013 年广州市、区财政投入政府向社会组织购买服务的资金达 3.3 亿元，通过购买服务促进社会工作服务机构等社会组织的发展，2013 年社会工作服务机构已经从购买服务试点时（2009 年）的 7 个发展到 217 个。通过购买服务与社会组织孵化器等举措，广

州市社会组织获得巨大发展。截至 2013 年 10 月底，广州市、区（县级市）民政部门登记的社会组织达到 5663 个，与 2012 年同期相比增长了 13%。新增的社会组织以异地商会、公益类组织为主，其中广州市登记注册的非公募基金会组织也达到 7 个。

统计显示，2004～2012 年，驻广州的基金会（包括在省、市民政部门登记，不含在民政部登记的基金会）累计发展到 155 家，年均增加仅为 17 家，而 2013 年第一季度，在广州市登记成立（含省、市两级民政部门）的基金会就达到 13 家（基本为非公募基金会）。以筹款、资助服务项目为宗旨的基金会组织增长迅速，有力地支持了慈善事业的发展。2013 年广州慈善事业快速发展，不断走向规范。全国首个慈善监督委员会在广州市成立，当年广州市在全国大城市中发布首个《广州慈善事业发展白皮书》，广州市慈善事业发展规划初步研究拟订。2013 年 6 月底广州市还召开了首届慈善项目推介会，提供资金的慈善家、基金会组织和提供服务的专业机构与志愿服务组织入场洽谈合作，一共募集善款 3.18 亿元。共有 271 个服务项目与捐赠者/基金会实现成功对接，项目对接总金额为 2.357 亿元，其中已到账金额为 1.094 亿元。基金会组织的发展与规范，补充了公共产品的生产与供给的不足，彰显了社会组织与政府和企业合作、共同治理社会的意愿与行动。

2. 创新社会治理模式，社会治理合力初步形成

在继续利用各种平台实施网上政民互动和网络问政、畅通民意诉求渠道的同时，2013 年广州市以"幸福社区"创建和重大市政工程项目公众咨询监督委员会的建立为突破口，不断推进社会治理模式创新。社区治理方面，在继续推进政府、居民、驻社区单位共同参与的三元社区治理机制建设的同时，以"两代表一委员"联组联动收集社情民意为核心的群众工作机制创新也适时推出，进一步丰富了基层社区治理的内涵。而 2013 年广州市重大城建项目公众咨询监督委员会的制度化、常态化，则实现了社会治理模式的重大创新。

在总结同德围整治与垃圾分类工作经验的基础上，2013 年广州市出台有关文件，规定凡是重大城建项目，需由人大代表、政协委员、专家学者、利益相关方代表、市民代表等几方面人士组成的公众咨询监督委员会（以下简称"公咨委"）审议通过，监督实施。广州市重大城建项目公众咨询监督委员会的创设及其制度化，在代表性、参与性、互动性与监督性方面实现了实质性突破。"公咨委"成员有各相关利益群体代表、专家代表以及公共利益代表，代表性强、角色独立，在关系切身利益的重大工程决策中，各方均获得了完整、有效的利益表达机会，通过利益相关各方相互博弈、共同协商，达成彼此可接受的决策方案，共同监督项目的实施运作。"公咨委"这一组织的创设，充分考虑了各个利益相关群体的利益诉求与公共利益之间的平衡，克服了以往重大市政工程决策往往由专家论证、政府单方面决策带来的各个利益相关群体的利益矛盾、利益冲突，以及其带来的集体上访、群体性事件等重大维稳压力，形成了多方治理、多方共赢的格局，实现了真正意义上的科学决策、民主决策和社会参与、共同监督，极大地丰富了公共参与的内涵。

事实上，2013 年广州市依规成立了 5 个公众咨询监督委员会。这些"公咨委"在同德围高架桥修建、广州大桥拓宽、白云山隧道建设等重大工程中，实现了公共利益与相关群体利益共赢，成功化解了一个个过去足以让市政府焦头烂额、带来维稳压力的难题，使得广州大桥拓宽工程等原本因为反对意见而差点搁置的城市重大基础设施项目得以起死回生，成为国内公共管理的经典案例。因此，广州的"公咨委"制度，不仅是政府科学决策的典范、重大市政项目建设的制度创新，而且体现了多方合作、共同治理的社会治理理念，是社会治理模式的重大创新，必将在广州市的社会建设与发展中发挥越来越重要的作用。

（六）"平安广州"建设扎实推进，社会大局和谐稳定

2013 年，广州市加快社会治安立体防控体系建设，推进食品药品安全监管，促进社会信用体系建设，"平安广州"建设扎实推进，社会大局和谐稳定。

1. 推进"平安创建"，社会治安形势持续稳定向好

2013 年广州市加快社会治安立体防控体系建设，推进了 38 个"平安创建"项目，不断创新警务机制，全年对增城新塘、海珠瑞宝、白云中部、花都狮岭、番禺罗家五大重点地区开展持续整治，社会治安形势持续稳定向好。据广州市公安局统计，2013 年全市受理刑事、治安案件类警情同比下降

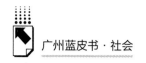

8.1%，近两年警情实现了连续下降。其中，社会关注度高、影响居民安全感的"两抢"，入屋盗窃，盗窃汽车等警情同比分别下降19.7%、10%和20%，而"命案"发案率全年同比下降17.1%，有效提升了居民的安全感。广州社情民意研究中心调查显示，2013年市民对广州治安满意度评价创10年来新高。

2. 全面开展"食得放心"城市建设，食品药品安全形势趋好

2013年广州市加强食品药品监管，加大食品药品违法犯罪打击力度，全年立案查处食品药品违法案件3120宗，破获食品药品类犯罪案件657宗。全年全市检验监测的各类食品、药品整体合格率分别达到95.2%和95.6%，未发生重大食品安全事故，食品药品安全形势总体稳定并保持向好趋势。

此外，广州市社会信用体系建设和市场监管体系建设试点——"两建"试点有关工作规划已经出台，标志着社会信用体系建设和市场监管体系建设迈出实质性的一步。

二 2013年广州市社会发展面临的主要问题与挑战

2013年，广州市社会发展和社会建设工作在取得显著成就的同时，也面临一系列突出的问题和矛盾。这些问题包括：关系到居民切身利益的医疗、养老、教育、学前教育等问题与市民要求仍然有一定距离；社会建设相对滞后，社会组织结构不够优化，服务能力弱，治理能力不足，公信力不高，社会治理机制还不适应社会结构的深刻变化；政府转变职能不到位，一些工作人员勤政廉政意识和依法行政水平有待进一步提升。

综观2013年广州社会建设和社会发展状况，我们认为存在几个突出问题。

第一，社区治理难度加大，社会和谐稳定面临挑战。随着广州市工业化、城市化和国际化进程不断加速，大量的外来人口涌入，广州城乡社区的人口与社会经济结构发生了急剧变化。来自世界各地的人口急剧增加，必然会带来思想文化、行为习性的剧烈碰撞，不可避免产生各种矛盾，也必然带来利益分化。在城市，社区居民与开发商、物业管理公司、驻区单位之间的物业管理纠纷、邻里纠纷、劳资纠纷等各类纠纷将不断增多，在农村则围绕征地拆迁、股权收益分配、出嫁女、农村事务等利益问题产生许多矛盾与冲突。而在广州城乡社区还有数百万计的国内以及数十万的国际常住人口，这些人居留广州，但是由于户籍来源等原因无法享受必要的公共福利而难以产生对广州的认同，思想习性、思维方式与行为习惯的差异导致外来人口与本地居民、本国居民与外籍人员之间产生各种矛盾冲突。由于相关领域法律规定不健全、个体或群体维权组织化程度低、个体社区事务参与意识薄弱等问题，村民自治、业主自治仍然出现无序化现象，不同群体的利益冲突经常无法有效获得调处，存在许多不稳定因素。当城乡社区内部不同利益群体的冲突无法得到有效的行政化解、司法救助时，极易酿成集体对抗，产生集体上访、堵路、游行示威等集群行为，并有可能演变为威胁社会稳定的社会治安案件、刑事案件，影响社区和谐与社会稳定。

近年来，广州市发生的群体性事件表明，许多发端于社区的各种利益矛盾，由于缺乏良好的社区治理机制而难以得到有效化解而越发激化，进而产生了影响社会和谐稳定的群体行为，影响社区的和谐稳定。究其原因，我们认为，主要有以下三个方面。一是我国既有的城乡社区居民自治法律已经不适应广州社会建设与发展的需要。目前《城市居委会组织法》、《村委会组织法》这两部规范城市与农村居民自治关系的法律，均是建立在城乡人口静止不动的假设基础上，为本地城乡常住户籍人口的自治服务的。然而，随着广州城市的国际化发展、农村的工业化，大量国内外人口聚集在广州城乡社区，有的社区外来人口甚至已经占据社区总人口的大部分，社区的发展已经与他们的生存发展密切相关。然而，依照现有法律，这些非本地城乡户籍的常住人口依旧无权参与可能影响其生活质量的各类社区事务。二是既有的法律法规不健全，阻塞了业主自治的空间。例如，现行的业主委员会管理办法滞后，设立业委会难度大，即使设立，其地位、活动空间也不够明确。调查显示，由于管理办法不完善，即使建立了业委会也是大部分被开发商及其附属的物业管理公司操纵，根本不能发挥作用，业主委员会难以协调业主、开发商与物业管理等机构之间的矛盾。三是对维权组织的错误认识，社区相关利益群体维权组织化程度低。目前，我国的社会组织管理政策对维权组织的引导和管理较弱，不承认利益群体的合法性，对有共同利益诉求的组织成立持不支持的态度。我们先前承担的

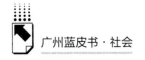

外籍人员管理研究发现，外籍人员在穗定居后往往具有成立自己社团、组织起来维护自己利益的需要，但是因为既有的对外籍人员管理的理念滞后、既有的法规政策不支持等原因而难以获准成立，导致其利益诉求难以通过组织化的维权渠道获得制度化的表达。

第二，广大市民不断增长的需求与公共服务发展滞后之间的矛盾仍然十分突出，主要表现在基本公共服务供给总量不足。尽管近年来，广州市通过实施民生财政，不断加大民生保障和公共产品供给力度，但随着经济社会的不断发展，广州城乡居民对公共服务产品尤其是优质公共服务产品的需求快速增长，但是仍然难以满足广大市民对公共产品与服务的需要，供给总量不足、供需矛盾仍然较突出。

以养老服务设施为例，目前广州市、区两级有财政补助的公办养老机构床位约为3300张，其中空余床位只有300多张。而目前广州市共有失能半失能老人约24万名，高龄老人约17万名，广州市低保、低收入家庭老人约1.5万名。有相当部分经济收入不高的老年人渴望入住有政府补贴、收费相对低廉的公办养老机构，但是现有公办养老机构的空余床位远远满足不了他们入住的需求，补贴不足的民办机构则因为成本问题无法实现费用的大幅度下调，导致生活不能自理、需要入住养老院的低收入老人等候入住公办养老机构的时间往往长达数年。又以幼儿教育为例，目前广州市的学前教育经费仅占总体教育经费的2%，虽略高于全国平均水平（1.2%），但是远低于经济发达的上海（5.9%）。而即使少量的学前教育经费，又主要集中投入在幼儿占比仅15%左右的机关幼儿园，资源分配不公导致"入公办园难、入民办园贵"的现象不断出现。2013年以来广州市公办幼儿园的转制，也因向社会开放的优质学位数极其有限而受到广大普通幼儿家长的诟病。这种公共产品的供给模式、资源分配不公而产生的社会不公感觉依旧强烈，且容易引发官民矛盾。

第三，部分社会组织公信力不足，影响了社会组织的健康发展。目前，广州市登记注册5600多个包括社会团体、基金会和民办非企业单位在内的社会组织，业务范围涉及经济、文化、社会建设等多个领域，在广州市社会建设与社会发展中扮演着重要而特殊的角色，发挥着不可或缺的积极作用，有效地弥补了政府公共服务能力的不足，推动了政府职能的转变。但是，在巨大的社会需求和良好的发展机遇面前，广州市相当部分社会组织公信力建设方面的软肋也不断暴露。一是公共责任有所缺失，部分组织公益性欠缺。社会组织是以公共福利为目标而勇于承担公共责任的公益性组织。在某种意义上，社会组织从事的公益事业就是公益、慈善的化身，公益性应当成为社会组织的底线。然而，近年来在广州市推行政府购买社工服务的过程中，少部分商业组织或个人利用政府部门大规模购买社工服务之机，打着公益旗号，将政府购买社工服务作为"生意"经营，在项目招投标中利用各种关系和各种非正常手段承揽项目，在实施项目过程中利用现有财政体制对社工机构财务监督缺乏统一标准和流程的缺陷虚列支出、中饱私囊，在项目执行、评估过程中虚列指标、虚构材料、弄虚作假，各种乱象频生，已经对政府购买服务的公益性和非营利性带来了巨大的挑战。二是专业人才缺乏，社会组织专业性不足。由于薪酬、职业发展前景等激励机制不足，目前广州市大部分社会组织专业人才尤其是具有创新思维的人才严重不足，只能依靠大量具有奉献精神的志愿者开展工作，数量较少的专职人员中也充斥大量的离退休人员或者不能胜任原有工作要求的关系户，导致社会组织难以开展有效的项目策划、资金筹措、项目运作等工作，客观上导致社会组织提供社会服务的非专业性或者业余性。三是内部治理机制与外部监管制度不完善，社会组织的美誉度不高。品牌形象是社会组织的无形资产，良好的公益品牌形象对宣传公益理念、整合社会资源、提升服务效率、实现价值目标具有持久的推动效应。然而，由于社会组织缺乏良好的内部治理机制，信息透明度低，自律机制未形成，外部监督机制不完善、监管乏力等原因，社会组织在提供公益服务的过程中出现诸如违规运作、滥用资金、暗箱操作等问题，影响了社会各界对社会组织的整体评价，对社会组织的美誉度提高产生了不良影响。

以发展迅速的基金会组织为例，目前广州市相当部分基金会内部治理机制不完善，理事会形同虚设，监事会内部监督功能不彰，基金会重大决策随意性较高，包括对服务机构的项目资助、资金保值增值等重大事项缺乏合理、有效的监管。对服务机构的项目资助缺乏有效招投标程序，缺乏对资助项目进行有效的跟踪、监督、评估能力，部分项目资助有利益输送之嫌。外部监管不足，不少未达到公益支出标准，甚至部分年度资金使用明细难以自圆其说的基金会依旧可以通过年检，政府部门对基金会年检似有走过场的嫌疑。基金会信息不透明，社会监督（主要包括公众监督和媒体监督）无从谈起。广州市大部分基金会信息透明度低，相当部分基金会组织不能及时、全面地向社会披露财务信息、捐赠信息和基金资助信息。正因为慈善信息相对封闭，公众和媒体无法真实、全面地了解基金会信息，社会监督无从谈起。而部分媒体或个人基于不完整的信息而作的猜测性甚至是不实的报道，都在一定程度上加深了公众对慈善组织的不信任感，进而损害了机构的公信力。广州地区基金会组织公信力不强，已经对基金会筹资工作产生不良影响，近年来广州地区许多基金会普遍反映筹资难度大，有的基金会甚至多年没有筹集到一分钱。

社会组织公信力是社会组织生存与发展的基础。这些个别事件折射出某些社会组织的公共责任有所缺失、公益性不足、品牌形象差，引起人们对社会组织公信力的质疑，从而影响和削弱社会组织的可持续发展。采取措施，打造社会组织的内部治理机制与外部监管机制，促进社会组织公信力建设，已经刻不容缓。

三 2014 年广州社会建设与发展的基本态势与挑战

2014 年是贯彻落实党的十八届三中全会精神、全面深化改革的第一年，也是广州市深入推进新型城市化发展的重要一年。在社会建设和社会发展方面，2014 年广州市将围绕建设"幸福广州"，推进新型城市化发展的目标任务，把改革创新全面贯穿于社会建设与社会发展的各个环节，以改善民生和创新社会治理为重点，着力完善社会治理结构，探索社会与经济、政治、文化、生态建设协调发展的新路子。

（一）2014 年广州社会发展的态势

基于广州市的工作安排，我们认为，2014 年广州市社会建设与社会发展将呈现以下态势。

1. 城乡居民医疗保险全面并轨，社会保障体系继续完善

2014 年广州市将加大社会保障制度的改革力度。在社会保险领域，2014

年广州将实现城镇居民医疗保险和农村居民新农合的政策整合，统一的广州城乡居民医疗保险制度将随之建立，城乡居民大病保险制度将适时推出。城乡居民基础养老金正常调整机制将推出，城乡居民养老保险水平将随社会经济发展稳步调整。各类用人单位将逐步建立职业年金制度，补充养老保险制度将随之展开。继续加大对困难群体参加社会保险的资助力度，推进生育保险与工伤保险，扩大社会保险覆盖面。推进社会救助法治化进程，继续提高各类救助标准，大力推动城乡养老机构床位和各类养老设施建设，持续提高城乡养老服务水平，促进社会公平正义。

可以预见的是，2014 年广州市的社会保障体系将获得大的发展，尤其是城乡居民医疗、养老保险将建立与完善，城乡居民社会保险体系一体化进程加快。社会救助的法制化进程将加快，社会救助范围进一步扩展，救助水平有望进一步提高，社会保障体系继续得到完善。

2. 社会组织监管加强，政府购买服务进一步规范

2014 年广州市将出台《广州市社会组织管理办法》，社会组织的成立条件进一步放宽，宽进严管的社会组织监管格局将进一步形成。政府购买服务的监管力度将继续加大，广州将围绕建立社会工作信息管理系统平台、政府购买社会服务评估体系，进一步规范政府购买社会工作服务，促进社工队伍建设。

这些举措无疑为社会组织的健康发展奠定基础。可以预见的是，随着登记注册条件的进一步放宽，2014 年广州市社会组织将迅速发展，公益性社会组织数量将大量增加，社会组织种类不断丰富。而社会组织的监管力度不断强化，购买服务的规范化管理程度不断提升，社会组织将逐步由数量增长进一步转变到质量增长，社会组织的服务能力与治理能力将进一步提升。

3. 公众监督咨询委员会制度继续总结推广，社会治理的合力将进一步形成

2014 年广州市将总结、推广公众监督咨询委员会制度，推进政民互动、协同善治，促进城市包容发展。而社区治理方式也将得到进一步改进，"三社联动"（社区、社会组织、社工）工作机制将逐步建立，社会治理的合力将进一步形成。

可以预见，2014 年广州市无论在宏观的城市事务、重大城市建设项目上，还是在微观的社区治理上的，类似公众监督咨询委员会的制度将继续得到总结推广，并有可能创造新的社会事务治理组织。但是，无论如何，在城市公共事务治理和社区公共事务治理方面，相关利益群体的利益诉求将得到更加充分表达，相关利益群体相互妥协、共同参与社会事务治理的局面将进一步形成。而政府在公共事务中相对超脱的地位将进一步确立，维稳的压力有所减轻则是可以预期的。而在这个过程中，无论是宏观的城市事务（例如食品药品安全、社会治安），还是微观的社区事务（例如物业管理和物业维修资金管理、小区环境），多方共同参与社会事务的理念将进一步得到传播、确立，社会多方治理的格局将进一步形成。

4. 预防与反腐败力度持续加大，一批贪官、"裸官"将浮出水面

2014年广州市将积极推行阳光权力运行，重点推进行政审批制度改革，扩大行政决策公开领域和范围，推进市、区两级行政权力清单制度的全覆盖，探索推行执法投诉和执法结果公开制度，行政执法电子监察系统向市、区所有具有行政执法权、行政审批权的单位以及国企延伸。2014年广州市将推行新提任领导干部有关事项公开工作以及村务、校务、医务等监督委员会建设，推行官员问责制，打造全市统一的信用信息网上公开服务平台，行政监察、预防腐败力度将进一步加大。对腐败查处力度加大，一批贪官、"村官"将现形，一批"裸官"将浮出水面。

可以预见，2014年行政管理体制改革、打造阳光政府的步伐将加速。市、区两级行政权力清单制度全覆盖，行政决策公开领域和范围不断扩大，公共资源交易内容、国企重大决策、农村与社区事务公开力度将加大，政府的施政透明度将进一步提升。行政执法电子监察系统的全覆盖、广州市党政机关工作人员问责制度的实施，使行政执法进一步得到规范。打造权力公开运行、设立各种监督委员会、新提任领导干部有关事项公开工作等、预防与反腐败查处力度的加大，均预示着广州市建设阳光政府的步伐将进一步加快。

5. 城乡社会治理与服务管理将不断创新，社区利益矛盾冲突有所缓解

2014年广州市继续以建设"幸福社区"和美丽乡村建设为目标，推动村居治理制度创新，持续提升城乡社区居民幸福感。在城市社区，健全居民代表议事制度和自治章程治理制度，大力推进社区居委会直选。推进小区业主委员会建设，加强物业管理和物业专项维修资金管理，着力构建"三社联动"（社区、社会组织、社工）工作机制，构建多元主体协同善治的社区治理格局。在农村则继续完善村民自治制度，强化村务监督机制建设，推动村务公开。"村改居"社区管理体制改革和户籍制度改革将进一步强化，全面推行社区网格化服务管理，推进农村各类服务设施尤其是养老服务设施建设。

可以预见的是，在此改革下，城镇社区、农村社区的自治氛围将进一步加强，农村社会治理、服务管理体制机制将在试点的基础上进一步建立。尤其是农村村务监督委员会的建立与完善，使长期影响农村社会稳定性的土地问题、股份问题有望得到有效的监督，农村社区社会矛盾将有所缓解。

6. 公共福利水平将持续提高

2014 年广州市将以改善老人、妇女和儿童福利条件为重点，积极推动教育、文化、卫生事业的发展，支持全民健身活动。具体而言，通过加快创建"省推进教育现代化先进市"，优质义务教育资源有望进一步均衡发展。试点建设街（镇）综合性文化服务中心，建设"四馆一园"以及儿童公园等一批重点文化基础设施，推行文化下乡等惠民活动，城乡居民享受文化福利进一步增多。而通过建立社区医院首诊制、基层医生与居民契约服务的家庭医生制度，完善落实基本药物和全科医生制度，城乡居民有望获得更好、更加便宜的基础医疗服务。

由此可见，随着广州将投入更多资源于教育、文化、卫生、体育等公共福利事业，城乡居民的公共福利水平将有所提升，尤其是老年、妇女与儿童将享受到更多的福利，分享到更多的经济社会发展成果。

（二）2014 年广州社会发展面临的挑战

当前和今后一个时期，广州市社会建设与社会发展仍然面临许多可以预见和难以预见的风险和挑战，特别是不断增长的公共服务需求与发展滞后的矛盾将进一步凸显，社会矛盾纠纷多样多发，流动人口、各类人群和社会组织服务管理的任务日益繁重，社会公共安全管理艰巨复杂，信息网络管理面临严峻挑战。这些问题既是我国经济社会发展水平和阶段性特征的集中反映，也是发展过程中迫切需要解决的重点难点问题。

首先，社会矛盾多发，对既有的社会矛盾处理思路和调解体系提出了巨大的挑战。广州市是个高速发展的人口多元化城市，纳入统计的1300多万常住人口中有接近一半是外来人口，来自城乡、国内外的人口因生活方式、利益诉求等，势必会造成不少社会矛盾。而城市建设和发展过程中，涉及利益调整的问题也势必带来许多矛盾与冲突，征地拆迁、劳资纠纷和环境污染将日益成为造成群体性事件的诱因。社会转型期的社会矛盾多发，既有的矛盾解决思路与模式遇到了更多的挑战，迫切要求建立适合需要的矛盾调解思路与调解组织体系和工作模式。

其次，社会维权意识高涨，对正确处理维权与维护社会稳定的关系提出了更多的挑战。随着国家中心城市的建设和新型城市化的发展，国内外人口的大量流动，必然带来各种矛盾与冲突。而社会经济的变革，也必然会带来更多利益格局的调整，并由此引发不同利益群体之间的矛盾。这种基于利益分化、文化冲突而产生的各种社会矛盾，容易在复杂多变的社会环境下集聚、放大，并以极端、不理性的方式出现，极易对城市社会秩序造成冲击。如何正确处理群众维权意识高涨与维护社会稳定的关系，将社会矛盾冲突纳入可控制范围，是政府与社会面临的巨大挑战。

再次，在自媒体时代，如何正确处理互联网管理与社会建设、社会发展的关系，也给政府与社会提出巨大的挑战。在互联网时代，人人都是自媒体，自媒体已经成为社会建设的"双刃剑"，运用、管理得好，则有利于吸纳民间智慧，促进社会建设与社会管理的创新。而如果政府缺乏与新媒体、公众沟通与合作的能力，那么新媒体则成为破坏社会建设的一把利剑，成为社会群体性事件推波助澜的利器。如何正确处理好新媒体管理和社会建设的关系，考验着政府的管理能力，也考验着民间智慧。

四 未来广州社会建设与发展的设想与建议

回顾2013年广州社会建设与发展情况，展望2014年趋势，我们认为，就现阶段广州情况而言，改善民生仍然是化解社会矛盾和问题的根本途径，也是社会和谐稳定、人民幸福安康的基础条件。改善民生的着力点在于民众基本生活条件的改善和社会成员基本权利的切实维护，促进社会治理机制的完善，动员市场、社会与政府共同协作，推进民生建设。

针对 2013 年广州社会建设和发展中存在的若干问题，我们提出如下几个方面的对策建议。

（一）加快基层社区治理的机制创新，维护社会稳定

城乡社区的各种利益矛盾与利益冲突是客观存在的，缓解这些矛盾与冲突、维护城乡社区的社会和谐稳定，关键在于推进既有法律法规的完善，促进社区相关利益群体的组织建设，建设社区相关利益群体参与社区事务的组织化渠道，打造多方合力、共同协商合作的社区治理模式。

具体而言，一是推进既有法律法规的完善。目前的城乡社区居民自治法律均排斥非本地城乡常住户籍人口的参与，扼杀了非本地户籍的外来常住人口参与事务的积极性。因此，在积极推动上位法修订的前提下，广州市应当利用社会体制改革先行先试的体制优势，制定地方性法规，赋予在广州城乡社区居住一定年限的非本地常住人口参与社区事务的权利。与此同时，依据《物权法》有关上位法的规定，重点解决城市住宅区业主委员会的地位，为改善物业管理提供法律依据。二是承认社区利益群体的合法性，推动利益群体社会组织的建立。由于资源的有限性，各个群体在争取资源时形成的各个利益群体是合理合法的，在社区事务处理上，任何社区事务涉及的群体的合法利益都应当得到尊重。在公共事务的处理中，组织化而非个体的原子化方式是利益沟通、博弈的最好方式，因此应当尊重社区各个利益群体依据社会组织法规建立其利益合法代表组织的权利。当前，应当根据实际情况，重点打造外来人口较多的城乡社区建立各种群体保护组织，允许外籍人员与国内外来人口成立合法、代表其利益的社会组织。三是在既有城乡社区自治的法律框架外，创新社区治理模式。由于广州地区城乡社区居民来源广泛、人口构成复杂，居委会、村委会组织已经难以承担社区各个群体的利益关系调整的重任。创新社区治理组织，显得尤其必要。因此，依据社区事务的公共议题范围，依据相关利益群体理论，打造建立容纳各个相关利益群体的共同参与、共同协商的社区治理机制尤其重要。具体而言，根据社区公共事务的不同，建立不同议题的城乡社区公共事务咨询

监督委员会，明确城乡社区公共事务咨询监督委员会的地位与咨询监督活动办法，推动各个涉及社区事务的相关群体以及有关公共利益代表共同协商、相互妥协、独立决策、相互监督。唯有如此，才能最大限度地维护相关利益群体的合法权益，最大限度地减缓各个利益群体的矛盾，共同生产、维护城乡社区发展所需要的各种公共产品，多方合力、共同协商合作的社区治理模式才能有效形成。

（二）全面提升服务型政府民生保障水平，推动社会共同生产公共产品

改善民生既是一个社会问题，同时也是一个经济问题、政治问题。为市民提供各种公共产品，首先是政府的责任，同时也是企业和社会的责任和义务。因此，应当强化政府的民生保障责任，以底线民生为基础，用生活满意指数代替简单的经济增长指数，全面实施民生财政，提升服务型政府的民生保障水平。

首先，强化政府底线责任。明确政府维持民众基本生计的底线，切实保障好弱势群体的基本生活条件，保证每个社会成员的基本生存尊严。其次，实施民生财政，努力提升社会福利水平。根据财力和社会经济发展状况，不断增加民生投入，逐步提高基本公共服务标准，努力让社会成员分享经济发展的成果。再次，要充分发挥市场和社会的作用，共同参与公共产品的生产。公共产品的生产总是不足的，国家、社会、企业多方合作，才能生产各种公共产品。因此，政府应当继续通过购买服务的方式，推动社会组织参与公共产品的生产，同时促进社会组织的成长。企业应当提高社会责任意识，通过捐赠方式，与慈善组织一道，参与民生所需公共产品的生产，满足居民日益增长的各种服务需求，弥补各自的不足。而政府也应当采取各种措施对社会各界参与公共产品的生产提供一定的支持。

（三）完善社会组织治理机制，促进社会公信力建设

公信力作为社会信誉的重要标志，它所体现和反映的是社会的意愿，是公众的认知度，公信力重点在于"公"。社会组织在很大程度上承担着服务社会

的公益使命，其公信力是以正当和合法身份对社会服务和奉献，得到政府、企业和公众的信任支持，进而获取高度的社会认知和社会认可，体现其自身的社会影响力和号召力。

广州市社会组织公信力不足，究其原因，主要是社会组织的自律机制不健全，部分社会组织定位不明确，社会责任感不强，法人治理机制尚未形成，内部运行还不规范。外部监管体系不完善，对社会组织的检查考核不严格，评估制度不完善，执法监察不到位。信息透明度低，缺乏科学的信息披露标准、方式和程序，部分慈善类组织不能及时、全面地向社会披露财务信息、捐赠信息和活动信息。从当前广州的社会组织公信力的实际情况看，我们认为，应当从理念入手，从基础抓起，也就是要在从组织建设理念和制度建设上有所突破，有所创新。

1. 强化社会组织建设发展理念，优化社会组织的公益形象

一是强化公益理念，增强社会组织责任意识。社会组织的资金、资源来自于社会、用之于社会，其功能作用的发挥与社会信任、社会支持密不可分，服务政府、服务会员、服务社会是社会组织与生俱来的公益使命。因此，政府有关部门应当充分利用社会组织孵化、登记、日常监管等环节，明确社会组织的公益性定位，强化社会组织的公益性意识，维护社会组织生存与发展的底线，激发社会组织及其从业人员的责任意识和奉献精神，更好地实现公益追求和公益目标。对孵化阶段，发现动机不纯的社会组织建立者应当予以教育，在社会组织建立后应当通过经常性的行政监管、财务监管措施，及时发现、纠正将公益事业作为生意经营、中饱私囊的行为，并对不符合公益性的组织及时以年检的方式进行清理，以维护社会组织的公益性底线，确保社会组织的主体地位和公益价值。二是强化专业理念，促进社会组织自律自治。专业的服务理念、技能优势、人才队伍以及自我约束、自我管理能力，不仅是社会组织生存和发展的基础，更是社会组织从粗放式发展向科学化发展转型的关键所在。因此，我们应当采取措施，进一步健全完善社会组织的评估体系和监督体系，推动社会组织完善法人治理结构，建立健全内部管理制度，推进从业人员的专业化、职业化，健全项目资助资金使用、项目决策、项目监督制度等内部监督机制，以及信息披露制度等社会监督机制，逐步建立决策、执行和监督分离的运行机制，并对组织决策、筹集善款、善款使用、善款拨付、财务管理、项目实施、项目验收、绩效评估等主要环节进行规范。三是深化品牌理念，推动社会组织科学发展。品牌形象是社会组织的无形资产，对于宣传公益理念、整合社会资源、提升服务效率、实现价值目标具有持久的推动作用。加强社会组织公信力建设，要营造奖惩分明、公平竞争、优胜劣汰的制度环境，扩大社会参与和社会监督，强化外部监管，推动社会组织建立良好的品牌形象，促进社会组织可持续发展。

为提升社会组织公信力，我们应当建立和完善社会组织的外部监督管理体系，强化社会组织的内部治理结构与运作机制，建立相应的自律机制，提升社会组织的服务能力。

2. 建立和完善社会组织的制度规范与监督管理体系

广州市政府部门要通过修订《广州市社会组织管理办法》的相关法律法规，继续推动广州市完善组织治理结构、内部决策机制与问责机制，严格规范社会组织的行为、机构、治理和管理体制，使社会对社会组织能够依法进行监督管理。

3. 完善社会组织的治理结构

采取措施，推动社会组织完善法人治理结构，建立健全内部管理制度，完善项目资助决策制度、建立监事会制度等内部监督机制，以及信息披露制度等社会监督机制，逐步建立决策、执行和监督分离的运行机制，并对组织决策、筹集善款、善款使用、善款拨付、财务管理、项目实施、项目验收、绩效评估等主要环节进行规范。

（四）建立和完善基金会的监督管理体系

首先，继续推动社会组织建立和完善信息公开制度。要强化社会组织的信息披露指导工作，以打造信息透明、廉洁高效的社会组织为目的，督促社会组织按照国家的规定，以公开或特定的方式向社会完整、及时、方便地公开社会组织基本信息，包括年度工作报告、募捐活动收支状况，以及公益资助项目及其申请、评审程序等反映基金会活动基本内容的信息，切实提高社会组织的社会公信力。对不按规定履行信息公开义务甚至弄虚作假的组织加大处理力度。

其次，通过年检和加强日常监管，规范广州社会组织的日常运作。再次，建立和完善第三方评估机制。探索创新建立第三方行业评估机制，对社会组织进行评估，逐步形成法律监督、行政监管、财务和审计监督、舆论监督、公众监督、行业自律相结合的监督管理机制。

（审稿：张强、刘冬和、郭炳松）

社会治理篇

Social Governance

B.2

关于上海、北京、广州三地汽车限购
政策的质量评估与优化对策研究[*]

广州大学广州发展研究院课题组^{**}

摘　要：

　　本文对上海、北京、广州三市的汽车限购政策进行比较性评估分析，发现汽车限购政策虽然在执行初期效益和效率较高，但合法性、公平性和回应度不足，而且随着时间的推移，该政策可能溢出的社会负面效应会逐步提升。建议尽快启动对汽车限购措施的绩效评估，完善相关配套政策体系，并适时废止该政策。

关键词：

　　汽车限购　公共政策质量评估　优化

　＊　本文系广东省普通高校人文社会科学重点研究基地广州大学广州发展研究院、广东省教育厅
　　　"广州学"协同创新发展中心、广州市教育局"广州学"协同创新重大项目研究成果。
＊＊　执笔人：涂成林，广州大学广州发展研究院院长、研究员，博士生导师，广州市新型城市化发
　　　展决策咨询专家。

一 关于公共政策质量评估标准构建

公共政策质量评估（也称公共政策质量评价）是公共政策科学化、民主化的重要保障，产生于20世纪50年代，现在已成为许多西方国家政府在公共政策决策过程中必不可少的一环。公共政策质量评估的内涵在理论和实践界至今还没有形成一个统一的认识，笼统可分为广义和狭义两种类型。广义的概念是公共政策决策和执行的全过程评估，包括事前决策方案评估、事中政策执行评估和事后政策效果评估三个方面。狭义的概念是专指事后效果评估，而将事前决策方案评估归为政策分析的范畴。目前，许多西方学者认为公共政策质量评估就是对政策和公共项目是否实现预期目标的客观性、系统性、经验性检验。我们这里所说的公共政策质量评估就是按照一定的标准和程序，对公共政策价值的合法性、实施的效率和效果等进行综合判断和分析的行为。其主要目的就是通过全面了解公共政策的主要特征和优劣所在、政策目标实现程度和难度所在等一系列信息，推动政策系统的修正和完善，进一步提高公共政策资源的配置效率，从而保证政策目标的快速实现。

如何来科学评估一项公共政策的质量，至今尚没有一个完全统一的评判标准。美国学者萨茨曼就将公共政策评估标准分为效果、效果的充分性、效率、工作量、执行过程等五类。而另一位美国学者威廉·邓恩则将公共政策质量评估标准分为效果、效率、充足性、公平性、回应性和适宜性等六类。英国学者杰弗里·维克斯将衡量公共政策质量的标准分为四类：保持动态平衡的功能、优化自我保持功能、使资源流动最大化的功能、优化功能性绩效的功能。我国台湾学者林水波、张世贤将公共政策质量评估标准划分为十类：投入工作量、绩效、效率、充分性、公平性、妥当性、回应程度、过程、社会指标等。国内学者陈振明把政策质量评价标准归纳为五类：生产力标准、效益标准、效率标准、公正标准和政策回应度。我们认为，公共政策质量简单地讲就是形式的合法性、事实的有效性和价值的合理性，因此，公共政策质量评估标准应该包含以下五个方面的主要内容。

第一，合法化标准。公共政策的合法化标准既包括法学意义上的合法化，也包括政治学意义上的合法化。法学意义上的合法化就是公共政策的决策程序和文本内容必须符合国家法律法规的基本规范。政治学意义上的合法化是指公共政策是否真正体现公民意志，为社会公众所普遍接受与支持。法学层面的合法化是公共政策合法化的基础，政治学层面的合法性是公共政策合法化的精神内核，两者相辅相成，缺一不可。公共政策的合法化过程其实就是一个社会各种利益群体在国家法律法规框架内进行利益博弈和妥协的过程，只有真正代表社会大多数人利益的公共政策才具有合法性与权威性，才能够在实施过程中顺利执行。因此，公共政策质量的合法化标准从根本上讲还是政治学意义上的合法化。

第二，效益标准。效益标准主要用于评估公共政策的实施效果，是否在预定时间内达到了决策者当初所确定的政策目标。这是衡量公共政策质量优劣的一项重要指标。决策主体的有限理性决定了政府在选择公共政策方案的时候只能选择当初认识限制内的比较满意的方案，而不是真正的最优方案，这就经常导致一些公共政策在实际执行过程中与预定目标出现偏差，实施效果并不理想。

第三，效率标准。效率标准衡量的是投入与产出的关系。公共政策的效率标准包括两个方面的内容，即一方面要追求单位成本所能产出的价值的最大化，另一方面要追求实现既定目标的成本最小化。公共政策效率的高低往往反映出政策本身的质量优劣以及政策执行的实际状况。如果一项政策能够用最快的速度和最低的政策成本达到预定的政策目标，那就表明这项政策本身是有效的、高质量的，政策执行状况良好。反之，如果一项政策耗费了大量的政策资源却迟迟达不到预期的实施效果，则说明该项政策本身还存在缺陷，没有得到有效执行。

第四，回应度标准。政府之所以要制定出台某项公共政策就是对社会公众需求的及时反应，其主要目的就是满足社会公众或特定对象的利益需要。公共政策回应度标准是指某项公共政策实施后满足社会公众或特定政策对象现实需求的程度。如果政策对象认为该项政策较好地满足了自己的利益要求，就会对该项政策产生积极的回应，政策的社会认同较高，也容易得以顺利实施。而一项缺乏公众认同感的公共政策，回应度就较低，这样的政策即使有良好的政策效益和效率，也不能算是一项高质量的、成功的公共政策。

第五，公平性标准。公共政策是对全社会的价值做权威分配。在当今社会复杂多元的价值取向与利益冲突中，公共政策能否做到社会价值的公平公正分配，是否最大限度地体现和维护最大多数民众的利益，是否尽可能地实现帕累托最优（Pareto Optimality），是衡量一项公共政策质量优劣的另一项重要标准。公平与效率存在一定的冲突，政策的公平性往往会增加政策成本，降低政策效率。但公共政策的公共性决定了公平正义、以人为本是公共政策决策的价值基点。因此，公平与效率必须妥善兼顾，只有建立在公平正义基础之上的效率才是合理有效的政策效率。

二　上海、北京、广州汽车限购政策质量评估分析

（一）对上海实施汽车限购措施的政策质量评估

上海是我国最早实施汽车限购政策的城市。1994 年 6 月，上海市计委（市发改委前身）和市公安局联合颁布《上海市私人自备车、私人二轮摩托车号牌额度竞购办法》，决定对中心城区新增私车牌照实行有底价、不公开的拍卖政策以实现机动车的总量控制。在近 20 年的执行过程中，上海市车牌竞拍政策先后进行了多次修正与完善。其中，2000 年 1 月取消了对非本地产车辆的歧视政策，将机动车牌照额度从有底价（沪产车 2 万元、外地和进口车 10 万元人民币）统一调整为无底价拍卖；2008 年 1 月，上海市政府为抑制车牌成交价格的快速上涨，出台了"投标过程信息公开"和"有限制价格修改"等车牌拍卖新规则；2012 年 7 月，上海市政府再次出台"抑制上海车牌价格过快上涨"的四项新政：保持一定的机动车额度投放量、私车过户年限从目前的 1 年延长至 3 年、二手车额度交易纳入拍卖平台统一管理、凭购车发票购买新增机动车额度标书等。

从合法化标准来看，上海市以车牌竞拍为主要内容的汽车限购政策明显与 2004 年颁布实施的《行政许可法》等上位法存在着冲突，有增设行政许可、违法设置行政许可收费事项之嫌。

从效益标准看，该政策实施十多年来，确实有效遏制了城市机动车的快速增长，减少了约125万辆机动车的市场投放。2010年，上海市机动车密度（辆/公里）为103，明显低于同期北京市（142）、广州市（116）、深圳市（303）等城市的水平。可见，上海市通过车牌竞拍实现"控制新增机动车总量、缓解城市交通拥堵"的政策目标。但是，由于近年来车牌拍卖价格持续走高，为平抑市民的不满情绪，机动车牌照投放量正在不断扩大，已从政策执行之初的每月1400个上升到现在的9000个左右，这必然会导致限购政策效益的不断下降。

从效率标准看，在限购政策实施之初，由于采用行政命令急刹车的方式强行抑制了市民的汽车消费需求，上海市政府用很少的行政成本投入迅速达到了控制沪牌机动车总量增长的政策目标，且增加上百亿财政收入，该政策的效率是非常高的。但随着竞拍价格的不断攀升，异地上牌现象泛滥，大大增加了城市行政管理成本和交通安全隐患，也导致上海市部分税收的流失。同时，车牌竞拍政策还压制了国产中低档车的消费，导致了汽车消费的结构畸形。因此，随着政策成本的不断提高和政策负效应的不断出现，目前上海市汽车限购政策的效率水平已十分低下了。

从回应度标准看，上海市车牌竞拍政策实施以来，就一直争议不断，尤其是车牌拍卖价格的持续上涨，更引发了民众的广泛不满，使得民众对这一政策的接受度持续走低。2013年3月24日，搜狐网首页上的《上海车牌拍卖价首破9万元，被称史上最贵铁皮》一文，当日就有近万人参与评论，约八成是对该政策的质疑和批评之声。另外，随着车牌拍卖款越集越多，而拍卖资金收支情况又缺乏透明度，也引发社会对拍卖资金去向的广泛质疑。

从公平性标准看，上海牌照拍卖政策明显增加了民众的用车成本，剥夺了部分市民同等享受汽车文明的权利，政策的公平性方面存在着严重的瑕疵。

（二）对北京实施汽车限购措施的政策质量评估

2010年12月，北京市政府颁布《北京市小客车数量调控暂行规定》，开始对小客车实施数量调控和配额管理制度，北京成为我国继上海市之后第二个实行汽车限购措施的城市。北京汽车限购的主要特征是以摇号方式对新增小客车配额进行无偿的分配。

从合法化标准来看，北京市汽车限购措施不仅与我国2004年颁布的《行政许可法》等上位法存在一定的冲突，而且与2009年国务院出台的《汽车产业调整和振兴规划》存在着明显的抵触。该《规划》的执行时间为2009～2011年，"政策措施"部分明确要求"清理取消限购汽车的不合理规定"，"包括牌照注册数量、车型限制、各种区域市场保护措施、各类行政事业性收费、外地汽车进城收费，以及其他直接或间接影响汽车购置的措施"。

从效益标准看，在限购政策执行之前的2010年，北京市全年新增小客车81万辆，而在实施限购措施后的两年时间里，全市只净增小客车39万辆，不到2010年全年的一半，机动车数量快速增长的势头得到了有效遏制。2011年北京市中心城区高峰时段平均速度比2010年提高了13%，中度和重度拥堵的时间从2010年的每天145分钟，缩短到2011年的每天70分钟。限购措施的实际效果与"实现小客车数量的合理、有序增长，有效缓解交通拥堵状况，降低能源消耗和减少环境污染"的政策目标基本相符。

从效率标准来看，虽然单项交通政策投入产出比较高，但对汽车产业的负效应已经凸显，2011年北京市全年仅销售新车40多万辆，同比下降了56%。中低端国产车受到的冲击最大，自主品牌汽车在北京所占市场份额由限购政策执行之前的19.8%下降至2011年的11%。因此，从限购政策的全部成本与总体产出层次上看，该政策的效率水平并不高。

从回应度标准看，2011年6月，北京市交通委员会曾对治堵新政实施半年成效进行了网上调查，结果发现，不足一成受访市民认为"通过小客车指标调控并采用摇号方式实施机动车总量控制"对缓解市区交通拥堵最有效，在所有治堵政策中市民认同度最低。更严重的是，随着参与购车指标摇号民众数量不断增多，个人摇号中签率持续走低，已从限购政策执行之初的9.4%下降到2013年第一期的1.3%，而且弃号率居高不下，更引发民众对该政策的不满。

从公平性标准看，北京市采取的摇号政策表面上实现了汽车配额资源的公平分配，但由于超低的中签率使市民实现消费汽车的愿望如同"撞大运"，这

已严重损害了部分市民自由消费汽车的合法权利，而且随着申购者数量的增加，政策的公平性还将进一步下降。

（三）对广州实施汽车限购措施的质量评估

2012年6月30日，广州市政府发布了《试行中小客车总量调控管理的通告》，决定自2012年7月1日零时起，对全市中小客车试行总量调控管理，使广州市成为继上海、北京之后国内施行汽车限购措施的又一个特大城市。8月1日，《广州市中小客车总量调控管理试行办法》颁布实施，试行期一年，增量配额为12万辆。广州市汽车限购措施融合了上海的车牌竞拍和北京的摇号上牌两种模式的主体思想，采取"环保＋摇号＋竞价"的增量指标分配管理模式，即1.2万个新能源车增量指标、6万个普通车增量指标以摇号方式配置，4.8万个普通车增量指标以竞价方式配置。限牌试行期结束后，2013年7月1日，《广州市中小客车总量调控管理办法》开始正式实施，有效期为5年。新《办法》相比《试行办法》，在增量指标和分配管理模式上维持不变，但在旧车换购、新能源汽车申领、非户籍居民申请资格、设置区域牌照等21处做出政策调整，限购门槛下降。

从合法化标准看，广州市的汽车限购试行政策是以通告的形式紧急实施的，通告发布三个小时后就立即生效，而且在该政策发布一个月后才出台《试行办法》，在政策透明度和决策程序上存在着明显的瑕疵。但正式办法出台的决策程序十分严谨，政策透明度较高，有效消除了社会舆论对广州限购政策合法性的质疑。从搜狐网对民众进行的广州市限牌令调查结果来看，超七成民众认为"城市已过于拥堵不堪重负，是该有所限制了"；只有一成民众明确表示反对限牌令，认为"根本问题在于城市规划，一味限购治标不治本"，这说明该限购政策基本体现了大多数公民的意志，在政治学层面上具有一定的合法性。不过，与上海市一样，广州市车牌竞拍措施在法律层面上存在着与《行政许可法》相抵触的问题。

从效益标准看，广州市出台限牌令的政策目标是科学配置交通资源，有效缓解交通拥堵状况，减少机动车尾气排放，改善城市大气环境。从政策实施10个月来的效果看，相比调控前月均2万辆的增长量，调控试行期月均增长为 7200 辆。通过试行调控，调减了约 14.5 万辆中小客车的增长。如果加上对非本市籍载客汽车错峰限行措施的同步实施，广州核心区晚高峰主次干道平均车速将略高于上年水平，达到 23 公里/小时，市区交通拥堵状况也会有所缓解。PM2.5 污染现在也已越过拐点在持续下降，这说明该政策产生了一定的作用。

从效率标准看，由于强行控制新增机动车数量是一种非市场手段的治堵政策，投入较少的行政资源就可以在短期内产生效果，因此，广州市单项汽车限购措施的效率还是比较高的。但是，该措施的实施对广州市的汽车产业、广佛一体化进程、广州市开放性的城市形象等带来了一定的负面效果；而且，随着时间的推移，该政策可能溢出的社会负效应将会越来越多，因此，该政策的实际效率仍然比较低。

从回应度标准看，广州市汽车限购政策实施后，媒体、网络及社会各界对"限牌"新政虽有一些叫好声，但总的来看消极评价居多，民众对该政策的满意度并不高。由于广州市推出限购政策的执行时间比较短，相对上海市、北京市而言，还没有出现"史上最贵铁皮"和"中签率超低"的现象，因此，广州市汽车限购政策的回应度水平目前要明显高于上海和北京。不过，随着限购门槛的下降，车牌竞价逐步走高已成必然，如果政策效益迟迟达不到出行通畅、环境改善的民众心理预期，限购政策的回应度将进一步下降。

从公平性标准来看，由于广州市汽车限购政策借鉴了上海市、北京市的经验，一方面通过摇号政策降低了民众的购车成本，另一方面又以拍卖政策作为补充性措施，为申购者提供了公平获得消费汽车的机会，一定程度上提高了申购者的申购成功概率。广州市采用两项措施联合实施不仅可以有效抑制车牌拍卖价格的不合理增长，也可以防止出现摇号中签率过低的现象，因此，从目前看来，广州市汽车限购政策的公平性比上海市和北京市要高。而且，正式《办法》降低了外地户籍居民申购条件，做出了摇号中签逾期不使用 2 年内不得再次申请的规定。市财政部门也专门制定了《广州市中小客车总量调控增量指标竞价收入资金管理试行办法》，明确规定竞价收入专项用于城市公共交通事业支出，进一步保证了政策的公平性。

三 对广州进一步优化汽车限购措施的几点建议

（一）尽快启动对汽车限购措施的绩效评估

汽车限购措施是一把双刃剑，虽然可以在短期内达到治堵、道路畅通的目的，但从根本上看则是对社会公众汽车消费诉求和权利的剥夺。要让这种带有惠民特色的措施得到社会公众的认可，政府有关部门一方面要做足宣传解释工作，另一方面要尽快启动独立的第三方政策绩效评估。根据公众的需求和实施的成效进行完善。一是委托社会组织成立独立的评估委员会，以体现评估的客观性；二是按年度进行绩效评估，以体现评估的连续性；三是要将公众利益与需求作为评估目标，以民意调研和网络征集为主要手段，以体现评估的惠民性；四是要依据评价结果对限购措施不断进行修订和完善，以体现评估的公正性。

（二）秉持公交优先理念，提高城市公交分担率

受土地资源条件等因素的制约，广州城市道路里程近 5 年年均增长率约为 2%，远远低于同期机动车的增长水平；已登记停车泊位与汽车拥有量之比为 1:3.3，出现严重短缺，使得广州道路交通拥堵正在从"点"到"面"全方位扩散，全市城市道路平均速度小于 20 公里/小时（低于国际交通拥堵警戒线）的主干道占 29%，形势十分严峻。

根据国内外先进城市的经验，要解决特大城市交通拥堵问题，关键是秉持"公交优先"理念，大力发展公共交通，尽快提高公交分担率。一是稳步增加公交出行量，力争在 2017 年实现公交分担率达到 70% 的发展目标；二是快速减少私人汽车出行量，在逐步调整目前实施的限牌措施的基础上，通过大规模公交接驳、区域限行及提高市中心停车费等市场措施，利用价格杠杆增加私用车的成本，为公交发展提供空间，尽快实现建设公交都市的目标。

（三）少用慎用、适时废止汽车限购措施

通过对北上广三地汽车限购措施的质量评估，我们可以发现这些政策都是

政府通过强势的行政手段而不是交通资源合理调配来解决交通拥堵问题,虽然在执行初期具有成本低、见效快的优点,但随着时间的推移,会产生许多问题,增加政策的实施成本。同时,政府实施的汽车限购措施,从根本上讲是以剥夺公众自由消费汽车的权利来达到控制城市汽车总量的目标,车牌竞拍措施也推高了民众的购车成本,因此,各地推出汽车限购措施后饱受争议和质疑,降低了此措施的认同度、满意度,既违背政府推出此措施的初衷,也影响了政府形象。除非作为被迫采用的"权宜之计"和"最后手段",一般情况下要少用慎用。

我们认为,要彻底解决城市交通拥堵难题,重点还是要完善城市公共交通系统和配套设施的建设,建立高效的交通管理系统,培养市民公交出行的习惯,以及采用提高市中心繁华路段的停车费、征收交通拥堵费、市中心征收汽车"进城费"等行政和市场手段来限制私家车上路等方面的措施。

城市政府每年都要对限购政策的执行效果进行即时评估,一旦该政策溢出的负效应超过了城市的承受能力,单项政策带来城市大范围的政策失衡,甚至导致了政策的效益、效率、回应度和公平性评价的快速下降,就应该采取措施,及时终止该政策。

(四)采取措施切实提高汽车限购政策的质量

从上海、北京和广州三市实施汽车限购政策的经验教训来看,仅仅执行单一的限购政策是无效的,也是危险的。因此,必须充分评估汽车限购政策可能带来的社会风险和溢出的负效应,然后建立与之配套的应对政策,形成一个完善的政策体系,提高政策的绩效水平和公众的满意度与支持度。例如,针对汽车限购政策容易产生拍卖价格过高和中签率过低的问题,政府应该同时出台车牌使用年限政策和车牌自由转让政策;针对汽车限购政策的公平性不足容易引发民众和利益受损行业不满的问题,应该同时出台车牌拍卖资金专款专用政策(可考虑用竞拍资金设立城市公共交通优先发展专项基金)和收支情况社会定时通报制度,高峰时段公共交通车票优惠政策,申购新能源汽车、节能型汽车和国产小排量汽车的财政补贴政策(没有激励作用的补贴政策是无效政策,补贴力度必须与城市生活水平相匹配,补贴资金来源可通过财政支出和向汽车

企业征收碳排放税来筹集）。而且，这些政策应该作为限购政策的配套政策尽早同步执行，做到环环相扣，而不是等负效应显现、民众不满情绪高涨的时候才被迫实施。

参考文献

赫伯特·西蒙：《管理行为——管理组织决策过程的研究》，杨砾等译，北京经济学院出版社，1988。

负杰、杨诚虎：《公共政策评估：理论与方法》，中国社会科学出版社，2006。

威廉·邓恩：《公共政策分析导论》，谢明等译，中国人民大学出版社，2010。

杰弗里·维克斯：《判断的艺术——政策制定研究》，陈恢钦等译，中国青年出版社，2004。

林水波、张世贤：《公共政策》，台湾五南图书出版公司，1987。

陈振明主编《政策科学：公共政策分析导论》，中国人民大学出版社，2004。

戴维·伊斯顿：《政治体系——政治学状况研究》，马清槐译，商务印书馆，1993。

（审稿：张强、蒋余浩）

创新社会治理与服务
新广州人融入城市模式*

谢建社**

摘 要：

通过调查，本研究发现新广州人对融入城市的认同感，对广州公共政策、社会治理与社会服务、城市建设等方面的满意度有所提高。进而，本研究提出了"政府决策，企业运作，社会参与，共建共享"的广州模式。

关键词：

社会治理 社会服务 新广州人 融入模式创新

一 创新社会治理与服务新广州人的研究意义

本文指的新广州人主要是在中国户籍制度条件下的一个概念，特指离开户籍所在地到广州工作和居住的农民工。国际上，类似的群体被称为"国内移民"，也称之为"农民工流动"。流动与迁移是两种相似但又有区别的现象，新广州人与迁移农民工虽然都进行空间的位移，但迁移是在永久变更居住地意向指导下的一种活动。

* 本文系国家社会科学基金重点项目"加强对新生代农民工群体和城镇流动人口的服务和管理研究"（12AZD026）、广东省高校人文社科重点研究基地广州大学广州发展研究院研究成果。

** 谢建社，广州大学公共管理学院副院长、教授，社会学博士，主要研究方向：创新流动人口服务与管理研究，社会建设与社区工作研究，社会转型与社会问题研究等。参与本课题调研的有谢宇、刘念、刘阳、赖建锋、万春灵、郑文芳、姜露兹、丁海燕、卜献忠、谢棋君、陈薇等。

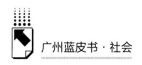

（一）新广州人的服务与治理创新是广州社会发展的重大课题

新广州人对广州经济社会发展产生了深远的积极影响，这已是一种共识。然而，严重滞后的新广州人社会服务与治理体制不仅不能适应这种变迁，反而有损"新广州人治理新政"的政策绩效。当来自五湖四海、口音南腔北调的人们由一个熟人的乡村社会闯入一个陌生人的城镇社会时，缓解因城乡异俗、观念有别造成的矛盾与冲突，变得更加现实；当不同地域、不同阶层的人们为生存与利益产生矛盾时，更好地兼顾各方利益，尤其是让弱势群体的利益诉求能够有效表达、正当权益得到维护，变得更为紧迫。

（二）新广州人的服务与治理创新将成为全社会的重要责任

2011 年 6 月广州增城某村聚众滋事事件让我们经历了一场严峻的考验。这起群体性事件折射出当前新广州人与本地农民工"倒挂"的现实，以及福利差距的鸿沟。其根本的原因在于社会治理与服务工作滞后，这就要求切实转变重经济建设、轻社会治理，重户籍农民工服务、轻新广州人服务的思想观念。地方政府在反思这些问题时往往是从"维稳"的角度考虑，而问题的关键在于创新新广州人社会治理，且加强对新广州人的服务与治理是社会治理的重点，同时也是政府与社会的责任。

（三）新广州人的服务与治理创新的现实意义与科学价值

1. 具有重要的现实意义

第一，创新新广州人治理服务，能使大规模的新广州人增强归属感和认同感。

第二，创新新广州人治理服务，能够满足新广州人的工作和生活需求，能够改善新广州人的生存质量，有利于使之尽快地融入城市社会，减少违法犯罪事件的发生，促进社会和谐稳定。

第三，创新新广州人治理服务，能够改善新广州人的民生状况。融合则和谐，排斥则俱伤。加强新广州人和特殊人群服务治理，具有很强的现实性和针对性。

2. 具有一定的示范意义

新广州人在全国大城市中占有一定的比例，新广州人治理服务模式的创新，将对全国产生典型示范作用。

3. 具有科学的理论意义

第一，城市社会发展理论认为，农民工流动是社会发展的推动力，农民工流动导致了社会阶层结构的变化，从而影响着社会的发展。第二，社会结构理论认为，新广州人的流动不仅仅是经济状况的变化，更是一种社会（地位）流动，一种社会结构的改变。第三，社会治理理论认为，新广州人治理服务重点是引导城市社会对新广州人由集体排他向集体融入转变，这就迫切需要加强治理创新，转变不合时宜的治理观念、治理方式、治理手段。

二　新广州人融入城市状况调查与分析

2011 年 6 月至 2012 年 10 月，本课题组成员先后多次深入广州区街各企业、工会、社区居委会对相关人员进行问卷调研，所采用的抽样方法系非随机抽样法，即根据研究人员的便利与可接近性，有意地从中抽取新广州人进行问卷调查。共发放问卷 1500 份，获得有效问卷 1415 份，占 94.33%。

（一）新广州人文化与就业状况

1. 新广州人的文化程度有所提高

对照我们 2006 年的调查显示，老一代新广州人中，文盲、小学文化、初中文化的人员较多，初中及其以下文化程度的人占了 82.6%。文化水平低，职业技能就差，就业能力就弱，这些新广州人大多集中在对职业技能没什么要求的服务业和主要依靠卖苦力的建筑业两大领域。而本次调查发现，新广州人高中及其以上文化程度的达 62.5%。

2. 新广州人就业于非正规渠道

新广州人在广州大多数是通过非正规渠道就业，他们多数通过亲友或老乡介绍，这种就业比例占我们被访问对象的 42%。更注重工作环境和职业发展空间是新广州人择业的一个重要方面。这说明新广州人就业仍然是以自发的就

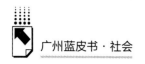
业方式为主。自发的就业方式是新广州人个人或数人在没有他人和组织的帮助下，自己确定和前往输入地寻找就业机会的过程和形式。

（二）新广州人收入与消费状况

1. 新广州人经济收入

根据本调查，有94.6%的新广州人月平均工资在1200元以上，而只有2.1%的新广州人月平均工资在1000元以下。根据资料显示，2010年广州市职工月平均工资有3750元，这说明新广州人的收入状况仍与城镇居民有较大的差距。

2. 新广州人消费出现新变化

新生代农民和老一代新广州人每月的主要消费都集中在日常生活消费，分别为76.9%和88.9%，但是，有部分新广州人与老一代新广州人相比，每月主要消费在娱乐和学习方面，这反映了新广州人比老一代的新广州人更加重视生活质量和自身能力的提升。

3. 新广州人对住房的选择

新广州人的住房选择倾向，客观地展示了他们的真实住房需求，这是解决新广州人住房问题的基础条件。调查显示，新广州人的住房类型选择主要是租房，达到被调查者的74.12%，而选择购房的仅为1.05%；老一代新广州人的住房类型选择主要是单位宿舍，高于新广州人10.34%的比例。

（三）新广州人的社会生活与社会适应状况

1. 新广州人对公共政策的满意度

大多数入穗新广州人在进入城市生活一段时间后，其社会适应能力都会有不同程度的改变，总体感受是由最初的"不太适应"发展到目前的"一般"或"比较适应"的状态。一方面，在对广州公共政策、城市建设满意度方面都有比较好的认同感。87.6%的新广州人对目前广州公共政策感到满意，79.9%的新广州人对广州社会工作感到满意，83.6%的新广州人对广州社会服务感到满意，98%的新广州人对目前广州城市建设感到满意。但另一方面，他们也明显感受到了与城里人在社会生活各个方面的巨大差距，特别是对找工作、租房等方面具有一定的不满意情绪。

2. 新广州人对社会工作与社会服务的满意度

调查显示，新广州人在广州社会工作与社会服务方面，满意度均超过80%，这让人们感到欣慰。目前，广州正在加大社会工作与社会服务的购买力度，其内容都涉及新广州人，包括新广州人的城市工作适应、生活适应、心理适应及其子女教育等。

3. 新广州人对城市建设的满意度

新广州人对广州城市建设满意度较高，特别是经历亚运会之后，向往广州城市生活，期盼成为广州市民。

4. 新广州人对出租屋的满意度

租房是新广州人在打工地的主要居住方式，我们调查发现，74.12%的新广州人选择租房。新广州人对广州出租屋的满意度只有63.4%。可见，政府对出租屋的规划治理具有滞后性，对出租屋方面的新广州人治理与服务有待于进一步加强。

5. 新广州人对生活消费的满意度

新广州人既是城市现代化的建设者，又是城市生活的消费者。特别是新广州人把辛苦赚来的工资越来越多地留在了城镇，他们日渐成为城市消费的一大新生力量，其消费正在改变着城市消费的格局。与此同时，这些消费也如同一座座大山压得他们喘不过气来。

6. 新广州人的交往关系显现差距

新广州人在外务工的过程之中，往往需要处理好与同事和与老板两个方面的关系。对于前者而言，由于相互之间的基本利益一致，所以新广州人之间的共同语言较多，比较容易找到共同的话题，从而更好地交流。相对于与老板的关系，新广州人之间由于学历、经历差异较小，在交往中能够更好地实现自我满足。调查发现，有97.1%的新广州人认为同事关系满意，只有87%的新广州人认为与老板关系满意，比前者少了约10个百分点。

7. 新广州人休闲生活状况

新广州人对未来的收入甚至生活状况都有乐观的预期，这对他们当前的生活满意度和幸福感产生了积极影响。在娱乐消遣方式方面，新广州人最主要的

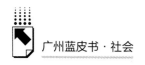
娱乐消遣是上网、听音乐，其次是逛街买东西，再次是看电视、电影等，他们比老一代新广州人更加注重生活的质量和乐趣，更加向往时尚的生活方式，对城市新鲜的生活娱乐方式有较为强烈的认同感。调查发现，有 79.6% 的新广州人认为休闲生活是丰富的，认为很不丰富的比例仅为 8.1%，当然，这部分新广州人的娱乐生活值得关注。

（四）新广州人的社会保障状况

1. 新广州人面临各种社会风险

新广州人正身处中国城市化进程加速时期，既面临着一种融入城镇的大好机遇，同时也面临着一种被城镇淘汰的社会风险。新广州人大多数是非正规就业，工作极不稳定，因此面临着许多社会风险。调查发现，新广州人遇到的首要要问题是工资偏低（60.2%），其次是消费太高（16.8%）和住房太贵（14.2%），再次是看病难、看病贵（8.6%）。

2. 新广州人劳动权益难以保障

新广州人的劳动权益受到侵犯的问题由来已久，它暴露出我国在经济建设中一直以低劳动力成本作为发展战略的弊端，同时也集中暴露出我国在劳动法制建设中存在的一系列问题。调查发现，只有 18.9% 的新广州人认为劳动合同能够保护他们的劳动权利，40.1% 的新广州人持否定态度。

3. 新广州人的社会保险

《社会保险法》于 2011 年 7 月 1 日实施，职工对社会保险权益的关注升温。调查发现，新广州人参加各种保险的积极性还不高，23.7% 的新广州人没有购买任何保险，如何推动企业将新广州人纳入社会保险，达到社会保险体系"广覆盖"的要求，任重而道远。

三 创新社会治理与服务新广州人的融入模式

让新广州人建设在广州、生活在广州、贡献在广州，同时享受在广州、幸福在广州。新广州人的幸福就是他们对广州工作和生活满意程度的一种主观感受，是一种精神上的愉悦。衡量新广州人的幸福感，一是让新广州人在广州工作具有较好的满意度，二是让新广州人在广州生活体验到一定的快乐感，三是让新广州人发挥自己的潜能而获得强烈的荣誉感。创新新广州人治理服务，能够满足新广州人的工作和生活需求，能够改善新广州人的生存质量，有利于使其尽快地融入广州，促进广州社会和谐稳定。广州的城市化需要走出传统，即由低城市化率向高城市化率转变，创新新广州人融入城市的七大工程十九项举措。

（一）推进"均等化服务"工程建设，提升新广州人融入城市的认同感

从广州的实际出发，坚持以人为本的科学发展观，明确一批均等化项目，并将公共服务内容分成"底线均等"、"基本均等"，确保新广州人"底线均等"，并在全省率先实现新广州人与本地居民"基本均等"，从而提升新广州人融入广州的认同感。

举措之一：率先做到出台新的政策时不再与户籍挂钩

2012年2月23日，《国务院办公厅关于积极稳妥推进户籍治理制度改革的通知》发布。《通知》要求，进一步放开地级市户籍，清理造成暂住农民工学习、工作、生活不便的有关政策措施；今后出台有关就业、义务教育、技能培训等政策措施不再与户口挂钩。调查发现，新广州人融入广州的最大障碍是户籍制度，占受访者的34.3%。广州是广东改革的先行先试地区，可以尝试户籍制度的改革。对异地务工人才（具有特殊贡献、重点专业的专科毕业生、全日制本科毕业生和硕士以上学历、高级职称人员）采取不同类型、灵活入户的审批流程，形成具有广州改革特色的异地务工人才入户政策体系。

举措之二：建构公共文化服务合理供给机制

调查发现，新广州人的文化需求是不一致的，即便是最基本的公共文化需求也由于年龄、生长环境、来源地、职业的不同而存在差异。为了向新广州人提供令其满意的公共文化服务，广州市切实改变公共文化服务的刚性供给，建构公共文化服务的合理供给机制。

政府在进一步改善现有的以公益文化事业单位为主体的公共文化服务模式的基础上，要针对新广州人差异化的公共文化需求，不断加大公共文化服

务项目的"购买"、资助和奖励与扶持。因此，可以根据服务重心的变化提供有针对性的公共文化服务，除了国家提供的地方性公共文化服务项目以外，地方政府也应根据新广州人的文化需求鼓励发展面向市场的自主经营、自我发展的艺术表演团体、艺术表演场所和演出中介机构，提供地方性公共文化服务项目。

举措之三：建构新广州人政府购买公共服务机制

政府购买服务就是采用政府出资、社会组织介入，运用社会工作专业的方法与技巧，为广州的新广州人提供助人自助的服务。新广州人融入广州需要社会工作的介入，帮助新广州人解决问题也是社会工作者新的历史时期的光荣使命。一方面，新广州人融入问题的解决需要社会工作的介入；另一方面，社会工作在为新广州人服务的广阔空间中发挥重要作用。可见，新广州人与社会工作者在助人自助、责任共担互动中共赢。在享受服务的过程中，新广州人深知自己的责任，自觉、主动地融入广州经济社会建设的热潮中。

举措之四：建构新广州人的工资正常增长机制

如今，内地经济发展较快，发达的沿海地区依靠农民工红利受到威胁，建立新广州人工资正常增长机制，完善新广州人工资支付监控制度，势在必行。天津滨海新区的经验值得我们借鉴，即政府对企业员工工资涨幅部分给予1.5倍的奖励。

第一，确立劳动力市场工资指导线。政府人保部门科学制定劳动力市场工资指导价位和确定工资增长指导线，引导用人单位工资合理增长。

第二，推进工资集体协商工作。积极推进工资集体制度在规模企业实现全建制，逐步探索以劳资共决为核心的工资正常增长机制，有步骤地开展行业性工资集体协商，促进新广州人工资收入实现合理增长，共享经济发展成果。

第三，规范企业工资支付制度，建构欠薪保障机制。人保部门对用人单位工资支付实行分类监控，并加强重点监控，有效预防和化解欠薪事件。对发生过拖欠新广州人工资的用人单位，强制其在开户银行按期预存工资保证金，实行专户专账治理，用人单位有发生克扣、拖欠工资、低于最低工资标准支付的，可先从工资保证金支付，再进行调查处理或劳动仲裁处理。

（二）推进"第二故乡"工程建设，提升新广州人融入城市的归属感

新广州人背井离乡，到广州务工，广州就是他们的"第二故乡"。

举措之五：为新广州人融入广州营造优越环境

新广州人一个明显特征是以青壮年为主体，20世纪八九十年代出生的新广州人占63.3%，他们将是广州转型发展的重要力量。要让每一个新生代新广州人实现"广州梦"，实现共建共享幸福广州，破题关键在于营造新生代新广州人的幸福生活环境，关注新生代新广州人在广州的"三成"（成长、成才、成家）问题，提升其优越感。

举措之六：为新广州人提供丰盛的营养大餐

推进"第二故乡"工程建设，通过"亲情化服务"（精神食粮），增强新广州人对第二故乡的感情，培养他们遵守法律法规和社会道德规范的意识，从感情上降低新广州人走上犯罪道路的比率。

为新广州人提供文化大餐，切实将区属文化馆、图书馆、博物馆等公共文化设施免费向新广州人开放，让他们享受与本地市民的同等待遇。要号召社区、村居在公共文化场所开展的活动中为新广州人提供更多的参与机会，增强与居民的沟通，特别是一些公益性文化活动要增加新广州人参与的比重，逐步实现公共文化服务均等化。

举措之七：为新广州人开展健康的文艺活动

（1）打造广州企业文化。优秀的企业具有优秀的文化氛围，企业为了留住员工，除了提高工资标准之外，还要不断打造企业文化，好的企业都有员工娱乐中心，具有温馨的住宿环境（宿舍供热水、电视、宽带），有员工生日晚会，有读书活动。丰富新广州人的业余生活，积极开展有益于新广州人身心健康的社区文化活动十分必要，如举办新广州人文化节，组织歌咏比赛、书画雅集、摄影展览等群体性活动，吸引更多的新广州人参与，帮助他们融入广州的生活。企业、基层村（居）可组织开展一些健康的娱乐性活动，营造一种良好的生活、工作氛围。

（2）打造广州特色文化。以"文化心做广州人"的岭南文化品牌活动为

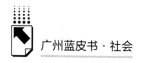
抓手，在广州广泛开展关注新广州人身心健康的娱乐活动，不断扩大活动的覆盖面。进一步发挥企业作用，努力建设政企共建文艺培训基地，成立广州区文艺培训师团，组织文艺活动进企业、进车间。

（三）推进"素质教育"工程建设，提升新广州人融入广州的使命感

新广州人选择留在广州、融入广州，因为有梦。新广州人只有努力提高自身素质，缩小与城市居民之间的经济差距，打破文化隔阂，更好地融入当地社交圈子，才能实现梦想。

举措之八：塑造广州新市民

第一，拓宽新广州人职业技能培训渠道。政府职能部门坚持以镇街职业技术学校和成人文化学校为依托，采用"职成一体"办学模式，通过实施"蓝领工程师"培育计划，以提高劳动技能为主的新广州人职业培训和以提高文明素质为主的"新市民"教育，增强新广州人对广州社会的适应能力。第二，校企合作，职教联盟，储备用工人才。学校是人才培养的摇篮，企业是人才成长的基地。校企紧密结合，共同培养用工单位专业对口的通用、适用的技术人才，让学校进企业，让教育进住宅，只有这样才能整体提高用工品质。第三，发挥培训机构培训新广州人的重要作用。坚持以"政府主导、机构参与、市场运作、注重实效"的模式，实行定点培训机构在不脱离国家职业标准的前提下，由培训机构自主联系企业、自主确定培训内容、自主培训治理、自主跟踪就业。第四，促进新广州人技能培训与本区产业需求相结合。根据广州区产业发展对劳动者技能提升的需求情况，每年组织区内外、市内外和省内外相关专业学校以及合作培训机构共同开发具有地方特色，既能满足地区产业工人技能提升需要，又能适合本区产业发展需求的新职业标准及教材，以提升新广州人技能素质。第五，创新新广州人的融入性教育。新广州人融入广州需要一个长期的社会化过程，新广州人自身教育素质和能力素质的提高，需要融入性教育。

举措之九：建构新广州人融入城市的"接纳机制"

新广州人融入广州的关键在于建构"接纳机制"。接纳是推进新广州人向

"新市民"转变的重要步骤，促进新广州人向"新市民"转变的最主要目标是城市普遍接纳。"接纳机制"包括公平就业机制、社会治理服务机制、"融城"能力机制和社会保障机制等，最终实现"来穗有工作、上岗有培训、劳动有合同、报酬有标准、治理有参与、维权有渠道、住宿有改善、子女有教育、生活有尊严、养老有保障"的"十有接纳目标"。

（四）推进"居住证"工程建设，提升新广州人融入城市的自豪感

以居住证制度建设为载体，以信息化建设的深度开发和应用为引领，充分运用社会化、规范化、精细化等工作手段，破解服务治理难题。

举措之十：赋予居住证的特有功能

将居住证视为新广州人拥有定居权的合法证明，发挥好居住证制度在农民工调控、农民工治理等方面的功能与作用。以大力推行居住证制度为契机，整合各职能部门对新广州人核发的各种证照功能，在全区推行居住证制度，使新广州人凭居住证在劳动就业、生活居住、社会保障、卫生保健、子女教育、社会参与、法律援助等方面，享有与本地居民一样的平等权利。

举措之十一：实施与积分捆绑的"安居"战略

广州要在提高城市品质、城市治理现代化、城市空间生态化、新广州人市民化等方面采取有效政策。提供租金补贴的政府保障房的安排，将优秀的新广州人纳入广州社会福利体系，包括住房保障、失业保险、社区养老等社会福利。进一步完善新广州人住房保障体系。各镇（街）做好城镇住房保障建设规划，加大住房保障投入力度，加快以公共租赁住房为主的保障性住房建设，将有稳定职业并在城镇居住的新广州人纳入住房保障体系。

（五）推进"人文关怀"工程建设，提升新广州人融入城市的幸福感

新广州人融入广州，充分显现他们的价值理念，为了实现他们的价值，需要政府给予组织关怀、激励关怀、分层关怀和信息关怀等，保障新广州人顺利融入城市。

举措之十二：建构新广州人融入广州的"组织关怀"机制

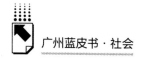

实践证明，培育新广州人的社会组织，对于提升公益服务水平具有重要的现实意义。发挥社会组织的枢纽型作用，积极培育发展、扶持孵化各类新广州人群体的社会组织，参与提供公共服务，满足新广州人多层次的需求。通过社团式参与，打破固有的以户籍、乡土、宗亲为标志的社交沟通模式，为培养新广州人融入当地的观念提供观念基础。

（1）探索新广州人党建新路。逐步探索出一条"流动有序、治理有章、异地有家、建功立业"的新广州人党建工作新路子。及时解决新广州人入党难的问题，使新广州人中的优秀分子"流动不流失"，新广州人工作在哪里，党组织就建立到哪里。以劳务输入地和新广州人工作点为依托，及时建立健全党的组织，确保把每名新广州人纳入党组织教育治理的视线之内。

（2）组建新广州人新型工会。由于社会转型时期，社会结构多元，新广州人流动性大，就业市场十分灵活，组建工会的形式也必须灵活。根据广州的实际，重点突破用工形式和单位建会的限制，创建适应和方便新广州人入会的楼宇工会，园区工会，流动人员联合工会，一条街工会和建筑、旅游、化工、服务等行业工会，灵活地把新广州人吸收到工会中来。这样，在不触动现行体制、不触动既得利益人利益的前提下，提高新广州人的自我组织能力与自我维权能力。

（3）培育新广州人社会组织。采取竞争性资金扶持的形式，扎根企业园区、大型社区，重点培育一批文化、娱乐、体育、艺术、青年情感交流类的新广州人社会组织，以自我治理为模式、以群体需求为导向，提供贴近职工的文化服务项目，满足新广州人日益增长的精神文化需求和情感需求。

举措之十三：建构新广州人融入广州的"激励关怀"机制

需求层次理论认为，人的需求是多层次的，包括生理的需求（如衣、食、睡、住、水、行、性）、安全的需求（如保障自身安全、摆脱失业和丧失财产）、社交的需求（如情感、交往、归属要求）、被尊重的需求（如自尊、受人尊重）、自我实现的需求。在某一阶段上，人的多种需求并存，但只有一种需求占据主导地位。在不同时期，需求结构在动态变化，大致是从低到高、从外部向内部满足。因此，满足新广州人的需求，必须采取激励机制。

举措之十四：建构新广州人融入广州的"分层关怀"机制

融入不是一蹴而就的，要实现真正意义上的融入可能需要几十年的沉淀、几代人的努力，在这方面我们应该有足够的心理准备。中国制度、公共政策、城市资源、经济文化、新广州人素质等因素决定了新广州人融入城市需要一个过程，而且只能是分步解决，分层融入。目前，推行的积分入户政策就是新广州人分期分批融入广州的一个激励效应，建议在 0 分和"入户分"之间，设定若干个档次，分数每提高一个档次，能够享受的待遇也相应提高一些，让更多的新广州人有"奔头"。

举措之十五：建构新广州人融入广州的"信息关怀"机制

由于人们所获得的信息与事实之间存在不同，所以信息认识也存在差异。信息传递不均衡，是因为职务和地位的层次不同，人们占有的信息量也是不同的；又由于人们所处的工作岗位不同、工作特点不同，人们针对同一信息的认识也是有差距的。第一，信息来源不同。有正式渠道和非正式渠道的信息，有自上而下与自下而上的信息，加之传播渠道不畅，或在传播过程中，复杂因素的干扰，受众人误解，于是产生信息的冲突。第二，信息内容不对称。一个组织内不同的人有不同的信息沟通渠道（正式的或非正式的），若彼此之间互不通气，则很容易产生信息冲突。其实，广州已经出台了很多有利于新广州人的政策，但是他们对这些政策的知晓度并不高，对其实质了解并不深。

（六）推进"济困解难"工程建设，提升新广州人融入城市的安全感

调查发现，当新广州人遇到一定困难，而公力救助又常常难以到位，新广州人则选择自救。合法自救荆棘满途，自损自救又不划算，犯罪自救由此而生。他们在选择自救的过程中，不是没有考虑合法自救，自损自救也在他们的心里徘徊过，而犯罪自救只是他们最后的无奈选择。调查显示，新广州人在其维护自身权益时，绝大多数选择公力救济，他们首选"找基层政府或相关组织"（72.2%）和"亲人和老乡"（63.1%），其次是"老板"（26.6%），再次是"通过法律途径"（14.5%）和"本地居民"（14.5%）等。

举措之十六：健全救助体系，加大救助力度

第一，对困难新广州人实施临时救助。目前，广州已有政策，对非本区户

籍的居民，因重大疾病或突发意外造成困难的，按照人道主义救助原则进行救助。

第二，对困难新广州人实施过路救助。对因被偷、被抢等造成经济损失，无法生活的新广州人给予一定数额的即时救助，对于无钱回家的新广州人给予一定数量的过路救助。

第三，构建多层次职工互助济难基金体系。以工会组织为依托，各级新广州人服务中心（站）把工会"六送"服务（春送岗位、夏送清凉、秋送助学、冬送温暖，一年四季送健康、送保障）进一步覆盖到新广州人，落实"春风送暖"、"金秋助学"、工伤探视、医疗救助、临时生活救助等帮扶制度，切实帮扶救助困难新广州人；积极发动和吸纳新广州人参加职工医疗互助保障计划，使其成为新广州人社会保障的重要补充。加强工会帮扶中心和基层帮扶站、点建设，努力构建党政主导、工会运作、部门配合、社会参与的困难职工帮扶工作新格局。

举措之十七：实行房屋水电指导价，减轻新广州人生活之困

广东省物价局近日出台政策，出租屋公用电需房东与租户分摊。但由于梯度水电费收取政策执行后，无形中增加了消费者的成本，新广州人难以享受一级水电价格标准。原因是，房东的水表租者共用，业主借机实行梯价、抬高房价等。调查发现，新广州人在广州生活，每天的吃住消费在10元以下的占受访者的40.8%，11～20元消费区间中，租房消费仅次于食品消费达到37.7%，尤其是实行水电梯度收费后，他们的租房消费明显提高。

（七）推进"经社保障"工程建设，提升新广州人融入城市的着陆感

新广州人融入广州必须解决经费保障与社会保障两大保障问题。

举措之十八：建构新广州人融入广州的"社会保障"机制

社会保障的缺失是新广州人向新市民转变的难点所在。因此，建构社会保障机制迫在眉睫。第一，建构医疗保障机制。医疗保障正成为关怀新广州人健康不可或缺的制度，建立社会统筹与个人账户相结合的医疗保险制度，使新广州人的基本医疗得到保障。第二，建构子女教育保障机制。解决好新广州人子

女的教育问题是帮助新广州人在城镇稳定就业、推动广州社会建设的具体体现。第三，建构社会福利保障机制。社会福利保障是新广州人融入广州城市的一张安全网，"社会福利"是"社会保障"的高级形式。保障新广州人在任何情况下都能体面地生活，享有教育、健康、居住和城市环境等诸多方面的福利，满足生活的需要。第四，建构社会养老保障机制。建立健全养老保障制度是保障和改善新广州人融入广州城市的基础工程，是调节社会收入分配的重要手段。通过养老保障制度建设，可以把公共资源更多地向他们倾斜，更好地促进发展成果全民共享，是新广州人向新市民迈进的重要保证。

举措之十九：建构新广州人融入广州的"经费保障"机制

以上18项举措解决了新广州人融入城市的基本问题，还必须建构一个经费保障机制。

经济学理论认为，各个利益相关者都有各自的利益诉求，都会最大化自身的利益。各个利益相关者最大化自身利益的行为会对新广州人融入城镇的财政负担政策及其效果产生重要的影响。新广州人大规模进入广州是推动广州经济增长的关键因素，也是广州经济社会持续发展的必然要求，政府为新广州人的生存与发展及其子女教育承担治理和服务经费，既符合经济发展、社会和谐的目标，又可以让新广州人融入城市，是一种大效益、小成本的选择。

（审稿：周林生）

B.4

建设幸福广州的社会心理
疏导机制研究

秦攀博*

摘 要:

当前广州的社会心态总体上是健康积极的，但社会消极心态也不容忽视。建设幸福广州的社会心理疏导机制，既需要直接的心理疏导以调适民众心态，也需要通过健全保障机制、合理配置资源、高效管理服务以及公众有序参与等途径，减轻社会心态压力源。

关键词:

幸福广州　社会心理疏导　机制

社会发展需要稳固的心理基础，社会心态是社会状况的"晴雨表"和"风向标"，是社会文明进步的"指示器"，也是社会发展的"催化剂"。社会心态是与特定的社会运行状况或重大的社会变迁过程相联系，在一定时期内广泛地存在于各类社会群体内的情绪、情感、社会认知等社会心理的动态构成部分。社会心态也是对社会变迁或运行状况的一种即时、动态的直接反应，它表现为人们对于当前各类重大社会现象的认知评价、情绪情感反应及行为意向等。十八大报告提出的"加强心理疏导，培育理性平和、积极向上的社会心态"成为时代的重要课题之后，走新型城市化发展道路、以人为本、建设幸福广州同样需要重视社会心理疏导的作用。

---

* 秦攀博，广州市委党校讲师，主要研究社会心理与管理。

一 当前广州社会心态的概况

（一）当前社会心态总体良好

我国正处于高速发展时期，人民生活得到极大改善，多种研究结果和实践都表明社会心态总体上是良好、积极、健康的。广州作为国家中心城市、副省级城市、省会城市，同时作为改革先行区和经济较发达地区，也体现了与时代大背景、社会大氛围相适应的总体上良好的社会心态。新型城市化建设幸福广州理念的提出，就标志着广州更加关注民生幸福，关注民众福祉。《中国城市生活质量指数报告》在首次发布全国省会城市排名中，广州生活质量指数居全国第一，其中生活简单、工作快乐是重要原因。在广东省官方发布的省内各城市幸福指数排名中，广州综合幸福指数排第一。广州的社会心态总体上有8种积极精神值得崇尚，分别是：科学精神、创新精神、进取精神、实干精神、民主精神、法治精神、包容精神、平民精神。

（二）社会消极心态不容忽视

随着人口构成庞大化、经济结构复杂化、社会利益多元化、阶层文化多样化，广州各种社会矛盾变得更为突出。转型时期，广州居民承受着极大的心理压力，也经历着强烈的心理冲击，部分人产生的消极心态在城市治理中尤其需要引起重视。众多的研究和报道显示，当前的消极心态归纳起来主要表现为焦虑心理、浮躁心理、冷漠心理、茫然心理、悲观心理、抑郁心理、暴戾心理等。广东省情调查研究中心的《广东省居民个人生活状况与主观幸福感调查报告》显示，广州居民主观幸福感在全省地市排第16位。中国社会科学院"社会心态蓝皮书（2012～2013）"调查研究报告显示，广州、北京、上海三市社会信任度的得分刚过60分的及格线。

（三）重点群体心理问题需要关注

一是学生群体的心理问题需要关注。一项关于青年学生的幸福感和心理问题的调查显示，广州有相当比例的高中学生自我感觉不幸福，心情经常处于不愉快状态，存在心理健康问题，如偏执行为、敌对行为、抑郁症、焦虑症。广州过半的大学生心理安全感缺失，尤其是74.6%的大学生对广州的治安表示缺乏安全感。另外，广州地区高职贫困生的心理健康不容乐观。二是市民的心理问题和精神疾患需要引起重视。广州市脑科医院联手北京大学精神卫生研究所的调查显示，广州每千人中就有15人曾患或正患精神障碍。广州市心理危机干预中心公布的咨询数据显示，近千例与自杀有关的来电咨询中排首位的是心理健康问题，第三位是精神疾病，其中离婚妇女的心理问题不容忽视。精神病防治专家认为，因为公众缺乏相关知识，一些对社会有危害的精神疾病患者"被普通化"了，这种"潜伏"的精神疾患不容忽视。广州抑郁症、精神分裂症的高发群体以青壮年为主。三是流动人口的心理问题不容忽视。广州市农民工幸福感调研报告显示，广州农民工与本地人幸福感的差距比较明显，其中新生代农民工的孤独感、无奈感、迷茫感和归属感都差于传统农民工。国内外的研究表明，群体性事件往往反映出当地存在着由于社会不公正导致的失衡心态和阶层分化导致的社会怨恨情绪。广州增城新塘事件的"泄愤性"特征体现了参与者与最初的事件原因的无关联性。人民网舆情监测室指出，该事件的症结正是源于流动人员长期以来饱受歧视而积累的严重怨恨情绪。

（四）社会分层导致的心理分化值得关注

广州作为一个特大型城市，与民众福祉关系密切的就业、住房和医疗是影响幸福的三大短板。调查显示，广州的公务员和国企员工幸福感最高，制造业和普通服务业幸福感较低，临时工和失业者幸福感最低。不同行业的幸福感差异较大导致社会心理严重分化，公务员、教师、医生等体制内职业成为社会"羡慕嫉妒恨"的职业，容易招来社会愤恨和言语攻击，这也有可能引起社会断裂，加深社会隔阂。

二 社会心理疏导对幸福广州建设的意义和作用

广州新型城市化"12338"重大战略部署建构了幸福广州三位一体城市发

展理念。幸福需要客观物质基础，但更是一种主观感受，这已是社会共识。幸福和心理关系密切，不仅涉及意识、态度、情感和价值观等心理学内容，而且和心理健康关系极大。社会心理疏导是心理疏导在社会领域中的运用，通过说明、解释、理解等沟通方式，影响其心理状态，改变目标群体的认知、情感、行为和态度，对社会大众的心理状态、心理问题、心理期待采取有效方式进行疏通引导，以降低或消除不良心理状态。因此，加强社会心理疏导对建设幸福广州具有重要的意义和作用。

（一）社会心理疏导有利于促进心理健康公共服务，提升幸福感

在社会转型期，诱发心理问题和精神疾病的因素增多，相对剥夺感、心理失衡感、焦虑受挫感、孤独疏离感、无所适从感等多方面的因素叠加造成当前有心理问题和精神疾患的人数不断攀升，其中有相当一部分人是危害公共安全的"不定时炸弹"。然而，当前心理健康公共服务提供能力不足，心理健康理念尚未深入人心，相关实践开展的时间还比较短暂，心理健康服务专业人员无论是人数、机构、规模和水平都与实际需求存在较大缺口。广州贯彻以人为本的施政理念，要从政府层面重视社会心理疏导，从执行层面落实相关举措，有利于促进心理学学科的繁荣和心理健康服务队伍的壮大，有利于促进心理健康公共服务的快速发展，有效影响和调节社会公众的主观感受和价值观念，从而提升广州民众的幸福感，推动幸福广州发展进程。

（二）社会心理疏导有利于唤醒社会公众的积极情绪，传递正能量

其一，有利于增强社会凝聚力。中华民族自古以来就有"多难兴邦"的说法，在面对灾难的特殊时期，社会心理疏导在一定程度上能够增强社会凝聚力，"非典"时期、汶川地震、上海静安大火、厦门公交纵火案都印证了在大灾大难面前，社会往往充满大爱、大团结的氛围。在重大的公共事件中，例如广州亚运会，社会心理疏导也能有效增强城市认同感和社会凝聚力。在平常时期，社会心理疏导更应该常态化、规范化、制度化，有助于确立社会主流意识

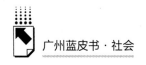
形态，增强社会凝聚力，促进社会认同。

其二，有利于增强社会同情心。广州流动人口众多且结构复杂，社会分层易导致隔阂加深，社会流动加剧易导致心理冷漠，也导致社会信任逐步退化。建设幸福广州，加强社会心理疏导有助于激发人哀其类、悲天悯人、扶弱济困的天性，增强社会公众的同情心、感恩心和包容心，对弱势群体表现更多的关怀、同情和宽容。每次灾难后都会引起一轮慈善捐款高峰，媒体的报道发挥了社会心理疏导的作用，激发了社会同情心。

其三，有利于增强生命敬畏心。加强社会心理疏导可以加强危机教育和生命教育，弥补现有教育的缺失，助其树立科学、合理、健康的死亡观和生命观，有助于政府、社会公众和个体对生命价值的重新审视和评估。在以人为本建设幸福广州的理念下，不断提高心理素质，学会尊重生命、敬畏生命、珍惜生命、善待生命。

（三）社会心理疏导有利于减轻公共安全风险，促进社会稳定

一方面，有利于减轻社会不满情绪。社会不满情绪是公共安全风险的"催化剂"。当社会消极心态与不满情绪蔓延并逐步放大时，会产生言语和行为上的攻击倾向。建设幸福广州，加强社会心理疏导有利于避免社会公众被部分人的不满情绪所煽动和引导，从而有效阻止不满情绪的传播和扩散，也有利于减轻不满情绪释放者的"负能量"，从而减轻广州的公共安全风险。

另一方面，有利于树立合理的公平正义观。自古以来，公平正义就是人类所追求的目标。《论语》中就有"有国有家者，不患寡而患不均"的记载。国外在学术领域也有罗尔斯的公平正义观、诺齐克的公平正义观、亚当斯的公平正义观等不同理论。对公平正义的判断，本身属于人们的主观偏好和价值判断范畴。每个人可能有不同的公平正义观，有些还可能是极端的、狭隘的、自我的、非理性的。往往得利者不吭声，失利者会发牢骚，甚至会有攻击行为。建设幸福广州，加强社会心理疏导有利于帮助社会公众厘清认识误区，克服定式思维，助其认识和接受科学、合理、大众的公平正义观，增强社会包容心，减轻广州的公共安全风险。

三 建设幸福广州进程中社会心理疏导存在的主要问题探析

（一）加强社会心理疏导的理念亟待引起重视

当前，在建设幸福广州的进程中，社会心理疏导的作用、意义和实施途径亟待引起政府的重视。在平常时期，政府往往对经济建设重点关注，而对民众心理感受有所忽视，对社会心理状态更是缺乏有效的调控手段。在公共安全危机出现后，政府往往忙于救灾，无暇顾及或者容易忽视受害者本身的心理状况和广大关注者的心理感受。政府行为会影响社会心理走向和发展，如果不及时进行社会心理疏导，或者干预措施失当，则会产生社会心理损害，降低其对政府的满意度，从而影响建设幸福广州的进程和效果。因此，广州需要重视社会心理疏导存在的不足，认识到重点在于日常预防和引导。

（二）社会心理疏导的配套机制亟待健全

在以人为本的施政理念下，社会公众不应当被看作是集体无意识和沉默的大多数，政府必须关心社会公众的心理感受和心理需要。城市公共安全风险治理中的社会心理疏导不应该被忽视，也不是可有可无的点缀，必须被看作是一种必不可少的重要手段，看作是应急管理中必不可少的重要组成部分。当前，社会心理疏导未得到足够重视，还体现在配套机制不健全，尤其是需要重点解决社会心理疏导的"三无"状况：无组织机构、无固定队伍、无效果评估。例如缺乏一支随时待命的高效的社会心理疏导队伍，缺乏社会心理疏导的组织领导和协调机构，缺乏社会心理疏导效果的评估机制，社会心理疏导更多是一些机构和人员的自发参与，缺乏统一调度和经费支持，成员能力也是参差不齐，服务全靠自觉，效果无法考核。

（三）社会心理疏导的关联机制亟待加强

建设幸福广州进程中的社会心理疏导作用尚不明显，一方面是心理健康知识普及推广的常态机制和心理健康服务人员事后援助的应急机制不健全，另一方面是社会心理疏导的关联机制还需要进一步加强，只有多措并举发挥综合作用才能从根本上减轻社会消极心态的压力源。关联机制缺乏主要表现在：一是城市风险防范机制不健全导致社会安全感缺乏。广州具有大城市公共安全问题五个明显的特点：种类多、范围广、频率高、后果严重、不确定性强，导致广州居民的社会安全心理有待提升。在幸福广州的主观指标方面，如治安状况、城市治理、食品安全、空气质量、人居环境等方面的满意度还需要提升。公共安全预警机制也尚待进一步健全，至少在以下方面还存在不足：城市规划和空间结构对于应付公共安全的规划设计不够，各类风险源的摸查登记不够全面，公共安全风险评估能力不足，安全管理制度执行落实不够彻底，公共安全教育开展的覆盖面不够广泛，公共安全应急管理的预案不够详备，公共安全管理人财物的保障体系不够健全。二是社会保障机制不健全导致社会焦虑心理弥漫。广州面临的大城市普遍存在的高物价、高房价、人多拥挤、空气污染等问题，使居民容易产生紧张担忧的"城市焦虑症"。尤其是外来人口的社会保障机制还不健全，常住人口的社会保障还不充分，导致民众对住房、医疗、教育、养老、就业等民生社会领域的问题存在着心理期待与客观现实之间差距过大，从而产生较大心理落差。三是社会公众参与机制不健全导致社会信任退化。建设幸福广州进程中，还存在着社会公众的有序政治参与诉求得不到充分满足，民意表达渠道还不够畅通，社会隔离感仍然广泛存在，导致社会公众对政府的信任感尚待提高，外来人口对广州的城市认同感和归属感受到一定程度的影响。

四 广州加强社会心理疏导的对策建议

在建设幸福广州的指标体系中，主观指标是一个重要组成部分，这也是当前广州需要努力改进的内容，提高城市满意度则离不开社会心理疏导。广州既要重视平时常规管理中的社会心态引导与培育，也要重视城市应急管理中的社会心理疏导与干预。建设幸福广州的社会心理疏导，需要常态化、规范化、专业化、制度化，不仅需要直接的心理疏导以调适民众心态，还需要通过健全保障机制、合理配置资源、高效管理服务以及公众有序参与等途径来减轻社会消极心态压力源。

（一）积极建构完备的心理健康服务体系

1. 依托专业机构的人力资源，以构建系统的心理健康服务队伍为基础

在建设幸福广州的进程中，形成较为稳定的高素质的心理健康服务队伍至关重要。建议由市社会工作委员会承担专业队伍的组织和领导工作，负责组建心理健康服务队伍，至少应包含以下四类人员。一是心理疏导专家团。其任务是参与社会心理干预的决策，充当顾问的角色。二是心理疏导培训讲师团。其任务是在日常工作中对心理服务人员进行专业培训，并在突发公共安全事件时，能够立即组织专业人员进行有效的专业督导。三是心理疏导服务团。必须是能够亲临现场且经过专门训练、有丰富经验和相关从业资质的心理咨询师、社会工作者和精神病医生。四是心理疏导辅助团。主要指接受过一定培训，具有心理学和精神病学一般知识，可以进行危机时期热线服务或现场辅助服务的准专业人员。市社工委应事先摸查、了解、登记本地心理健康人力资源状况，有效利用、联系和管理广州现有的心理健康服务机构和人员。具体可依托广州大学、中山大学、华南师范大学、广州医科大学等拥有心理健康服务资源的本地院校，依托广州脑科医院、中山大学附属医院、省人民医院、白云心理医院等拥有心理咨询与治疗资质的本地医院和机构，依托广州应急管理办公室、广州心理危机干预中心等市属相关职能部门和机构，组建人员稳定精干、后备力量充足的专家队伍和一线人员。

2. 制定严格规范的操作标准，以确保高效的心理健康服务质量为根本

建设幸福广州的社会心理疏导机制，需要构建规范化、标准化的服务体系。政府可委托广州市心理学会等组织，制定严格化、标准化、规范化的操作程序和实施守则，以此作为社会心理疏导的行业标准。该操作规范至少要包括以下几方面：一是明确服务对象，明确提供心理疏导服务的情形和群体；二是要有完备的服务内容，明确心理疏导的内容、操作环节，整个流程的时间把握以及适宜的时间切入点；三是要有标准化的服务规范，明确服务的操作程序、相关的准备措施、相应的服务资质、服务的技术手段和所需的设备设施、绩效考核内容和标准等。

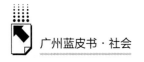
（二）不断健全有效的社会心理疏导机制

广州将社会心理疏导机制确立为城市治理中必不可少的重要机制是当务之急。健全的社会心理疏导机制应该具有常态化、专业化、规范化、制度化的特点，至少应该包括以下五个方面。

一是配套机制。社会心理疏导不能流于形式，必须有配套的保障。广州应该以法律或者规章制度的形式，将社会心理疏导作为城市治理中的配套机制。从法律上，以人大立法或政府条例的形式明确下来；从财政上，需要纳入财政预算，提供专门的财政经费以满足办公的开支、场所的设置和设备的配置；从人事上，需要安排相应的编制，聘用或调配相关人员承担日常的组织、协调等行政工作。加强社会心理疏导必须有一系列的配套措施，避免机构空转和无人领导、无人负责、无人协调的情况出现。

二是预警机制。公共安全事件是幸福广州建设的最大阻碍。城市公共安全风险的重点在于预防，开展社会心理疏导的关键也是预防。广州应建立健全社会心理安全预警机制，重视心理安全知识的宣传，加强日常公共安全教育，介绍重大安全事件对社会公众心理的影响流程、方式和后果，重点推介常用的心理疏导策略，加强相关的模拟演练和实战训练，提高社会公众的心理调适能力，增强社会公众的心理防御能力，减少公共安全事件的心理冲击力。同时，有效搜集情报信息，加强社会心态的动态分析，对消极社会心态可能带来的影响进行安全预警。

三是组织机制。社会心理疏导需要有一个健全有效的组织和指挥协调系统，负责组建和指挥服务队伍。日常的社会心理疏导时间跨度大，需要一支精干的队伍；公共安全事件中的社会心理疏导时间紧，必须快速动员。广州可根据实际情况设立社会心理疏导的组织领导机构，人员编制少而精，可放在市社工委加强日常管理。在应急管理中可由广州市突发事件应急委员会统筹协调指挥，在日常管理中可发挥政法委、宣传、组织部门在社会心理疏导中的主渠道作用。服务队伍可分为常设队伍和后备队伍，常设队伍主要负责日常管理中的社会心理疏导，在应急管理时将后备队伍纳入。健全的组织机制有利于召集队伍，定期开展活动，加强协调和演练，保持强大的社会动员力量，拓宽社会公众广泛参与的渠道。

四是评估机制。开展社会心理疏导能否取得实效关键是是否有健全的评估机制，是否遵循科学的程序和严格的步骤。从操作过程看，社会心理疏导应该自始至终贯穿在建设幸福广州的全过程。从具体阶段看，应该包括前评、中评、后评。首先是实施前的评估，需要了解事态发展并评估其影响，才能提供有针对性的服务。其次是实施过程中的评估，心理服务队伍在介入事件当中后，需要对现场情况进行综合判断评估，据此及时调整、修正或者坚定心理疏导方案。最后是实施后的评估，对心理疏导的实效性进行评估，及时总结经验。从实施主体看，实施前的评估由心理疏导专业机构给出建议并提供给广州相关职能部门做决策。实施后的评估至少应包括实施方自评、受助者评估以及独立的专业机构的监督与评估。

五是反馈机制。良好的反馈机制有助于从幸福广州建设的进程中不断获取社会心理疏导相关的意见和建议，尤其是从城市应急管理中借鉴经验，吸取教训，锻炼队伍，总结问题，从而预防后续危机。健全良好的社会心理疏导反馈机制要发挥四个作用：及时向有关部门和人员汇报情况，便于政府决策层和主管部门掌握情况；及时向受助者和直接相关群体反馈情况，便于其了解心理疏导的作用；及时向社会公众和其他群体通报相关情况，推广和介绍经验，便于社会参与和信息共享；善于把积累和总结的经验用于提高自身队伍的服务能力和水平。

（三）有效拓展畅通社会心理疏导渠道

1. 积极运用文化宣传手段，发挥信息传播的社会心理疏导作用

心理学的研究表明，对事件真相的模糊认知是引发消极心理反应的导火索，因此真实信息的获得对社会心理疏导至关重要。政府往往掌握着大量动态的信息，其对信息披露的态度对于大众知情权和社会心理具有直接影响。在城市治理中，尤其是遇到公共安全风险时，广州相关职能部门要有效发挥信息传播的心理疏导作用，严格执行《政府信息公开条例》的规定，充分利用传统媒体和现代网络媒体在第一时间发布真实有效的信息抢占舆论的高地，避免流言和谣言的广泛传播，切实维护政府的权威，避免引起政府信任危机。同时，

广州还要健全新闻发布制度，努力扩大公众参与，主动回应社会公众关注的焦点、热点问题，避免用敷衍的态度或者过于简洁和模糊的"外交语言"来应对社会的关注。另外，社会意识形态对社会心态具有引导、定向、升华的作用，还直接对个体的具体心态产生影响。因此，在日常管理中，广州要有效运用文化宣传手段的社会心理疏导作用，在日常宣传工作中，牢固占领意识形态高地，充分发挥党校、行政学院、社会主义学院、社科院和高校等单位的主流意识形态宣传作用，有效利用报刊、书籍、电视广播网络等媒体的文化宣传作用，充分发挥政府官员、体制内知识分子、公共知识分子在"自媒体时代"的精神导向和舆论引导作用，起到厘清价值观念、进行正确舆论引导、破除思想混乱、稳定人心的作用。

2. 合理运用教育引导手段，发挥思想政治教育的社会心理疏导作用

相对于心理疏导在我国较为短暂的发展历程，思想政治教育则具有悠久的传统和丰富的实战经验，尤其是具备强大的教育队伍和影响力。思想政治教育在社会心理疏导中具有四大功能：一是导向功能，在理论导向、思想导向、利益导向三个方面都起到稳定社会的作用；二是整合功能，在政治整合、思想整合、文化整合三个方面都起到稳定社会的作用；三是沟通功能，在心理调适、情绪调控、人际关系调节三个方面都起到稳定社会的作用；四是规范功能，在自律规范、他律规范、社会规范三个方面都起到稳定社会的作用。将思想政治教育的力量和渠道与社会心理疏导的内容和手段结合起来，通过弘扬主流社会价值观念、提升社会总体思想道德水平、引领社会思想行为发展方向来进行社会心理疏导。在建设幸福广州进程中，广州的教育部门应通过各级各类学校教育、社区教育、党员干部教育、网络教育等思想政治教育主流阵地发挥社会心理疏导的作用，增加心理健康和幸福观的教育内容，加强社会主义核心价值观教育，尤其是通过教育手段注重培养民众形成正确的生命观、事业观、家庭观、感情观、金钱观、幸福观、公平观、道德观、挫折观等重要的价值观念，塑造健全的人格和健康的心理，是建设幸福广州，培育自尊自信、理性平和、积极向上社会心态的重要基础。

3. 加强运用法律惩戒手段，发挥依法行政的社会心理疏导作用

在建设幸福广州的进程中，加强社会心理疏导，必须高度重视法治的作用。政府必须有效运用依法行政的手段处理危机，而不能罔顾法律，践踏法律。《政府信息公开条例》、《国家安全法》、《治安管理处罚法》、《国家突发公共事件总体应急预案》、《突发公共卫生事件应急条例》等相关法律规章明确了应急管理中依法行政的相关应对措施。首先，要坚持运用法律惩戒手段，打造法治政府。广州要加强社会心理疏导的制度建设和立法工作，参照相关法律法规清理政府相关制度和文件，各级政府应以身作则，率先垂范，自觉守法，充分发挥依法行政带来的社会心理疏导作用。然后，要坚决运用法律惩戒手段，打造责任政府。信息社会和网络时代，广州的政府及相关职能部门尤其要重视网络的社会心理疏导作用，利用网络平台加强信息发布与管理，规范自身言行，有序推进网络实名制工作，加大查处利用网络违法乱纪的力度，对恶意传播不良信息言论，利用造谣、诈骗或者其他方式误导社会公众心理的行为要坚决打击，对社会公众负责。最后，要坚定运用法律惩戒手段，打造服务政府。广州要深入贯彻以人为本的施政理念和公共服务理念，有效发挥法律的威慑作用，切实保护社会公众的各项权利，促进政府服务职能的发挥。同时，政府要加强廉洁自律，提升公共服务水平获取社会信任，净化社会风气，自然就发挥了社会心理疏导的作用。

4. 重视运用社会建设手段，发挥社会支持系统的心理疏导作用

随着改革的不断深化和市场经济的发展，越来越多的"单位人"转为"社会人"，基层社会组织承担的社会支持功能越来越多、越来越重要。广州要加大社会建设的力度，进一步健全民众的社会支持系统。一是不断健全民众诉求表达机制，发挥其社会支持作用。创新和健全信访机制，切实畅通全方位、多渠道倾听群众诉求表达的途径。积极拓展社会参与渠道，完善听证会制度和重大决策公众咨询制度，切实加强"两代表一委员"的管理，做好社情民意调研工作，鼓励社会公众积极参与，打造透明政府和开放政府。二是不断健全社会保障体系，发挥其社会支持作用。做好基本公共服务均等化工作的制度化、法治化、规范化建设，做好民生社会保障的财政投入稳步增长机制建设，做好民生重大决策的社会风险评估机制和公众参与机制建设。三是强化单位、社区、社会团体、家庭等基层组织的功能，发挥其社会支持作用。通过"三中心一队伍"和"幸福社区"为全市民众提供生活帮助、价值引导、心理

抚慰和文化满足,为培育良好社会心态奠定深厚的社会土壤。同时,以新型城市化与科学发展观的理念加强和创新流动人口服务管理工作,使每一个在广州工作生活的社会个体和家庭,在遇到工作、生活等各方面的压力时,能够通过政府提供的机构和渠道寻求帮助以有效缓解心理压力,能够通过政府或社会组织提供的服务解决困难以渡过难关,从而避免绝望、茫然、无助、孤独等消极心态的产生和蔓延。

社会心理疏导有助于凝聚社会共识,稳定社会秩序,规范社会行为。面对社会心态的复杂化、多样化、阶层化态势,广州加强社会心理疏导应该先行先试,多措并举。一方面,要加强直接的心理疏导以调适民众心态,通过"攻心改观"以加强"主观意识"建设;另一方面,还需要加大社会建设力度,减少社会消极心理压力源,通过"软硬兼施"以加强"客观存在"建设。建设幸福广州是一个长期的过程,形成良好的社会心态也是一个动态的过程,重视并积极发挥社会心理疏导的作用,有利于增进不同阶层社会心态的有序化、合理化和融合化,最终形成理性平和、积极向上的社会心态整体格局。

参考文献

马广海:《论社会心态:概念辨析及其操作化》,《社会科学》2008 年第 5 期。

王俊秀:《中国社会心态研究报告(2012～2013 年)》,社会科学文献出版社,2013。

骆风:《当代青年学生的幸福感、心理健康问题和心理压力源——来自广州高中生的调查分析》,《现代基础教育研究》2013 年第 5 期。

杨晓梅:《社会工作视野下的人文关怀与心理疏导》,《黑龙江社会主义学院学报》2010 年第 3 期。

赵汗青:《中国现代城市公共安全管理研究》,博士学位论文,东北师范大学,2012。

张维平:《建立和完善突发公共事件社会心理干预机制》,《中国公共安全》2006 年第 4 期。

杜旭宇:《思想政治教育的社会稳定作用》,《探索》2009 年第 3 期。

(审稿:钟萍)

异地务工人员服务管理机制创新研究[*]

——以广州市白云区三元里街道、花都区狮岭镇两地探索为例

"异地务工人员服务管理机制创新研究"课题组

摘　要：

白云区三元里街道、花都区狮岭镇与异地务工人员"流出地"党委合作成立流动党支部，探索异地务工人员管理新模式。这种社会管理机制创新的探索实践，说明了基层党组织作为重要的社会组织资源，能够在新的历史时期发挥巨大作用。

关键词：

流动党支部　异地务工人员　社会管理

社会管理创新需要依靠某些资源才能实现。2013 年，广州白云区三元里街道和花都区狮岭镇，通过成立地缘型流动党支部，探索了异地务工人员服务管理机制创新之途。这种探索说明了，对于社会管理创新，基层党建这个资源的重新利用具有十分重要的价值。

一　白云区三元里街道、花都区狮岭镇的
异地务工人员基本情况及特点

白云区三元里街道管辖面积 6.8 平方公里，辖区有 13 个社区。总人口 8 万多人，户籍人口 5 万人，登记外来人口 3 万多人，常年流动人口超 10 万人。

---

[*] 本报告根据白云区三元里街道、花都区狮岭镇调研报告完成。

花都区狮岭镇辖内面积 160 平方公里，辖区有 23 个社区。总人口 35 万人，户籍人口 7.2 万人，登记外来人口 19.1 万人，常年流动人口 37 万多人。两地是广州市异地务工人员服务管理重点地区，主要有以下特点。

一是行业产业聚集。三元里街道皮具批发产业、印刷产业集中，有 30 家大小皮具专业批发市场，经营商铺 6000 多家，年交易额 200 多亿元；狮岭镇是著名的皮革皮具之都，有 8 个皮革皮具专业市场、6 个产业园区，生产性企业 7200 多家，个体工商户 17300 多家。二是异地务工人员比重大。三元里街道登记在册的异地务工人员达 3 万多人，占当地常住人口的 27%。狮岭镇异地务工人员约 20 万人，占当地常住人口的 67%。三是因地缘聚居特征明显。以三元里外来人员聚集地松柏岗社区为例，异地务工人员主要来自湖北省洪湖市螺山镇，有 11000 多人在三元里街道印刷行业务工，占螺山镇总人口的 30% 左右，占三元里异地务工人员总数的 30% 以上。狮岭镇异地务工人员大多来自湖南省永州市。其中永州蓝山、新田等地人员约有 4.3 万人在狮岭镇务工，约占狮岭镇异地务工人员总数的 20%。四是异地务工人员文化素质普遍不高。如三元里松柏岗社区异地务工人员主要是印刷行业工人，文化素质不高；狮岭镇异地务工人员主要在皮革皮具生产、商品物流等劳动密集型行业工作，大多是一线工人。五是因地缘聚居导致的治安问题、不稳定因素较多。两地因地缘务工人员聚居，容易出现斗殴、赌博、纠纷、寻衅滋事、聚众闹事的现象。如 2006 年，三元里地区曾发生因打架斗殴引发上千名洪湖籍人员聚集，与当地派出所对峙事件。2012 年 9 月，中日关系因钓鱼岛问题持续紧张期间，狮岭镇有部分永州市蓝山籍人员挑头，企图非法组织当地务工老乡举行示威游行。

二 地缘型流动党支部的组建情况和经验做法

根据辖内异地务工人员密集、矛盾纠纷多、管理压力大的情况，三元里街道、狮岭镇经过反复调研，与异地务工人员"流出地"党委合作成立流动党支部，探索异地务工人员由"本地人管理"转化为"本地人与外来人共同管理"模式。

（一）主要组建情况及做法

1. 三元里街道组建"广州三元里荆楚印刷工党支部"

2008 年起，三元里街道针对松柏岗社区聚居上万名来自湖北省洪湖市螺山镇务工人员的实际，主动与洪湖市委组织部联系，在党建工作、社会管理方面商讨建立跨省合作机制。2009 年 12 月，在白云区与洪湖市组织部门支持下，"广州三元里荆楚印刷工党支部"在三元里街道正式成立。流动党支部组织关系隶属螺山镇党委，有在册流动党员 47 名、支委 5 名、书记 1 名、副书记 1 名，支委成员全部是在三元里街道从事印刷行业的异地务工人员。支部主要利用晚上时间或其他业余时间召开支委会、组织生活会以及组织流动党员开展党内学习教育。流动党支部现有 1 间约 30 平方米的办公室、1 间约 50 平方米的"流动党员之家"，由三元里街道党工委免费提供给流动党支部使用。

2. 狮岭镇组建"蓝山县驻花都区流动党支部"、"新田县驻花都区流动党支部"

2012 年初，花都区狮岭镇党委针对在当地务工的湖南省永州市籍人员共有 4.3 万人（蓝山县 3 万人、新田县 3000 人）的情况，在花都区委组织部的大力支持下，与永州市委组织部签订合作协议，共同成立流动党支部。2012 年 7 月，经过两地党委的共同努力，"蓝山县驻花都区流动党支部"、"新田县驻花都区流动党支部"在狮岭镇正式成立。其中，"蓝山县驻花都区流动党支部"党组织关系隶属蓝山县委组织部，共有流动党员 80 名，支委 5 名，书记、副书记各 1 名；"新田县驻花都区流动党支部"组织关系隶属新田县委组织部，共有流动党员 12 名、支委 3 名、书记 1 名。两个支部成员均为狮岭镇皮具企业业主或务工人员。同时，花都区委在狮岭镇配套设立了"流动党员工作服务站"，专门为流动党员提供咨询、帮扶互助，组织开展各类活动。狮岭镇还按照"有场所、有设施、有标志、有党旗、有制度"的标准，规范流动党支部的阵地建设，支部办公场所和基本办公设备由镇党委牵头协商解决。

（二）主要经验

流动党支部成立后，三元里街道党工委、狮岭镇党委高度重视这一桥梁平

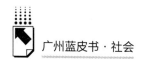
台，加大指导和扶持力度，为流动党支部开展工作、发挥作用创造条件。

1. 两地配合组建"地缘型流动党支部"

三元里街道、狮岭镇两地按照"三元里街道党工委/狮岭镇党委发起→白云/花都区委支持→洪湖/永州市委响应→两地联合调研→分头征求意见→成立流动党支部"的模式，在两地党委政府的支持配合下，完成组建地缘型流动党支部。流动党支部按照属地管理原则，分别接受三元里街党工委和狮岭镇党委的指导，开展党员日常学习、教育、管理和监督等工作。在当地党委政府领导下，发挥战斗堡垒和党员先锋模范作用，配合党委政府管理服务好异地务工人员。

2. 三方协同管理"地缘型流动党支部"

流动党支部挂牌成立后，共同面临没有办公、学习和活动场地，支部成员的领导能力、业务能力不强，亟须开展培训，党员基本来自农村，长期没有参加支部活动，素质不高、纪律性不强等问题。针对这些问题，三元里街道、狮岭镇采取"永州/洪湖市委组织部＋白云/花都区委组织部＋三元里街道党工委/狮岭镇党委"三方协同的方式，共同管理流动党支部。其中，永州市委组织部、洪湖市委组织部主要负责制定流动党组织职责，向支部指派党建、务工人员服务管理、劳务维权、计生服务和医疗及养老保险等工作任务；白云区委组织部、花都区委组织部主要负责支部党建工作的方向性指导，帮助支部制定议事规则、管理办法、学习制度、党风廉政建设等制度规范。支部所在地三元里街道党工委、狮岭镇党委主要负责对支部的学习教育、日常管理工作进行指导监督。

3. 多项支持做强"地缘型流动党支部"

流动党支部成立后，三元里街道党工委和狮岭镇党委高度重视后续发展工作，在场所经费保障及学习、培训、服务、联谊等方面予以支持。比如，三元里街道先后租用两间办公室，花费约8万元粉刷办公室，购买设备；为支部书记每月发电话、交通补助1000元，对流动党员每年每人划拨300元学习经费。"广州三元里荆楚印刷工党支部"，组织洪湖籍务工人员参加亚运会火炬传递活动，开展语言训练课、家庭教育讲座、快乐同游广州、两地美食品尝、亲子沟通等活动。狮岭镇也在经费保障、租借场地、购买办公设备上予以大力支持。同时，狮岭镇党委结合"新狮岭人五个一服务"活动，引导蓝山支部、新田支部配合相关部门，向办理居住证的蓝山、新田籍务工人员提供"五个一服务"（送一次免费体检、送一张办事指南服务卡、设一个心理辅导室、每月送一张免费电影票、每季度办一期粤语培训班），发挥流动党支部的辐射带动作用，增强支部在异地务工人员中的影响力和号召力。

三 "地缘型流动党支部"在异地务工人员服务管理中发挥的重要作用

流动党支部在属地党组织和驻地党组织指导帮助下，在党员群众心目中树立了威信，成为异地务工人员的"管理工作站"、"乡情联络站"、"信息交流站"和"维权服务站"，对加强异地务工人员服务管理、促进和谐稳定起到积极作用。

（一）有效化解异地务工人员之间及异地务工人员与当地群众之间的矛盾纠纷

两个流动党支部以良好的形象和沟通协调能力赢得了群众的信赖和尊重，在调节异地务工人员经营、劳资、家庭、生活等矛盾纠纷上发挥了不可替代的作用。如"广州三元里荆楚印刷工党支部"自成立以来，共调处异地务工人员之间、异地务工人员与当地群众之间的矛盾纠纷 75 起，无发生一起因矛盾纠纷引起的群体事件和上访事件。2012 年 9 月，"蓝山县驻花都区流动党支部"成立不久，发现有蓝山籍务工人员企图非法组织同乡务工人员开展抗日示威游行后，及时予以劝说制止。

（二）有效搭建起当地党委政府与异地务工人员的沟通桥梁

两个流动党支部通过"老乡"之间的走访谈心，定期深入工厂车间和出租屋内"打捞民声"，为当地党委政府提供信息、化解纠纷。对家庭困难的印刷工进行家访，在社区居委会的支持下，给他们送温暖、送关爱。目前，"有想法找支部，有困难找政府"成了三元里街道、狮岭镇异地务工人员的口头禅，形成了理性表达诉求的良好风气。

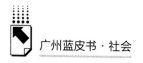

（三）有效协助两地党委政府开展社会服务管理工作

在两地党委政府的引导下，两个流动党支部主动加强与两地劳动保障等部门的沟通协作，加强社保知识宣传，协助办理社保购买，协调处理农村医疗合作保险等问题，切实为外来务工人员解除后顾之忧。安排流动党员协管出租楼房，收集"本乡人"流入流出信息，使流动党员成为外来务工人员的标杆，成为社区服务管理的重要力量。

（四）有效组织异地务工人员参与和"融入"社区生活

在流动党支部带领下，异地务工人员逐渐把社区当成"自己家"，开始有序参加当地创文创卫、安全生产、防火防盗、计生服务、学习培训、卫生清洁、邻里守望、帮扶互助等活动，成功实现了"以外管外"，有效维护了社区的和谐稳定。

四　对于社会管理机制创新的几点启示

启示一：基层党组织推动的两地合作是实现异地务工人员服务管理机制创新的工作基础。

3 个流动党支部从发起到正式挂牌，是两地党委组织部门多次反复调研、坦诚交流、务实合作的结果。成立后，三元里街道、狮岭镇主动前往多螺山镇、蓝山县、新田县与当地党委政府一起走访异地务工人员家庭，看望、慰问留守老人、儿童，了解当地党建工作、经济发展、治安民生等情况，为两地合作打下坚实的感情基础和工作基础。此外，两地党委政府以"两地管，双落实"的模式，在信息上互通、在管理上互动、在服务上互补，流动党支部这一桥梁在引导异地务工人员遵纪守法、团结互助、勤劳务工上取得了明显效果。

启示二：基层党组织给予的持续扶持是异地务工人员服务管理机制发挥作用的有力保障。

在异地务工人员中成立流动党支部，在场所、经费、人才、管理上都有很多困难。三元里街道、狮岭镇党委"不为组建而组建"，多次召开联席会、现场会、通报会，在人、财、物、事等方面给予流动党支部强有力支持，真正做实、做强流动党支部，给了流动党员和异地务工人员极大的鼓舞和信心。在实践过程中，三元里街道、狮岭镇党委还通过社区居委会与支部"点对点"衔接，街镇组工干部与支部成员"手把手"帮扶，使支部成员很快掌握开展群众工作、组织社区活动的能力方法，为支部发挥战斗堡垒作用、协助党委政府服务管理异地务工人员提供了有力支撑。

启示三：强化流动党支部的组织领导是这一异地务工人员服务管理机制发挥作用的有效办法。

流动党支部能够发挥作用，除了必要的人财物保障和组织引导，还需要一名有能力、愿奉献、敢负责的支部书记。"广州三元里荆楚印刷工党支部"、"蓝山县驻花都区流动党支部"和"新田县驻花都区流动党支部"书记作风正派、热心党的事业、有着良好的组织领导能力，在当地务工人员群体中有很强的号召力。支部成立后，他们敢于大胆主动开展工作，切实发挥教育、管理和发动流动党员的核心作用，把流动党员凝聚到支部周围，从而迅速打开了工作局面。

启示四：借重和发挥党员作用是加强异地务工人员社会服务管理的可靠途径。

三元里街道、狮岭镇两地实践证明，在异地务工人员聚集地组建流动党支部，广泛发动流动党员为异地务工人员群体提供信息咨询、开展生活互助、维护合法权益、化解矛盾纠纷、组织参与社区活动，不仅对树立党的威信、巩固党的执政基础有重大意义，而且对有效解决异地务工人员服务管理难题有很高的实践价值。实现异地务工人员服务管理从"管理型"向"服务型"、"被动式"向"主动式"转变，成立流动党支部并依靠流动党员力量参与管理、带头服务是行之有效的一种办法，应在今后的工作中予以重视和推广。

（审稿：栾俪云）

B.6

人才体制机制改革和政策创新[*]

——广州开发区（高新区）人才特区建设的经验及启示

广州开发区、高新区管委会课题组[**]

摘　要：

广州开发区（高新区）学习借鉴中央人才工作协调小组在北京中关村建设国家级人才特区的做法，加快推动人才资源优先开发、人才投入优先保障、人才服务优先供给、人才创业优先培育，在人才体制机制改革创新上先行先试，推动人才特区建设打开新局面、取得新成效。

关键词：

人才特区　体制机制改革　政策创新

近年来，广州开发区（高新区）学习借鉴中央人才工作协调小组在北京中关村建设国家级人才特区的做法建设人才特区，围绕建设现代产业体系的战略需求，以中新广州知识城、广州科学城、广州国际生物岛（两城一岛）为核心载体，积极建立前瞻性、领先性、突破性的人才政策体系，多渠道增加投入，激活资本、人才、科技的综合效益，打造灵活、高效、便捷的人才服务平台，构建有利于培养人才、吸引人才和用好人才的体制机制，形成人无我有、人有我优、人优我特的高端环境，着力打造具有全球影响力和竞争力、彰显区域品牌和特色的国际化人才特区。

---

[*] 本文为原萝岗区参加全国高新区协会第十七届人力资源年会的参会论文，文章被评为2013年度优秀论文三等奖。

[**] 因文章内容涉及组织人事、科技信息等多个部门，因此作者署为"广州开发区、高新区管委会课题组"。

广州开发区（高新区）现有专业技术人员约12.2万人，大专以上学历人员约18万人；引进院士入区创新创业27人，创办项目及合作企业21个；区内14名科技人才入选国家"千人计划"创业人才，约占广东省"千人计划"创业人才总数的33%，共有30名国家"千人计划"人才在区内创办企业；广东省创新科研团队4个；广州市"百人计划"人才44名，占全市的54%。各类高端人才的大量积聚有效促进了经济的高速发展。2012年，广州开发区（高新区）实现地区生产总值2008亿元，同比增长13%；工业总产值5004亿元，同比增长12.3%；实现高新技术产品产值2507亿元，同比增长12.8%，高新技术产品产值占工业总产值比重超过50%；专利申请和专利授权分别为4298件和2608件，同比分别增长20%和35%；实现财政收入504亿元，税收收入402亿元。贡献了广州市近30%的工业产值、30%的高新技术产品、11%的税收。地区生产总值、财政收入、税收收入等主要效益指标连续多年在全国国家级开发区位居前列。广州开发区（高新区）在积极探索人才特区建设进程中，着力推动人才工作"四个优先"。

一 人才资源优先开发，从优化调整人才结构入手完善人才战略布局

面向以海外高层次人才为代表的区域发展所需的各类人才，科学制订人力资源发展规划，积极搭建人才引进的高端平台，形成人才资源优先开发、人才结构优先调整的战略布局。

（一）实施"百千万人才金字塔"和"香雪人才"计划

1. 百名高层次人才引进工程

积极对接中央、省、市的各类高层次人才引进计划，依托中组部"海外高层次人才创新创业基地"，重点引进包括中央"千人计划"、广东省创新科研团队、海外高层次留学人才，广州市杰出专家、优秀专家、青年后备人才、海外高层次人才以及区科技领军人才在内的各类高层次人才。到2015年引进和培育包括国家、省、市、区各级的高层次人才100名。目前，区内有"千人计划"创

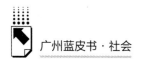

业人才30名、科技领军人才44名、广州市"百人计划"人才44名。

2. 千名骨干人才聚集工程

以关键领域紧缺人才为重点，引进和培养掌握核心技术或关键岗位上的科技研发与管理骨干人才。大力推进骨干人才评选和扶持工作，每年评选200名，到2015年评选1000名。对创新创业骨干人才和紧缺人才给予每月2000元、3000元两个档次的薪酬补贴。帮助企业减少用工成本，建立有效的激励机制，推进自主创新和产业升级。

3. 万名技能人才培养工程

落实技能人才引进、培养、晋升资助和奖励政策，每年评选和奖励贡献突出的优秀技能人才1000名，到2020年要评选和奖励10000名。实施《广州开发区、萝岗区技能人才引进、培养、晋升资助和奖励办法》，拓宽技能人才引进、培养、晋升渠道。同时在技能人才中，评选"特殊贡献奖"、"区突出贡献高级技师"、"区突出贡献技师"、"区技术能手"，激励技能人才提高技能水平。

4. 推进企业经营管理人才培育

围绕本区经济社会全面协调可持续发展的需求，统筹推进企业经营管理人才培育工程、专业技术人才培育工程、青年人才培育工程等"香雪人才"计划工程。重点推进企业经营管理人才培育，以区高层次人才协会为载体，拓宽国际视野，举办好"开萝人才论坛"；举办企业高层管理人才和技术人才研修班，邀请国内外知名专家学者和优秀企业家讲学；组织区内优秀年轻企业家到国内外知名大学进行学位学习、研修，到世界500强企业考察学习。着重围绕培育具有全球影响力的跨国企业和创新型企业的目标，培养造就一批具有全球视野、战略思维和持续创新能力的优秀企业家。

（二）搭建人才引进和培养的高端平台

1. 积极搭建人才引进平台

充分利用省市组织开展的重大招商活动和"新广州·新商机"系列招商活动全面推介中新广州知识城、广州科学城、国际生物岛项目，着力塑造"两城一岛"的高端品牌形象。拓展人才引进渠道，建立与国内外知名大学、我国驻外使（领）馆、华人华侨组织、留学人员社团、知名人才中介机构和行业协会的合作关系。设立海外人才引进工作联络站，每个工作站给予每年10 万元的经费补贴和最高 10 万元的奖励。

2. 建设专业人才定向培养平台

根据"两城一岛"产业规划和功能布局，建立健全高层次人才信息库，编制高端紧缺人才开发目录，重点引进生物医药、新能源与节能环保、生命健康、网络技术、教育培训等方面的高端人才。建立与国内外知名院校和研发机构的合作关系，推动订单式专业人才培养，帮助企业解决紧缺人才需求。

3. 搭建人才供需对接平台

优化"开萝人才网"功能，丰富人才储备，建设区企业人才网络服务平台，为区内企业在专业人才招聘网上招才。加强区内企业的沟通与交流，与世界 500 强里德科、任仕达和广州地区前 10 强的人力资源服务机构等国内外一流的人才招聘机构合作，召开高层次人才需求对接会，形成人才供需良性互动，促进企业有效地招贤纳士、广揽人才。

二 人才投入优先保障，从多渠道加大资助入手，激发资本人才技术集聚创新效应

注重加大投入，积极引导、推动人才创业创新活动，通过财政资金吸引风险投资、股权融资、银行贷款等社会资本加大投入，形成对人才创新创业投入的乘数效应，有力激发了人才、技术和资本的相互融合以及综合效益。

1. 财政投入引导社会投入保障创新需求

广州开发区（高新区）高度重视创新投入，2012 年区辖内企业科技活动经费内部支出近 90 亿元，同比增长 9.8%；研发投入 76 亿元，占广州市 R&D 经费支出的 22.4%，R&D 三年来年均增长 14.6%，R&D 经费占 GDP 比重达 3.85%。2012 年，区本级科技经费支出达 13.3 亿元，占区地方财政一般预算支出的比例达 12.95%，形成了财政投入引导社会投入保障创新需求的良好机制。

2. 积极争取省市配套资金

2012 年，广州开发区（高新区）对 226 个科技项目进行了资金配套资助，

资助资金 1.35 亿元，全区 400 个科技项目共获得国家、省、市配套资助经费 6.84 亿元，资金带动效应达到 1：5.1。其中，有 29 个项目获得 2012 年广东省高新区发展引导专项资金 3820 万元资助，占广州市资助总额的 70%；有 14 个项目获得 2012 年广东省第一批重大科技专项 2100 万元资助，占全省本专项资助的 64.4%。

3. 重点资助科技领军人才

为广泛延揽高科技领军人才，广东省率先颁布实施了《广州开发区吸引科技领军人才实施办法》，提出每年将引进至少 10 名科技领军人才，建设一支具有国内乃至国际先进水平的科技领军人才队伍。对科技领军人才创办的项目，给予最高 1500 万元的创业资金资助，其中包括可高达 600 万元的创业启动资金资助、可高达 500 万元的参股投资等。

4. 设立创业投资引导基金

由财政出资 10 亿元设立创业投资引导基金，按照市场化模式运作，面向私募投资者（天使投资人）和创业投资公司对区内科技企业的创业投资按照一定比例跟进投资，或共同组建创新基金，投资于创新企业，从而带动社会资本参与区内科技企业投资，形成资本聚集效应，大大缓解中小型科技项目融资难问题。

5. 完善支撑创业的投融资体系

大力聚集银行、股权投资、天使投资、小额贷款、科技担保、金融中介等科技金融机构，促进科技与金融结合，推动科技金融创新。建立健全以股权投资为核心，投保贷联动、分阶段连续支持的新机制，形成政府资金与社会资金、股权融资与债权融资、直接融资与间接融资有机结合的科技金融合作体系。探索建立风险补偿机制，鼓励金融机构投资高层次人才创新创业项目。

6. 促进企业上市融资

制订企业股份制改造和发行上市规划，每年重点组织一批基本具备条件的企业进入上市推荐培育期，一批优质企业进入上市辅导期，形成"培育一批、改制一批、辅导一批、申报一批、核准发行一批"的上市梯次推进格局，对区内进入非上市股权交易代办系统的科技企业给予 50 万元奖励，对在创业板上市的科技企业给予 200 万元奖励，对在中小板及主板上市的企业给予 300 万元奖励，促进更多符合条件的创新型企业在国内外上市融资。在国家严控新股发行的情况下，2013年，又有2家企业分别在上海主板、深圳创业板成功上市，全区上市企业达到27家，约占广州市的1/3。

三　人才服务优先供给，从推动落实人才特区扶持政策入手提高人才服务水平

（一）开通学术交流绿色通道

依托高层次人才协会，举办创新创业沙龙、高层次人才论坛等主题活动，促进科技领军人才之间的交流与合作。对贡献突出或工作需要的高层次人才，每年可资助一至二次赴国外学习考察或学术交流。

（二）畅通参政议政渠道

积极推荐代表性强的高层次人才参选人大代表和政协委员。充分发挥高层次人才的知识优势，把符合条件的高层次人才纳入广州开发区（高新区）、中新广州知识城智囊库，引导、鼓励高层次人才以灵活多样的形式参与政府决策。

（三）提供居留和出入境绿色通道

争取上级支持，为外籍高层次人才提供居留和出入境方面的便利条件。按照国家有关规定和程序，可为符合条件的外籍高层次人才及其随迁外籍配偶和未满18周岁未婚子女办理《外国人永久居留证》；对尚未获得《外国人永久居留证》的高层次人才及其配偶和未满18周岁子女，需多次临时出入境的，为其办理2～5年有效期的外国人居留许可或多次往返签证。

（四）开设高层次人才服务专窗

在区政务服务、公共服务、商务服务窗口设立高层次人才服务专窗，推广"高层次人才服务捷通卡"，高层次人才凭卡在区内享受绿色通道服务。

（五）帮助企业拓展市场

发挥政府导向作用，对高层次人才创办企业的自主创新产品，优先推荐列入政府采购产品计划目录。支持建设自主创新型产品示范工程，帮助高层次人才创办企业推广产品、拓展市场。区财政安排企业拓展市场专项资金，优先支持高层次人才创办企业参加国内外知名的展览，按照参展实际发生费用的50%给予资助。

（六）提供子女入学服务

吸引北京师范大学、日本人学校等国内外知名大学和培训机构在开发区创办分校和设立分支机构，建立国际基础教育体系，增强对国际化高端人才的吸引力；建立高层次人才子女入学的绿色通道，区教育部门主动帮助其在广州市内获得优质教育资源。

（七）落实高层次人才保健医疗服务

为高层次人才办理医疗卫生服务卡，可以在广州开发区（高新区）定点医院享受优先医疗服务，其医疗待遇参照机关事业单位公费医疗政策执行，相关费用由区财政承担。设立高层次人才医疗服务机构，为高层次人才提供跟踪医疗服务，定期上门为高层次人才提供免费医疗保健和体检服务，建立高层次人才健康服务档案，对健康状况进行跟踪记录。

（八）实施人才安居工程

重点推进人才公寓建设工程，提前谋划布局中新广州知识城的居住、商业配套设施，满足人才住房需求。通过制定、完善和落实购房补贴、免费租住、租房补贴等住房优惠政策，为各类人才安居提供有力保障。在高层次人才到区考察项目期间，可根据需要为其提供免租公寓。通过租金补贴重点解决好高层次人才及其家属的住房问题。

（九）完善人才引进政策

对区内重点企业每年提供一定数量的入户指标，帮助企业解决骨干人才及其家属的广州市户口。做好跟踪服务，及时协调解决入户过程中的疑难问题。将高层次人才随迁配偶纳入公共就业服务体系，积极协调有关部门，结合本人求职意向，优先推荐就业岗位。

四　人才创业优先培育，从促进人才创业创新入手提高知识经济贡献水平

按照以质量为核心的理念，围绕"两城一岛"建设大局，坚持以项目引进带动人才引进、人才创业带动产业转型、智力开发带动结构调整，着力构建以知识为驱动、效果效益为导向、智力为支撑的知识经济发展新模式。

（一）积极扶持人才创业创新

1. 实施创业育苗工程

鼓励海内外人才到本区创办科技型企业，实施成果转化。对竞争力强、发展前景好的初创科技型企业，给予每家一次性20万元的创业启动资金资助。

2. 鼓励股权激励改革

支持高等院校、科研院所、高新技术企业在"两城一岛"开展职务科技成果和分红权激励改革，对做出突出贡献的科技人员和经营管理人员实施期权、技术入股、股权奖励、分红权等激励。

3. 完善创业孵化服务体系

充分利用现有孵化器100万平方米、加速器100万平方米（其中国家级的孵化器3家，占广州市的42.9%；国家级的孵化场地52.5万平方米，占广州市的70.2%）和科技园区等创新载体，打造企业从初创期到成长期、成熟期的创业链条，完善创业孵化体系。由财政出资，招聘培训熟悉区情和政策的创业助理，一对一地派驻到高层次人才创办企业，为高层次人才创业提供服务。

4. 实施创业项目贷款贴息补贴

对于创业项目获得银行贷款用于自身发展的高层次人才企业，给予最高1年期3%利率的贷款贴息，年贷款贴息总金额可达50万元，最多可享受三年贴息扶持。

5. 实行创业载体租金补贴

对租用孵化器或加速器的高层次人才项目，根据实际需要给予场地租金补贴。补贴标准参照区财政投资建设的孵化器或加速器的租金标准，补贴面积为孵化器建筑面积最大可达 500 平方米或加速器建筑面积最大可达 2000 平方米。

（二）着力打造知识创造和转化平台

1. 加强科技创新平台建设

加大政策扶持力度，通过基础设施共建或代建、财政投入支持、科研经费补贴等多种方式，吸引国内外一流大学、科研机构到本区建立学院或研究院、技术转移中心、产业化基地等，引导区内企业建立研发中心、院士工作站、博士后工作站，全力创建一批国家级工程研究中心、重点实验室、工程实验室和企业技术中心，支持企业建设国家及省、市"海外高层次人才创新创业基地"，为高端创新人才提供有吸引力的事业平台。现有博士后科研工作站（分站）18 家、广东省博士后创新实践基地 3 家；广州市博士后创新实践基地 10 家。共启动了 80 余个博士后科研项目，其中列入国家级科研项目计划项目 20 项，列入省部级科研项目 23 项。

2. 建设公共开放实验室

通过引进、共建、战略联盟等方式，建设公共开放实验室。以电子信息、生物和新材料三大新兴产业领域为重点，建立了中科院生命与健康研究院、华南新药创制中心、广东软件评测中心等 12 家开放实验室和 4000 多项的仪器设备资源库。目前，已将 50 多所广州市内高校、科研院所的重点实验室和区内的工程中心、技术中心纳入广州开发区（高新区）公共开放实验室。建立技术研发设备资源库，实现区内企业与高校、科研院所间仪器设备的共享，为区内的中小型科技企业提供仪器设备租用、技术评测、合作研发、技术查新等全方位的技术研发服务。

3. 建设公共技术服务平台

引进了中国电器科学院、SGS、莱茵、UL 华美认证、广东省化妆品检测中心等 20 多家国内外权威专业检测认定机构，建成了专业性强、开放度高的公共技术平台体系。整合广州地区重点研究机构、实验室和科技服务机构服务资源，组成科技服务大联盟，提供文献信息、技术转移、科技成果及区项目申报等"一站式"的科技创新服务。对生物产业领域重大公共技术服务平台项目，给予不超过项目新增总投资30%的资金支持，最高可达300万元。对经认定的公共技术服务平台，每年按对外服务累计金额的10%给予一次性补贴，最高可达80万元。

4. 根据企业生长周期提供发展平台

在种子期，政府主要通过直接资助支持人才创业，使企业获得市场信息和专业咨询服务方面费用的补贴。在初创期，政府主要通过项目资助和权益性资助等方式支持人才创业。在成长期，政府提供加速器、贷款担保、上市扶持等支持，帮助其实现技术更新和市场拓展。在成熟期，政府通过担保、上市扶持等方式助推人才创业。重点关注如何促进企业实现集群发展，促进企业标准化战略和品牌战略的实施，培养创新联盟。

五　广州开发区（高新区）人才特区建设的启示

（一）加快人才发展体制机制改革和政策创新是促进区域转型升级的必然要求

人才是经济社会发展的第一资源，相对于传统资源，它是越用越多、越用越高效的优质资源。在世界多极化、经济全球化、科技和产业革命深入发展的背景下，加快人才发展，是在激烈的国际竞争中赢得主动的核心要素，是打造知识经济新高地的重要保证，是实现科学发展、转型升级的必然选择。广州开发区（高新区）要建设好人才特区，进一步发挥高端创新创业人才和团队对产业发展的带动作用，推动人才特区的发展，必须加快人才发展体制机制改革和政策创新，研究、设计、制定、落实一些有重大突破性的政策。以促进产业结构升级和经济发展方式转变为契机，在人才体制机制建设上积极开展"先行先试"，完善产业与人才的对接机制，建设好各类引才聚才平台，拓展创业孵化服务内容，在充分发挥聚集人才、创造经验、辐射带动的功能上取得新突破。

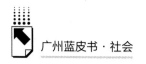

（二）要促进人才特区建设必须发挥政府的主导作用

广州开发区（高新区）努力把握人才规律，按人才规律办事，大力推进"百千万人才金字塔"计划和"香雪人才"计划，积极搭建人才引进的高端平台，形成人才资源优先开发、人才结构优先调整的战略布局；推动落实人才特区扶持政策，提高人才服务水平，优先创新人才制度，促进人才创业创新，构建覆盖人才成长链条的完整的人才政策扶持体系；促进知识向资源转化方面取得初步成效。政府在此过程中起到十分重要的推动作用和主导作用，为今后的人才体制机制改革和政策创新提供了有效的借鉴。

（三）要不断引导各方投入激发资本、人才、技术的综合效益

广州开发区（高新区）在人才引进、高层次人才创业扶持上敢于投入、舍得投入，通过财政投入的真金白银换来上级配套资金和带动风险投资、银行贷款、股权融资等社会资本持续跟进，实现了投入效果的聚集效应，有力地激发了资本、人才、技术的融合创新，实现了显著的经济效益和社会效益。

（四）要充分发挥市场机制在人才配置中的基础作用

为进一步拓宽引才渠道，提高引才效率，广州开发区（高新区）探索运用市场机制选才、用才，注意通过贴息贷款、期权分红权股权激励、经济刺激等手段吸引和集聚人才，充分发挥市场配置人才的基础性作用，拓宽人才创新创业平台。通过引进重大科技项目带动高层次人才引进，同时在引进高层次人才时，以项目和创业为引进的重要评价标准，利用市场机制促进项目发展，在项目获得成功的同时实现人才的价值，达到了高效配置人才的效果。

（审稿：谢俊贵）

社会事业篇

Social Work

B.7

2013 年广州教育事业发展
回顾与 2014 年展望

郭海清*

摘　要：

2013 年，广州市教育工作以新型城市化发展为引领，大力推动中小学教育质量综合评价改革，引导广州教育改革走向优质、均衡的大格局。2014 年，广州市将以"努力办好人民满意的教育"为目标，着力深化教育领域综合改革，着力提升教育教学质量和水平，着力推进素质教育，着力促进教育公平，力促各级各类教育持续健康发展。

关键词：

广州教育事业　回顾　展望

---

* 郭海清，广州市教育局。

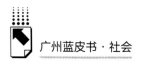

一　2013 年广州教育事业发展的回顾

2013 年是广州国家中心城市建设全面提速的重要时期，是贯彻十八大精神的第一年，也是广州全面加快教育现代化建设的关键时期。在市委、市政府的正确领导下，广州市教育系统深入贯彻党的十八大精神，结合广州市推进"12338"总体决策部署和新型城市化发展需要，深化教育改革，提升教育质量，促进教育公平，加快推进教育现代化建设，圆满完成了年度教育工作目标任务，各项工作都取得了新的显著成绩。

（一）教育整体实力不断增强

广州市贯彻落实新型城市化发展"12338"决策部署，深化实施《广州市中长期教育和发展规划纲要》，研究制定了《广州市中小学建设发展策略研究与布点规划及中小学建设控制性导则》，组织开展了《广州市教育事业发展第十二个五年规划》实施情况的中期评估。越秀、荔湾、海珠、天河、花都、番禺通过了广东省县域现代化先进区的督导评估。越秀、荔湾、海珠、天河、花都、番禺等 6 个区通过了"全国义务教育发展基本均衡县"省级督导评估。增城市石滩镇、中新镇，从化市温泉镇、良口镇通过了省教育强镇复评。

市本级财政预算安排教育投入 134.5 亿元，比 2012 年增加 22.5%。学校基础能力建设、城乡免费义务教育等专项经费分别达 26.9 亿元、5.1 亿元，有力推动了教育公平和均衡发展。加强教育经费绩效管理，在全市 122个项目绩效评价中，2012 年普惠性民办幼儿园资助专项被评为 9 个优秀项目之一。

教育改革稳步推进。"依托教育信息化促进区域教育均衡发展"、"开展地方政府促进高等职业教育综合改革试点"、"推进广州学习型社会建设"等国家教育体制改革试点项目取得突破性进展。越秀区推进省教育综合改革实验区建设，荔湾区深化体教、艺教、科教"三结合"工作，海珠区教育集团化建设，天河区经典文化教育，白云区生态课堂教学改革，番禺区"研学后教"课堂教学改革等区域教育教学改革不断深化，成效显著。

（二）基础教育均衡特色发展

1. 着力促进学前教育公益性、普惠性发展

按照学前教育三年行动计划，继续督促各区（县级市）教育局推进公办幼儿园建设工作，2013 年在广州市教育局学前教育专项经费中下拨 20900 万元，专项用于公办幼儿园建设。截至 2013 年 6 月，各区（县级市）教育局认定的普惠性民办幼儿园 640 所，提供约 15.7 万个普惠性民办幼儿园学位，全市普惠性民办幼儿园占民办幼儿园的比例超过 50%。截至 2013 年 9 月底，广州市公办幼儿园达 444 所，到 2013 年 12 月底公办幼儿园占比达 30% 的任务基本完成。

积极稳妥开展公办幼儿园招生改革工作。市属公办幼儿园实行电脑派位招生，15 所市属公办幼儿园计划招生共 1110 人，电脑派位计划招生数共 654 人，完成 70% 面向社会招生，充分体现了公平、公正、公开的招生工作原则。各区（县级市）教育部门也制订了本区域招生工作方案，区（县级市）教育部门办园面向社会招生工作已顺利完成。

2. 着力以特色课程推进高中教育优质特色发展，以学校特色发展促进义务教育均衡优质发展

启动推动义务教育均衡优质发展研究工作。提出了《广州市进一步推动义务教育均衡优质发展实施方案（2013～2018 年）（征求意见稿）》。根据省统一部署，下达了 400 万元专项资金，继续参与广东省"千校扶千校"行动计划；下达了 599.31 万元专项经费，完成了 2013 年企业办普通中小学体制改革补助工作。另外，做好普通高中贫困生免费教育工作。

出台了《广州市教育局关于以学校特色发展促进义务教育均衡发展的指导意见》。在全市义务教育阶段学校积极开展特色学校创建活动，已确定第一批 37 所义务教育特色学校。

推动普通高中特色课程评审与建设工作。继 2012 年启动推进普通高中重点立项特色课程建设以来，第一批重点立项的 9 所学校获"广州市特色学校"称号。30 所学校的 30 门课程通过 2013 年广州市普通高中特色课程立项。同时完成了《普通高中特色课程新思路》的编辑出版工作。

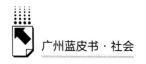

3. 外来工随迁子女接受义务教育专项工作效果初显

2012 学年，非广州市户籍学生义务教育阶段在广州市学校就读的学生有 55.59 万人，占广州市义务教育阶段学生总数的 46.48%；其中有 23.23 万人在公办学校就读，占所有非广州市户籍学生数的 41.78%。12 个区（县级市）均已制订解决进城务工人员随迁子女等非本市户籍适龄人员接受义务教育工作实施意见或工作方案，稳步推进外来务工人员随迁子女可以按条件申请入读公办学校。同时，从 2013 年春季起免费义务教育补助范围从广州市户籍和符合各区（县级市）免费条件的异地务工人员随迁子女扩大到全市公办、民办义务教育在校学生。广州市免费义务教育受惠学生由约 70 万人扩大到 119.61 万人。

4. 推进基础教育优质均衡发展的新举措

研究制定了《推进优质教育资源均衡发展做大做强两个新城区三个城市副中心基础教育的实施意见》及 5 个配套文件，在全市经济社会发展的大格局下谋划教育优质均衡发展的蓝图。广州市政府与北京师范大学共建新型城市化区域基础教育质量提升协同萝岗试验区，向白云区输出广州市第二外国语学校品牌资源，广州市执信中学与从化市合作共建项目已启动实施，广东广雅中学与花都区合作共建邝维煜纪念学校项目正式签约，与天河区合作共建市执信中学、与南沙区合作共建广州外国语学校稳步推进。新增省、市一级幼儿园 22 所，市一级学校 8 所。

5. 大力推进特殊教育发展

积极贯彻落实《广州市人民政府办公厅关于加强我市特殊教育工作的实施意见》，落实公用经费和课本费补助，积极开展师资培训，推进随班就读资源室与资源中心建设。

研究制定《广州市人民政府办公厅关于加强我市特殊教育工作的实施意见任务分解表》，进一步明确工作任务，落实工作责任。落实特殊教育学生公用经费和课本费补助，2013 年市本级共划拨公用经费和课本费 1504.28 万元，受惠学生 5247 人。特殊教育学生公用经费按特殊教育学校智障、孤独症、脑瘫及多重残疾学生不低于普通学生人均公用经费标准的 10 倍拨付，特殊教育学校盲聋哑学生按不低于普通学生人均公用经费标准的 8 倍拨付，普通学校随班就读、附设特教班、送教上门学生按不低于普通学生人均公用经费标准的 5 倍拨付，特殊教育学生课本费按不低于普通学生课本费 1.5 倍的标准单独划拨。

重点推进特殊教育学校和随班就读学校资源室建设，加快各类型随班就读资源中心建设。市旅游商务职业学校、荔湾区外语职业高级中学、海珠商务职业学校、从化市职业技术学校等 4 所中职学校开设启能班。广州大学市政技术学院聋人高等教育项目被列入国家特殊教育学校第二期建设规划。开展特殊教育通识培训，参训教师 1000 多人，基本实现全市公办普通中小学校全覆盖。

（三）职业教育取得新成就

《广州教育城一期院校入驻方案》通过市政府审议，全市职业教育资源整合优化工作稳步推进，组建了 15 个专业大类指导委员会。广州市财经职业教育集团正式挂牌。市旅游商务职业学校和交通运输职业学校顺利接受首批国家中职发展改革示范校验收评估，增城市职校被认定为省中职示范校。目前，广州市在建市级精品课程 93 门、省重点专业 66 个。全市 20 所中职学校和 17 所高职院校招收"三二分段联合培养学生" 2880 名。广州市在全国职业院校技能大赛中共获 7 个一等奖。增城市被省推荐申报国家级农村职业教育和成人教育示范县。

（四）高等教育实现新跨越

广州大学数学与应用数学等 8 个专业和广州医科大学临床医学等 6 个专业被纳入全省本科第一批次招生。广州医学院顺利获批更名广州医科大学。广州城市职业学院和广州体育职业技术学院新增为省示范性高职院校建设单位。市政府与广州铁路集团公司就共建广州铁路职业技术学院达成协议，挂牌成立广州工业交通职业教育集团。大力推进市属高校对外交流与合作工作，重点推进美国卫斯理安学院与广州大学的合作办学。以"开展地方政府促进高等职业教育综合改革试点"国家体制改革试点项目为牵引，推进高等职业教育改革与发展，以"推进广州学习型社会建设"试点项目为主要抓手，落实新型城市化民生幸福工程中的有关要求。着力做好大学生就业指导工作，实现初次就业率不低于上年同期及省平均水平的目标。配合相关处室，做好对口帮扶、教

育城规划建设、大学城提升计划、民办非学历高等教育管理等相关工作。市属高校获国家自然科学基金项目114项，新增10门国家级精品资源共享课和2个省级实验教学示范中心，平均初次就业率达97.81%，高于全省2个百分点。

（五）灵活开放的终身教育和学习体系初步形成

以"推进广州学习型社会建设"项目为依托，以广州市广播电视大学为主体，广州数字化学习港已覆盖500个基层组织，能够同时满足50万人在线学习，已经在7个区（县级市）设立10个示范性学习中心。拓宽区县—街镇—村居三级社区教育网络覆盖面，新增街镇社区学校46个，成立村居社区教学点60个。广州市获批"全国学习型城市建设联盟"成员，越秀区被评为全国社区教育示范区，番禺区、萝岗区成功申报全国社区教育试验区，花都区成功申报省社区教育试验区。

（六）民办教育取得新突破

《广州市人民政府关于促进民办教育发展的意见》已通过市政府审议，促进民办教育发展的政府财政投入、教师年金制度、教师津贴、综合执法机制和风险保证金制度等有所突破和创新。市财政安排1亿元专项经费，资助民办学校185所。规范民办学校办学行为，首次开展局管民办学校网上年检，全面启动清理、整治无证学前教育机构工作。

（七）加强教师队伍建设

师德建设扎实推进。开展市"名班主任"培养对象和优秀班主任培训共8批次，培训班主任800多人次，建立市级中小学名班主任工作室16个，认定第二批市中小学名班主任196名。举办"2013年广州市教育系统师德报告会"和"广州市优秀教师教育分享会"。市聋人学校李伟芳同志获评"全国师德标兵"称号。

人才选拔和引进力度进一步加大。紧紧围绕新型城市化发展大局，广州市教育局与市委组织部联合印发了《推进新型城市化发展加强市属高校领导班子建设系列文件》，有序推进局属单位领导班子选拔任用，完成局属中等职业学校和职业高中副校级领导干部竞争性选拔等工作，努力建设高素质的领导班子和干部队伍。做好回国人员的跟踪、就业服务工作，为留学人员发放生活费、学费等 500 余万元。全市教育系统共引进各级各类人才 1272 人，其中硕士学历 266 人、博士学历 129 人。

教师培养培训成效显著。做好教师队伍建设制度的顶层设计，研究制定了《关于贯彻落实"强师工程"加强教师队伍建设的意见》和《关于促进义务教育师资均衡发展的实施意见》。深入实施新一轮基础教育系统"百千万人才培养工程"和"卓越中小学校长培养工程"，配套举办卓越中小学教导主任培训班，认定第三批市基础教育系统名校长 31 名、名教师 58 名、首批市教育名家工作室主持人 24 名，表彰全市优秀教师（教育工作者）1542 名。中小学教师网络远程课程达 927 门，教师参加远程培训近 24 万人次，组织市本级各级各类中小学教师专项培训 79 项。首次采用"送培到区"方式为白云、番禺等 6个民办学校较多的区域培训学科教师。

教师待遇和权益得到进一步保障。启动省中小学教师职称制度改革试点工作，完成中小学教师职称过渡登记和中小学正高级职称评审。深化市属教育系统绩效工资分配制度改革，山区和农村边远地区义务教育学校教师岗位津贴进一步落实，离退休干部的政治和生活待遇得到保障，市属学校高三教师绩效奖励纳入绩效工资统筹解决。全国首个专为教师群体免费提供信息发布、文化交流、生活服务、法律咨询等全方位服务的实名制互动式网站"广州教师 e 家"正式上线。

（八）教育信息化工作得到进一步加强

"依托教育信息化促进区域教育均衡发展"的国家教育体制改革试点项目取得了突破性进展，经过近三年改革试点试验，据不完全统计，全市共投入了148884 万元经费，用于区域教育信息化的基础设施、软件资源建设以及人员培训、应用推广等工作。2013 年 5 月 30 日，广州"数字教育城"公共服务平台正式发布，"中小学智慧校园示范工程"正式启动，逐步形成广州市智慧型的教育体系，促进教育的高位均衡发展。

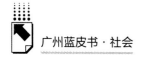

（九）素质教育进一步深化

学校德育亮点纷呈。新增省德育示范学校11所、市德育示范学校29所。组织开展了以"我的中国梦"为主题的学习宣传教育活动以及第十届中小学生书信节、"我们的节日"经典美文诵读展演等德育主题实践活动。顺利完成2013年全国文明城市文明程度制度指数和未成年人思想道德建设测评迎检工作。

学生综合素质不断提高。落实中小学生每天一小时运动时间，顺利完成必考项目调整后中考体育考试组织工作。举办"市长杯"大中小学校羽毛球赛等市级学生体育竞赛30项，建设国家、省、市体育传统项目学校329所。启动学生体质健康管理信息系统项目建设，顺利完成"广州市适龄儿童六龄齿免费窝沟封闭"项目和学校整体办理学生医保工作。认定首批市艺术重点基地学校（幼儿园）63所，8个节目参加全国第四届中小学生艺术展演取得优异成绩，成功举办市第十二届学校合唱节。完成首批74所垃圾分类示范基地创建，组织青少年科技创新大赛等科技教育活动，启动首批"中学生英才计划"，深入实施"2158英才翱翔计划"。市本级投入教育科普经费1950万元，支持项目244个。广州市被教育部确定为国家中小学教育质量综合评价改革试验区。

不断增强学生国防意识。结合国际形势，加强与市委宣传部、市国防教育办等部门的沟通协调，圆满完成市属高校、全市高中军训任务。同时，配合市委宣传部、广州警备区政治部、市国防教育办，新增广州市第三批国防教育基地。为配合广州解放65周年纪念，在市委统一统筹下，广州市教育局联合有关部门，筹备开展广州市学生军训成果汇报展演。同时通过市人大、市政协相关委员的议案、提案等途径，配合教育部、总参谋部、总政治部的专项调研，进一步加强学生国防教育特别是军训工作的开展。

（十）进一步加强科研管理

精心组织、协同创新重大项目、羊城学者科研项目、创新学术团队项目、市属高校科研项目、配套资助和奖励项目等各类科研项目，加强各级教育科学规划课题管理工作，做好科研成果的推广、应用和评奖工作，加强科研管理和帮扶，打造各区教育科研特色，加强科研、研究生管理经验交流，"菁英计划"经过组织申报、资格审查、评审答辩和领导小组审定及公示等程序，选派资助 32 名优秀学子出国留学。

广泛开展青少年科普教育，全面开展学校创建垃圾分类示范基地活动，以全市学校 90% 创建垃圾分类为目标，在全市学校广泛开展了创建活动；积极组织中小学生参与"质量月"活动，组织完成了市科普基地申报工作；精心组织各种科技创新竞赛活动，开展科技夏令营、科技之星特训营、科技文化交流营等科技教育活动，启动首批"中学生英才计划"选拔活动。大力强化青少年科技教育队伍建设，加强青少年科技教育项目管理工作，2013 年市教育局的教育科普项目共 244 项，合计 1950 万元。

（十一）开创教育国际交流与合作新局面

制定了《广州市基础教育国际交流与合作试验区（基地）评审方案（试行）》，稳步推进基础教育国际化"133"战略（1 个广州平台、3 个试验区、3 个基地）和"131"计划〔1 所开设了不少于 3 个语种的外国语学校、3 所有国际交流项目的学校（省一级高中 2 所和小学 1 所）、1 间有国际交流项目的少年宫〕。5 月，经各区（县级市）、各学校自荐，专家评审确定：天河区、越秀区和荔湾区等 3 个区被评为广州市基础教育国际交流与合作试验区，广雅中学、执信中学和华侨中学等 3 所学校被评为基础教育国际交流与合作基地。已下达专项经费用于支持各单位开展国际交流与合作。完成第八批"粤港姊妹学校缔结计划"签约工作。美国卫斯理安学院与广州大学的合作办学工作进展顺利。市"菁英计划"留学项目资助 32 人。广州医科大学与法国斯特拉斯堡大学签订全面合作备忘录；与新西兰梅西大学、昆士兰科技大学、台湾中山医学院、荷兰 Radboud 大学、澳门城市大学等 5 所大学签订校际合作协议；选派 49 人参加了多种方式的暑期海外游学项目。

二 广州市教育存在的主要问题

一是要实现"创强争先建高地"战略部署，创建"省推进教育现代化先

进市"任重道远,素质教育的推进仍面临一定的困难。

二是城乡之间、区域之间和学校之间优质教育资源配置还需要进一步均衡,与办好人民满意教育的目标还存在一定的差距。

三是教育与经济社会发展的联系还要进一步加强,各级各类教育协调发展、服务现代化建设的功能和水平亟待进一步提高。

三 2014 年广州市教育事业的展望

2014 年是全面贯彻落实党的十八届三中全会精神的第一年,也是广州市新型城市化发展全面铺开的重要一年。广州应强化国家中心城市和区域文化教育中心地位,全面贯彻落实党的十八届三中全会精神,以推进新型城市化发展为引领,以"努力办好人民满意的教育"为目标,着力深化教育领域综合改革,着力提升教育教学质量和水平,着力推进素质教育,着力促进教育公平,力促各级各类教育持续健康发展,提高广州教育对外开放水平,建立起与国家中心城市地位相适应的现代教育体系,培育与现代产业体系发展相适应的专业人才,吸引国内外高端人才,为建设国家中心城市、提高科学发展实力提供坚实基础和智力保障。

(一)以改革创新为动力,着力深化素质教育

教育的改革创新始终是推动教育发展的根本动力。《中共中央关于全面深化改革若干重大问题的决定》就深化教育领域综合改革进行了新部署,提出了新要求,深入学习领会,抓好贯彻落实,以改革创新推动发展、提高质量、促进公平、增强活力。

深入学习贯彻党的十八届三中全会精神。学习好、领会好、贯彻好、落实好党的十八届三中全会精神,是当前和今后一个时期教育战线的重要政治任务。认真领会深化教育领域综合改革的攻坚方向和重点措施,自觉地将学习贯彻党的十八届三中全会精神和广州新型城市化发展战略有机结合起来,在广州城乡一体化、城市化、国际化的三个维度进行布局,进一步明确教育事业在新型城市化发展中的发展定位、目标策略和落实行动,努力构建和城市发展相匹

配的教育体系。

坚定立德树人基本导向。以《中共中央国务院关于进一步加强和改进未成年人思想道德建设的若干意见》颁布十周年为契机，提炼广州德育模式，打造广州德育特色，擦亮广州德育品牌。加强社会主义核心价值体系教育和中华优秀传统文化教育，强化德育科研和德育团队建设，从学生思想实际出发创新德育主题实践活动，推进青少年媒介素养教育和心理健康教育，完成新一轮创建全国文明城市及未成年人思想道德建设各项任务。

促进青少年身心健康。深化体教结合，出台《关于进一步加强广州市学校体育工作的实施意见》。全面实施国家学生体质健康标准，加强学生体质监测，继续推进农村义务教育学生营养改善计划。改进美育教育教学，提高学生审美和人文素养。策划组织纪念广州解放 65 周年活动及 2014 年广州市学生军训成果汇报展演。深入推进实施青少年科技创新能力可持续培养 "2158 英才翱翔计划"，加强青少年科技基地建设，打造青少年科技教育品牌活动，重点培养学生的创新精神和实践能力。

深化教育教学改革。以构建中小学教育质量 "阳光评价指标体系"、充实教师学科教育学知识、培养学生学科素养为抓手，加大基础教育课程改革推进力度，提高课程改革管理水平。实施中职教育质量提升工程，出台《中职学生公共基础学科学业质量评价标准》，加强市校两级精品课程建设，促进高素质劳动者和技能型人才培养。鼓励各区域和学校立足实际培育教育教学品牌。

（二）以创建省推进教育现代化先进市为目标，着力提升教育整体实力

加快教育现代化建设是落实全省教育 "创强争先建高地" 战略部署、实现人的现代化的重要举措。要以加快把广州创建成为 "广东省推进教育现代化先进市" 为目标，找差距、促整改、增实力。

大力推进教育现代化建设。召开全市创建 "省推进教育现代化先进市" 动员大会，指导花都区、南沙区、白云区、萝岗区、黄埔区创建 "省推进教育现代化先进区"，全力推进各区（县级市）创建 "全国义务教育发展基本均衡县"，为 2015 年广州市创建 "省推进教育现代化先进市" 奠定基础。试点

实行中小学责任督学挂牌督导制度，探索建立教育督导结果的公布与使用制度。开展义务教育标准化学校建设和学前教育三年行动计划暨规范化幼儿园督导验收。加大对增城市正果、小楼等镇教育强镇复评工作指导力度，推动农村教育发展再上新台阶。

提升教育信息化水平。召开全市教育信息化工作会议，贯彻落实国家和省教育信息化电视电话工作会议精神，研究部署今后一个时期全市教育信息化工作任务。以"依托教育信息化促进区域教育均衡化"国家教育体制改革试点项目成果应用为抓手，进一步完善"广州数字教育城"公共服务支撑体系，深入推进宽带网络"校校通"、优质资源"班班通"、学习空间"人人通"，加快"中小学智慧校园"试点建设工作，以教育信息化促进教育现代化。

深化教育合作与交流。大力实施教育国际交流与合作"一区、两平台、三板块"发展战略。积极做好基础教育国际交流与合作1个平台、3个试验区、3个基地建设，进一步促进外国语学校规范特色发展。以广州教育城为契机，探索推进中外合作举办职业教育的新路径，推进中外高职院校或机构合作办学，加强与港澳台教育交流，深化广佛肇教育合作。重点推进广州大学与美国卫斯理安学院合作办学，广州大学、广州医科大学与伯明翰大学合作项目，进一步提升广州教育的知名度和影响力。

（三）以发展为主题，着力促进各级各类教育协调共进

始终坚持发展这个主题不动摇，以全面科学的教育发展观为统领，构建与新型城市化发展相适应、能够满足人民群众对多样化高质量教育需要的、各级各类教育协调发展的国民教育体系。

促进基础教育优质均衡发展。系统推进学前教育。加强公办幼儿园和镇中心幼儿园建设，加大对普惠性民办幼儿园扶持力度，开展学前帮扶，提升保教质量。均衡发展义务教育。继续规范义务教育学校办学行为，研究制定《广州市义务教育阶段学校招生工作意见》和《广州市进一步推动义务教育均衡优质发展实施方案（2013~2018年)》，继续推进"百校扶百校"和"千校扶千校"行动计划等专项工作，以学校特色发展促进义务教育均衡发展。特色发展普通高中教育。组织第三批普通高中特色课程评审，稳步推进特色课程班

（学校）招生工作。加强普通高中教学指导和调控，力争高考成绩稳住大面积、提高一本率。

促进职业教育优化发展。推动广州教育城一期入驻学校建设，调整优化职业学校整体布局和专业结构。发挥市级专业指导委员会作用，推动一批市级校企合作示范基地（项目）建设，积极申报省五位一体实训基地项目。大力推进国家、省中职教育发展改革示范校建设，努力打造教产对接、校企合作运作平台，深化职业教育集团化办学。推行中高职衔接的一体化技能人才培养模式，加强中职学校与高职院校一体化人才培养方案的衔接。

促进高等教育内涵发展。以高水平大学建设为主线，以内涵建设为抓手，推动重点学科、重点人才、重点平台、重大科研项目等"四重"建设，继续推进高水平大学建设，配合做好"大学城提升计划"，加快教学研究型大学建设。继续实施"本科质量工程"和"高职院校内涵建设"，推进现代职教体系的构建，深化产教融合、校企合作，改革人才培养模式，提升高职院校教学水平和教学质量。推动广州幼儿师范专科学校、广州卫生职业技术学院筹建工作。做好大学生就业指导。

促进民办教育规范特色发展。贯彻落实《广州市人民政府关于促进民办教育发展的意见》，研究制定健全公共财政扶持等具体办法。规范民办学校办学行为，完善民办学校年检制度和招生广告备案制度，建立民办学校风险保证金机制和民办教育联合执法机制。扶持引导民办学校特色建设。健全民办教育发展专项资金管理，加强各级各类民办教育协会建设，探索建立政府购买服务、委托服务等机制，发挥各级民办教育协会自律、协调和服务作用，接受市人大对政府促进民办教育发展专项监督。

促进特殊教育高水平发展。建设特殊教育学校、随班就读学校、附设特教班、送教上门"四级特教网络"。按照残疾儿童早期康复、学前教育、义务教育、职业教育、随班就读资源中心"五位一体"的基本功能，积极推进国际水平特殊教育学校创建工作。提升特殊教育从教人员和随班就读教师素质，研究特殊教育质量评价机制，加快推进市聋人学校、盲人学校新校区建设，督促各区（县级市）落实本区域 1 所特殊教育学校建设任务。

促进终身教育体系。促进学历教育和非学历教育协调发展，职业教育和普通教育相互沟通，职前教育和职后教育有效衔接。发展职工教育，重视农村成人教育，广泛开展农村实用技术培训和农村劳动力转移培训，形成全社会支持和参与继续教育的格局。整合各类教育资源，加强社区教育机构和网络建设，发展现代远程教育和开放教育，搭建全民学习、终身学习的网络平台。

（四）以提升素质为重点，着力加强教师队伍建设

教师是教育事业的第一资源。要采取切实措施，建立有效机制，培养和造就一支师德高尚、业务精湛、结构合理、充满活力的高素质、专业化教师队伍。

突出抓好师德建设。加强德育校长、德育团队干部、班主任、德育研究团队等队伍建设，加强对市属高校三个研究组织的管理和指导。建立健全中小学师德建设长效机制，制定出台《广州市中小学教师职业道德"十要""十不"规定》和《广州市加强中小学班主任工作意见（试行）》，加大对优秀教师和师德先进个人的宣传力度，发挥 16 个市级名班主任工作室功能，组织开展市"百佳"中小学班主任评选工作、第三届成功教育案例征集评选和"广州教师幸福团队"创建活动。

促进教师成长及资源合理配置。大力推进《关于贯彻落实"强师工程"加强教师队伍建设的意见》和《关于促进义务教育师资均衡发展的实施意见》的落实及其配套文件的制定工作。深入实施卓越校长培养工程，组织开展第二批基础教育"百千万人才培养工程"教育专家、名校长、名教师遴选和第四批基础教育系统教育专家、名校长、名教师的认定工作。以全面推进中小学教育质量综合评价改革为重点，开展面向基础教育、中职教育、民办教育、特殊教育的师资培训，着力提高农村和边远山区学校教师师资水平。开展教师专业发展试验研究。扎实稳妥推进中小学教师职称制度改革。

深化干部人事制度改革。坚持党管干部的原则，构建有效管用、简便易行的选人用人机制，改进竞争性选拔干部办法，完善干部考核评价机制和干部管理制度。加强学校实施人员聘用制后的人事管理工作。继续落实好"两相当"，完善学校绩效工资分配制度改革，健全重绩效、向优秀人才和关键岗位倾斜的分配激励制度。

（五）以促进公平为导向，着力推动教育惠民

教育公平是社会公平的基石。要坚持以人为本、教育惠民，着力解决好群众最关心、最直接、最现实的教育问题，坚持改革力度、发展速度、社会可承受程度的统一，确保教育公平。

切实做好市政府民生实事工作。实施特殊教育普及水平及质量提升计划，研究开发特殊教育专用教材学材 1 套，建设随班就读指导中心 2 个、随班就读资源室 24 间，为各区（县级市）的 12 所特殊教育学校各配置特殊教育专用教学器具、仪器 1 套，实现残疾儿童义务阶段教育"零拒绝"。

统筹配置教育资源。坚持继续做强都会区基础教育与促进优质教育资源向两个新城区、三个副中心辐射相结合，公办优质教育资源先行引导和民办优质教育资源补充辅助相结合，教育本土化与国际化相结合，充分发挥各区（县级市）的主体作用，推动优质教育资源向两个新城区、三个副中心辐射，从中小学布点规划、公办名校辐射、社会优质教育资源引进、高水平师资队伍培养、加快教育信息化等 5 个方面促进基础教育资源优质均衡，努力构建适应两个新城区、三个副中心新型城市化发展的教育体系。

力促招生考试公平公正。制定出台《广州市中小学校招生考试规范管理办法》。教育部门办幼儿园面向社会招生人数占比达到 80%。逐步落实进城务工人员随迁子女义务教育"两个为主"政策，研究制定《广州市异地中考工作操作细则》。依法依规做好义务教育阶段民办学校和公办外国语学校招生管理工作。落实高考标准化考点建设，着力构筑招考信息安全保障体系。加快中职学校与高职院校招生专业衔接，全面推进市属高职院校与中职学校"三二分段"培养模式改革和面向市属普通高中自主招生。

增强教育辐射能力。继续做好对口帮扶梅州市丰顺县和从化市桥头村工作，推进增城市庆东村美丽乡村建设，实施对口支援新疆疏附县、贵州黔南州、广西百色市、重庆巫山县教育帮扶，办好内地新疆班、西藏班。

（审稿：陈骥）

B.8
广州市技工教育校企合作
状况 2013 年调查

何士林　辜东莲　陈彩凤　李兴军　李立文*

摘　要：

"校企合作"是技工教育的基本办学制度，广州市技工教育力推校企合作，与近 2000 家相关企业在专业建设、课程开发、师资建设和联合培训等方面建立了形式多样的合作关系，有效促进了技能人才培养。

关键词：

技工教育　校企合作　现状调查

一　调研背景

（一）调研意义

广州技工教育发展 60 余年，伴随着广州的现代化发展历程，为广州经济与社会的发展做出了应有的贡献。广州市技工教育在人才培养过程中逐渐形成了自己的风格，在国内职业教育中独领风骚，已然形成"广州模式"，并逐渐

---

* 何士林，中山大学管理学硕士，广州市人力资源和社会保障局党委委员、副局长，主要研究方向：技工教育管理；辜东莲，工学学士，广州市职业技术教研室高级讲师，主要研究方向：技工教育课程、教学与评价；陈彩凤，工学学士，广州市职业技术教研室高级讲师，主要研究方向：技工教育课程与教学；李兴军，教育学硕士，广州市职业技术教研室讲师，主要研究方向：技工教育、职业指导；李立文，法学硕士，广州市职业技术教研室高级讲师，主要研究方向：技工教育教学。

受到国内职教界关注。"校企合作"是广州市技工教育办学过程中的一个办学特色,厘清校企合作现状,分析特点,找出不足,对寻求技工教育发展规律、进行及时有效的完善修正,对促进广州市技工教育的健康有序发展具有重要意义。

(二)调研对象

本次技工教育"校企合作"现状调研,由广州市职业技术教研室牵头,对广州市技师学院、广州市工贸技师学院、广州市轻工技师学院、广州市机电技师学院、广州市公用事业技师学院、广州市交通技师学院、广州市白云工商技师学院和广州港技工学校共 8 所技工院校的校企合作情况进行调研,主要关注校企合作的紧密程度、合作过程和合作成效等方面。

(三)调研方法

本次调研主要采用问卷调查、现场访谈和案例研究。问卷调查对象主要为院校校企合作主管人员、校企合作指导教师、企业主管。共发放问卷 700 份,回收 691 份,有效问卷 690 份,有效问卷回收率 98.6%;现场访谈主要访谈校企合作的指导教师,问题主要涉及企业对校企合作的满意度和合作优点与不足等;案例研究主要选取具有代表性的校、企双方的合作情况进行典型案例分析,找出成功之处。

二 校企合作的基本现状

(一)参与企业的概况

1. 参与企业的数量

据统计,目前广州市 8 所技工院校共与市内 1955 家企业建立了校企合作关系①。与企业联系最多的是广州市白云工商技师学院,与 120 家企业建立了

---

① 少数企业同时与几家技工院校合作,未单独统计。

紧密型校企合作关系，另与1086家企业建立了一般型的校企合作关系；"校企合作"联系企业最少的是广州港技工学校，与6家企业建立紧密的校企合作关系，与19家企业建立了一般型的校企合作关系，这与院校规模、办学体制有较大的关系（见表1）。

表1　各校校企合作的企业数量

单位：家，%

学　校	紧密型合作	一般型合作	松散型合作	合计
市　技	39	5	20	64
工　贸	34	13	25	72
轻　工	26	18	13	57
机　电	70	——	93	163
公　用	18	24	24	66
交　通	24	105	173	302
白　云	120	1086	——	1206
广州港	6	19	——	25
合　计	337	1270	348	1955
比例	17.24	64.96	17.80	100

2. 参与企业的类型

从参与企业的所有制上看，在1955家校企合作企业中，国有企业有195家，占9.97%；地方集体企业20家，占1.02%；私营企业504家，占25.78%；外资企业70家，占3.58%；合资企业1122家，占57.39%；股份制企业19家，占0.97%；民营企业18家，占0.92%；事业单位2家；有限责任公司1家；独资企业1家；其他特殊企业3家（见图1）。

3. 参与企业的规模

校企合作参与企业的规模从两个维度进行考量，一是根据企业员工人数和营业收入，二是根据企业竞争力指数来划分。通过对1955家参与校企合作企业的分类，我们发现共有大型企业561家、中等企业1141家、小微企业253家。调研中发现，校企合作的主力军是中型企业，占到总数的58.36%；其次为大型企业，占比28.7%；小微企业参与数量较少，占12.94%（见图2）。

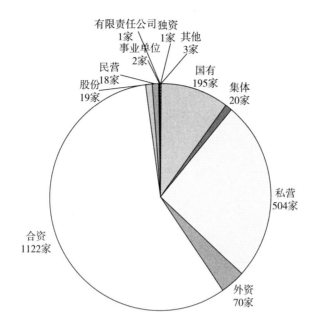

图1　校企合作企业的类型

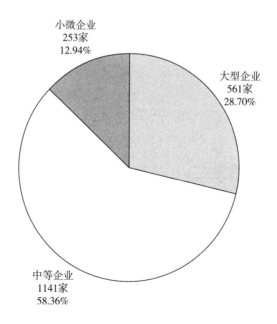

图2　校企合作参与企业的规模

另一方面，从企业的竞争力考量，"三强"企业一共有 104 家，仅占全部校企合作企业的 5.32%，占大型企业的 18.54%，也反映出校企合作企业主要以中型企业为主。在 104 家"三强"企业中，有世界五百强企业 19 家，占"三强"企业的 18.27%，占全部校企合作企业的 0.97%；广东省现代产业 500 强企业 74 家，占"三强"企业的 71.15%，占全部校企合作企业的 3.79%；广东省 500 强、自主创新 500 强 2 家。"三强"企业中，广东省现代产业 500 强企业最多，其次是世界 500 强企业，广东省自主创新 500 强的最少。

4. 参与企业的分布

"校企合作"参与企业产业主要分布在先进制造业、现代服务业、先进制造服务业、战略性新兴产业与高技术产业、优势传统产业和现代农业。据统计，先进制造业企业有 451 家，占所调研企业的 23.07%；现代服务业企业有 437 家，占比 22.35%；先进制造服务业企业有 142 家，占比 7.26%；分布在战略性新兴产业与高技术产业的有 597 家，占比 30.54%；分布在优势传统产业的有 88 家，占比 4.50%；现代农业 8 家，占比 0.41%（见图 3）。

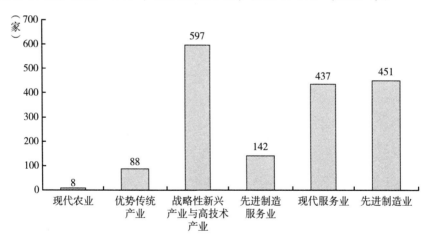

图 3　校企合作企业所属产业分布

（二）校企合作的形式

1. 一般结合式

该种形式主要指学校与企业开展一般程度的合作，学校根据学生情况与企业联系进行实习实践安排，具有临时性、不定时性和随机性的特征。合作形式主要有松散型合作方式和半紧密型合作方式，主要联合企业开展实习实训基地建设、实习就业基地建设、师资队伍培养、社会培训和顶岗实习就业基地建设等合作形式。

所查广州市属技工院校共与 1618 家企业建立有一般型的校企合作关系，一般方式都是通过联络确定当年实习方案，给予学生实习实训机会。如广州港技工学校与大家乐有限公司合作，组织学生到企业进行寒暑假期的培训实习，广州雷诺丽特塑料有限公司向学校捐赠设立"雷诺丽特奖学金"，并安排学生暑假到公司实习一个月。一般结合式在广州市属技工院校的校企合作过程中发挥着重要作用。

2. 紧密联合式

该种形式主要指学校与企业开展一些固定的合作。主要有集团化办学、企业轮训等合作办学模式。

（1）开展生产实习。生产实习包括教师和学生的培训。如广州市公用事业技师学院在 2011 年与徐工集团合作，派遣教师入企培训学习，2012 年与广州市佑安土木工程有限公司达成协议，派遣教师接受现场工艺培训，2013 年与清远市佛冈县石角镇某专业合作社农场合作进行挖掘机操作培训；广州市技师学院与广州基准精密工业有限公司、番禺信业五金加工厂等建立了模具加工专业的校外轮训基地，通过短期的下厂实习，完成双方指定的课程计划，并每学期各安排在校生到两企业轮训，主要参加普通加工、数控加工和钳工等一线岗位的实践，让学生体会工厂的生产环境、工作流程和管理办法。

（2）建立学习工作站。由企业挂牌，接受学生专业实习实训，接受教师培训，指导学生实训，优先录用毕业学生等。如广州市工贸技师学院与广东明星创意动画有限公司、广州千骐动漫有限公司、广州易动文化传媒有限公司、广州凌动数码有限公司等多家动漫企业磋商合作目标、方式和彼此的权利与义务，签订校外学习工作站协议书等。

3. 深度融合式

该种模式是企业深度参与学校人才培养改革等项目，形成与企业之间长期稳定的合作关系。主要有"引厂入校"、订单式和企业轮训等合作办学模式。

如广州市机电技师学院开展"校企合一"办学模式改革,建立了"三个中心",即实训中心、实践中心和技术中心,其中技术中心就联合企业和研究机构为师生员工提供技术开发、技术革新和工艺研究攻关的机会;广州市轻工技师学院与星网锐捷网络有限公司共建"华南地区课程改革基地",与广州大厦合作开设了"旅游与酒店管理专业",广州地铁总公司在学院成立了"地铁订单班";广州市交通技师学院开设"宝马售后英才教育项目";广州市白云工商技师学院、企业共建教育培训中心等都突出体现校企合作的深度融合。

(三)校企合作的内容

在校企合作的内容上,我们选取具有代表性与稳定的紧密型校企合作形式作为调研对象,从专业建设、课程开发、师资建设和联合培训等几个维度进行分析①。

1. 共促专业建设

广州市技工院校与紧密型合作企业合作共建专业89个,开发课程177门。其中机械加工类合作专业16个,合作开发课程67门;电工电子类合作专业18个,合作开发课程16门;信息技术类合作专业11个,合作开发课程11门;交通运输类合作专业17个,合作开发课程37门;文化艺术类合作专业8个,合作开发课程19门;商贸服务类合作专业16个,合作开发课程26门;综合类专业3个,合作开发课程1门(见表2)。

表2　校企合作专业数量及合作开发课程情况

单位:个,门

合作专业类别	合作专业数量	合作开发专业课程
机械加工类	16	67
电工电子类	18	16
信息技术类	11	11
交通运输类	17	37
文化艺术类	8	19
商贸服务类	16	26
综 合 类	3	1
合 计	89	177

---

① 由于广州港技工学校办学体制属于企业办学,故情况稍有不同。

紧密型校企合作专业建设与课程开发过程中，技工院校依据本校专业各有侧重。机械加工类合作专业以白云工商学院为多，有 5 个，广州市工贸技师学院、广州市公用技师学院及广州港技工学校则没有该专业大类的合作情况；电工电子类专业建设以工贸为最多，合作专业有 6 个，广州市交通技师学院和广州港技工学校均未涉及（见表 3）。

表 3　各校不同专业类别共建专业情况

单位：个

专业类别＼共建专业的学校	市技	工贸	轻工	机电	公用	交通	白云	合计
机械加工类	3	—	4	3	—	1	5	16
电工电子类	2	6	3	3	1	—	3	18
信息技术类	1	2	4	1			3	11
交通运输类	1	2	3	—	2	7	2	17
文化艺术类	2	1	—	1			4	8
商贸服务类	3	5	3		3		2	16
综合类	3	—	—	—	—	—	—	3

2. 共建实训基地

紧密型校企合作企业共建实训基地 159 个，合作建立实习就业基地 181 个，接收顶岗实习学生 14671 人，接收毕业生人数 10731 人，占顶岗实习人数的 73.1%（见表 4）。

表 4　校企合作建设实训、实习基地情况

单位：个，人

合作专业类别	实训基地	合作建立实习就业基地		
		建立基地数量	接收顶岗实习人数	接收毕业生人数
机械加工类	60	48	1629	1298
电工电子类	17	21	1918	1074
信息技术类	14	13	368	146
交通运输类	25	31	5859	5704
文化艺术类	18	27	1184	732
商贸服务类	21	38	3625	1757
综合类	4	3	88	20
合计	159	181	14671	10731

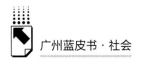

3. 合育师资队伍

校企合作共建师资队伍覆盖面 800 余人，其中由企业培养学校教师人数有484 人，企业工程技术人员到学校兼职教学人数 354 人。企业培养教师人数较多的是电工电子类专业和交通运输类专业，分别为 108 人和 115 人（见表 5）。

表 5　校企共建师资队伍情况

单位：人

合作专业类别	企业培养学校教师人数	企业人员到学校兼教人数
机械加工类	78	51
电工电子类	108	60
信息技术类	26	23
交通运输类	115	55
文化艺术类	89	89
商贸服务类	61	69
综　合　类	7	7
合　计	484	354

不同学校在不同专业上通过校企合作建设师资队伍规模不一。在专业类别上，人数最多的是交通运输类，有 115 人，最少的是综合类，有 7 人（见表 6）。

表 6　不同专业类别各校教师挂职锻炼情况

单位：人

专　业　　类　别 \ 挂职锻炼的学校	市技	工贸	轻工	机电	公用	交通	白云	合计
机械加工类	18	—	11	27	—	7	15	78
电工电子类	33	56	8	—	8	—	3	108
信息技术类	—	9	2	—	—	—	15	26
交通运输类	—	16	—	—	33	32	34	115
文化艺术类	15	8	—	—	—	—	66	89
商贸服务类	2	16	12	—	5	—	26	61
综　合　类	7	—	—	—	—	—	—	7
合计	75	105	33	27	46	39	159	484

另外，企业也陆续有专业技术人员到校兼任教师，将企业生产一线的工作过程、识带进学校课堂教学中（见表 7）。

表7 不同专业类别企业工程技术人员到各校兼职情况

单位：人

专业类别 \ 兼职人员的学校	市技	工贸	轻工	机电	公用	交通	白云	合计
机械加工类	21	—	9	12	—		9	51
电工电子类	21	25	8	—	—		6	60
信息技术类	4	4	6	2	—		7	23
交通运输类	1	14			9	11	20	55
文化艺术类	31	6	—	4			48	89
商贸服务类	3	10	11		11	9	25	69
综 合 类	7						—	7
合计	88	59	34	18	20	20	115	354

4. 合力社会培训

除此之外，校企合作联合开展社会培训累计有 14235 人次，其中交通技师学院开展了 5749 人次的培训，占比 40.4%（见表8）。

表8 不同专业类别各校共同开展社会培训情况

单位：人次

专业类别	市技	工贸	轻工	机电	公用	交通	白云	合计
机械加工类	210	—	—	216	2000	252	165	2843
电工电子类	8	0	47	—	—		180	235
信息技术类	—	50			—			50
交通运输类	115	14	—			5497	—	5626
文化艺术类	30	400					1343	1773
商贸服务类	15	16			3000		250	3281
综 合 类	427	—						427
合计	805	480	47	216	5000	5749	1938	14235

（四）校企合作的保障

1. 机构设置

8 所技工院校均设置了校企合作相关组织机构，一般为三级组织架构。

一为领导层，主要负责研究校企合作总体工作规划，把握与企业合作的方

向，履行资金保障、统筹组织等职责。如广州市交通技师学院"校企合作管理委员会"、广州市机电技师学院"校企合作专家咨询委员会"、广州市技师学院"专家咨询委员会"。

二为管理层，主要负责学院校企合作工作的对外联络和对内统筹协调工作，制订全校的校企合作工作计划及工作推进表，监督、检查、考核各部门各系部校企合作工作，指导校企合作工作档案记录收集和整理等。如广州市机电技师学院成立的"联盟秘书处"，其他院校成立的"校企合作办公室"、"校企合作工作管理办公室"。

三为执行层，主要负责开拓本系的校企合作企业、合作项目等。如广州市白云工商技师学院建立的以系主任为首的校企合作工作小组、其他院校由各系与企业专家共同组建的"专业建设指导委员会"，与企业专家共同制订人才培养方案，设置符合企业生产需要的专业及课程（见图4）。

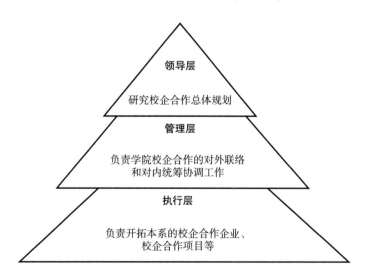

图4 校企合作机构设置三级组织架构

2. 人员配置

校领导负责与企业负责人就合作战略、合作模式做出决定，签署有关协议。主管校企合作的职能部门领导负责协调校企合作项目的运作与绩效评价。院系领导负责校企合作项目的具体操作与落实。

被调研院校校长均把校企合作作为一把手工程来规划和落实，如有的学校给每个专业（系）都配备了若干专职人员从事招生就业和校企合作工作，他们既服从各专业（系）的管理，开展实习就业的各项工作，推动校企专业共建，同时也接受学院招生就业处的业务管理与考核。

3. 政策制度

近年来，为进一步加强校企合作，深化技工教育改革，提升技工院校的核心竞争力，广东省和广州市相继出台了《广东省技工院校"校企双制"办学指导意见》（粤人社发〔2012〕178 号）、《关于促进我市职业教育校企合作工作的意见》（穗府办〔2013〕2 号）、《服务广州新型城市化战略加快发展现代技工教育行动计划（2013~2016)》（穗人社〔2013〕74 号）等文件指导和保障各院校开展校企合作工作。

被调研院校均已建立起相关校企合作与实习就业制度，从机制上规范与推进校企合作、实习就业和课程与教学改革等工作。如广州市交通技师学院建立的《校企合作管理制度》、《顶岗实习安全管理制度》、《顶岗实习巡查管理制度》等，广州市白云工商技师学院建立的《学校校企合作管理办法》、《校企合作协调指导委员会章程》、《专业指导委员会章程》，广州市工贸技师学院与企业（产业园）先后制定的《校企合作委员会章程》、《校企合作管理办法》、《关于开展校企合作推动高技能人才培养的工作实施方案》，广州市机电技师学院与长春合心机械制造有限公司签订的《校企战略伙伴合作协议》、《广州市机电技师学院与长春合心机械制造有限公司合作办学章程》等。

4. 经费保障

各技工院校每年都从财政预算中拨一定数额的资金作为校企合作项目开发、运行以及奖励等项目运营的专项基金，结合国家中职示范校建设项目、国家级高技能人才培训基地项目资金使用，通过申报"校企双制"办学试点院校获得政府拨款专项资金。目前，在校企合作的经费使用方面，各学校领导高度重视校企合作工作，设立了专门的校企合作专项经费，用于支持校企合作各类相关项目与活动的开展，为校企合作工作的运行提供了较充足的经费保障。

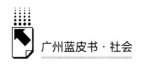
三 校企合作的基本成效

（一）拓展了院校办学空间

所查技工院校的空间场地受到城市发展的制约，同时也缺乏更多的财力建设较高标准的技术实习实训基地。而通过校企合作，则能够很好地弥补院校的这一缺陷，利用企业的固有资源和场地，解决学校办学空间不足的问题。可以充分利用企业设施设备的优势。企业的生产车间（包括场地、设施、设备），既可以成为就业顶岗的实习基地，又可以作为日常实训教学场地，提高了学生的综合职业能力与职业素养。

（二）提高了教师职业能力

一方面，在校企合作过程中，教师定期到企业实习锻炼，一些教师参与企业的技术研发，提升教师的专业实践能力与研发能力；另一方面，学校聘请有实践经验的企业专家参与学校的专业和课程建设，联合推进技工教育课程改革，优化专业设置，加强专业建设，合作共建课程，提升教师的专业建设与课程开发能力，提高了教师的职业能力。

（三）促进了学生充分就业

通过顶岗实习，企业接收学生就业，很大程度上解决了学生的就业问题，拓宽了技工院校学生的就业渠道。学校可以通过校企合作了解企业所需要的技能人才特点、人员素质，调整院校自身的办学结构，改善专业与课程设置，满足企业岗位群需求；企业也可以从众多学生中挑选适合其发展的专业技术人才，也可以派出技术骨干入校指导，实现校企之间人才培养的无缝对接。

（四）提高了人才培养效益

若院校独立培养企业合适的技能人才，则需要付出较大的教学成本，包括项目指导与实训场地等，如果院校教育与企业人才需求脱节，则很可能出现院校培养的技能人才并不能很好地满足企业需要的现象。另外，企业在用人选择上需要付出较大的时间精力、人力物力和机会成本。校企合作使企业通过参与院校教育教学，更有针对性地培养技能人才，实现了培养与就业、供给与需求的统一。

四　校企合作的问题与不足

（一）合作的内容形式有待丰富

所调查技工院校共与近 2000 家企业建立了合作关系，与相应企业合作已经取得了一定成效，但是在合作企业规模、师生参与、专业覆盖和课程建设等方面，还需要进一步扩大发展。虽然技工院校与不同企业之间具有多种合作方式，如"顶岗实习"、"订单培养"、"大师工作室"、"校内办厂"和"企业冠名班级"等，但是在合作过程中还缺少一些灵活度，在校企合作时间编排、岗位实践和专业建设、课程共建等方面可以有更多样、全面的合作，合作的形式还有待继续丰富。

（二）合作的深度、广度有待加强

从调研数据上看，紧密型校企合作企业仅有 337 家，一般型有 1618 家，紧密型校企合作企业数量少，覆盖专业少，参与学生人数少，校企合作深度还有待进一步加强。目前，校企合作专业类型基本为机械、电子、交通运输、商贸服务等，信息技术、文化艺术和综合类等专业，校企合作过程中覆盖面显得较为不足。在建立深度合作的企业数量上，还需要进一步增加。

（三）合作的沟通、协调有待改进

目前，技工院校与合作企业之间的沟通尚存在一定的障碍，学校与企业之间的合作比较倾向于私人情谊的牵线搭桥，以及处于不定期的校企会议商讨，

并未能形成规范化与长期性的合作模式，企业侵犯学生权益的现象也会偶尔发生。学生的实习管理方式主要是学校教师的定期看望、学生定期返校汇报或者提交实习报告、指导教师在企业蹲点跟踪等，企业对于校企合作中的学生劳动保障规定也相对比较单一。

（四）合作的评价、监控有待完善

规范、质量高的科学研究或者实践活动更需要有一个科学评价、监控来评估它的成效。目前，国内校企合作研究工作中十分明显的问题是缺少科学有效的评价工具与评价方法。在校企合作的调研过程中，各校均反映缺乏系统的校企合作工作评价体系，所以学校在实施校企合作时，也较为随性。

五 改进校企合作的对策与建议

（一）建立技能人才供需预测机制

目前，对技能型人才市场的需求情况缺乏有效数据，在一定程度上影响到技工院校人才培养的策略，也使得未能对校企合作的成效有一个较为可靠的评价参照。建议广州市教育局整合资源，深入调查，积极加强技能型人才的供需调查。建议强化人力资源市场信息发布的指导效能，促使信息发布与院校人才培养的良性互动，从而科学制定技工院校相关专业的总体发展规划，有效减少在技能型人才队伍建设上的被动性、盲目性和非规范性。

（二）组建校企合作组织协调机构

建议成立技工教育"政校企协"合作委员会，充分发挥政府部门的组织优势、资源调节优势和公共管理优势，组建技工教育专家库，搭建政府部门、学校、企业、行业协会对接和信息沟通平台。建议各技工院校在"政校企协"合作委员会的指导下组建本校"校企合作委员会"，与企业进行多层次与多维度的沟通合作。这样，使政府主管部门、学校、企业与行业协会共建合作委员会，成立统一的校企合作商议平台，使校企之间能够无障碍沟通，并逐渐形成统一的"校企"合作体系规范与各项动作标准,形成科学、合理与长效的校企合作模式。

(三)推行"校企双制"办学模式

2012 年 9 月,广东省人力资源和社会保障厅制定了《广东省技工院校"校企双制"办学指导意见》(粤人社发〔2012〕178 号),推动学校与企业之间"校企双制"的合作模式。体现在共同招工招生、共同制订培养计划、共建专业、共同开发课程、共建师资、共同组织教学、共同管理和共同考核 8 个方面。广州市技工教育系统要落实省厅"校企双制"改革精神,加快校园对接产业园步伐,建立政府出政策、企业出岗位和学校出学位的"三位一体"新机制,创新技能人才培养与使用紧密结合的办学模式。

(四)制定校企合作评估、监控办法

目前,广州市技工教育校企合作已经在多方面、多渠道展开,在提高学校办学质量、解决企业技能人才问题等方面也取得了一定的效果,但缺乏有效的评价监控模式。在后续的校企合作的过程中,研究制定《校企合作成效评估办法》,在学校的经费投入产出、人才培养效率、企业接纳的学生率、就业率与技能型人才规格等几个方面建立科学的评估模型。组织研究机构专业人员、行业协会代表、企业代表、技工院校管理者与教师等共同参与,探索"校企双制"办学模式下技能人才评价的规范化、标准化技术路径,创新技能人才评价方式和评价标准。

参考文献

《广州市技工院校校企合作调查问卷》,2013 年 6 月。
《广州市技师学院校企合作工作总结报告》,2013 年 7 月。
《广州市工贸技师学院校企合作工作总结报告》,2013 年 7 月。
《广州市轻工技师学院校企合作工作总结报告》,2013 年 7 月。
《广州市机电技师学院校企合作工作总结报告》,2013 年 7 月。

《广州市公用事业技师学院校企合作工作总结报告》，2013 年 7 月。
《广州市交通技师学院校企合作工作总结报告》，2013 年 7 月。
《广州白云工商市技师学院校企合作工作总结报告》，2013 年 7 月。
《广州港技工学校校企合作工作总结报告》，2013 年 7 月。

（审稿：周林生）

B.9

2013 年广州市基层卫生工作
回顾及 2014 年预测

黄　穗　刘秀娟*

摘　要：

2013 年，广州市基层卫生工作主要围绕深化医药卫生体制改革等重要领域开展，取得了重大成绩；2014 年，广州市卫生工作将持续推进相关体制改革，大力提升公共医疗服务能力。

关键词：

卫生工作　医药卫生体制　改革

基层医疗卫生服务是卫生工作的重要组成部分，具有全面性、综合性、可及性、连续性等特点。世界卫生组织认为，居民80%以上的健康问题可以在基层得到解决。大力发展基层医疗卫生服务，构建以农村、社区卫生服务为基础，基层医疗卫生服务机构与医院和预防保健机构分工合理，协作密切的新型卫生服务体系，有利于优化城乡基层卫生服务结构，方便广大城乡居民就医，有利于合理配置和利用卫生资源，减轻群众医疗负担，降低社会卫生总费用，满足群众日益增长的健康要求，是缓解群众"看病贵、看病难"问题的重大举措。

一　广州市基层医疗卫生服务工作现状

（一）机构设施建设

1. 城市社区卫生服务机构设施建设情况

截至 2012 年底，全市城市社区卫生服务机构 290 家，其中社区卫生服务

---

* 黄穗、刘秀娟，广州市卫生局。

中心 138 所、社区卫生服务站 152 所。广州市以政府为主导，通过政策扶持、规划引导、加大投入等措施，大力推进社区卫生服务机构建设。制定了社区卫生服务机构设置规划并纳入区域卫生规划，通过新建、改扩建、盘活闲置公房、购买或无偿移交公建配套业务用房、购买二手房等多种方式，落实 92 所社区卫生服务中心业务用房标准化建设。2010 年，市政府制定出台《广州市房地产开发项目配套公共服务设施建设移交管理规定》，明确了房地产开发项目必须配套医疗卫生等配套设施。截至 2012 年底，全市有 51 家社区卫生服务中心标准化建设达标，尚未完成的有 41 所。

2. 农村医疗卫生服务机构设施建设情况

全市农村基层卫生医疗机构 1128 家，其中镇卫生院 32 所、村卫生站 1096 所。原则上每个镇均有 1 所政府举办的镇卫生院或社区卫生服务中心，每个行政村设有 1 所村卫生站。近年，番禺区、南沙区按照城市社区卫生服务中心和社区卫生服务站模式在镇、村设置社区卫生服务机构。全市已有 20 所镇卫生院达到国家、省、市标准；3 所正在进行标准化建设，预计 2013 年底完成并达到国家、省、市标准；需继续推进标准化建设的镇卫生院尚有 9 所。未达到标准化建设的村卫生站有 74 所，在 2013 年底已全部完成标准化建设。

（二）人员编制情况

1. 城市社区医疗卫生机构

截至 2013 年 6 月底，全市核定 118 所社区卫生服务中心为公益一类事业单位，机构编制部门核定事业编制 7594 个，实有在岗人数 8041 人，其中编制内 5540 人，临聘人员 2501 人。

2. 农村医疗卫生机构

全市镇卫生院由机构编制部门核定事业编制 4532 个，实际在岗人员 4978 人，其中编制内 3141 人，临聘人员 1837 名。村卫生站在岗乡村医生共有 2011 人，其中 60 岁以上 635 人（占 32%），中专以上学历 1258 人（占 63%），持有乡村医生从业资格 1496 人（占 74%），持执业医师、执业助理医师、执业护士从业资格 341 人（占 17%）。

（三）全科医生情况

广州市有全科医生 1945 人，占广州市医师总数的 5.56%；在编全科医生 1346 人，每万人 1.05 名。目前，除番禺区有 118 名由广州医学院经 3 年规范化培养途径培养的全科医生、萝岗区有 36 名由暨南大学医学院经 3 年规范化培养途径培养的全科医生在岗外，广州市在岗全科医生均由专科医生经短期岗位培训或 1 年脱产转岗培训后变更执业范围为全科医学专业从事全科医生岗位工作。

（四）财政投入情况

随着医药卫生体制改革的深入，广州市对基层医疗卫生机构的财政投入力度逐年加大。2011 年广州市财政投入基层卫生事业经费 9.88 亿元，2012 年投入 14.38 亿元，比上年增长 46%。主要包括社区卫生服务机构建设经费、基本公共卫生服务补助经费等，用于政府办社区卫生服务中心和镇卫生院基本建设和设备补缺及更新、补助基层卫生机构为城乡居民提供健康教育、预防、保健、康复、计划生育技术服务等基本公共卫生服务。从 2011 年起，还对政府举办的符合区域卫生规划的基层医疗卫生机构进行财政补助，其核定的经常性收入不足以弥补核定的经常性支出时，差额部分在绩效考核的基础上由财政给予补偿。2011 年补助 1.4 亿元，2012 年补助 4.5 亿元。

（五）管理运营情况

1. 卫生服务情况

城乡基层医疗卫生机构立足基层、面向群众，坚持公益性，为群众提供安全、有效、便捷、连续的公共卫生服务和基本医疗服务。

门诊服务方面，2012 年，全市总门（急）诊量为 1.2 亿人次，基层医疗卫生机构诊疗量 3692.5 万人次，其中社区卫生服务中心（站）诊疗 1642.2 万人次，较 2010 年提高 22.07%，较 2011 年提高 15.1%；镇卫生院诊疗人次为 327 万，按可比口径计算，比 2011 年增长 6%。全市基层医疗卫生机构诊疗人次占全市医疗机构诊疗人次的 29.2%，与上海（41.9%）、浙江（49.7%）有较大差距。

住院及家庭医疗服务方面，近两年来，基层医疗卫生机构住院及家庭医疗服务出现明显萎缩现象。至 2012 年底，全市基层医疗卫生机构病床数 4485 张，其中，社区卫生服务中心（站）2435 张、镇卫生院 2050 张。2012 年，全市基层医疗卫生机构住院人次为 12.8 万，占全市住院总量的 5.8%，较 2011 年的 20.7 万下降了 38.3%。其中，社区卫生服务中心（站）住院人次为 5.4 万，镇卫生院住院人次为 7.3 万。

基本公共卫生服务方面，广州市基本公共卫生服务任务由 2010 年 9 个大项 28 小项增加到 2012 年 11 个大项 37 小项，服务内容包括建立居民健康档案、健康教育、预防接种、传染病防治、慢性病防治管理、儿童保健、妇女保健等项目，并将根据国家要求逐步增加。到 2012 年底，全市基层医疗卫生机构为近 915 万居民建立了健康档案，专档管理 75 万老年人、67 万高血压患者、17 万糖尿病患者、3.98 万重性精神病患者等。2012 年为老年人以及高血压、糖尿病等慢性病病人提供免费年度健康检查 101 万人次（免费金额约 1.36 亿元），完成免疫规划疫苗常规接种 518 万针次、二类疫苗接种 203 万针次。

2. 管理改革情况

2010 年，广州市开展新一轮医药卫生体制改革，经费按财政一类拨付，建立补助机制，开展绩效考核，重新核定人员编制，实施基本药物制度，落实"四独立"（独立法人、独立场所、独立核算、独立管理），实现"七统一"（统一外观标识、统一业务管理、统一人员管理、统一财务管理、统一药品采购、统一设备采购、统一技术指导）。农村医疗卫生机构同步进行综合改革，初步建立起公益性管理体制、竞争性用人机制、激励性分配机制、多渠道补偿机制等新的运行机制。

一是明确了基层医疗卫生服务机构的公益性管理体制。所有政府办基层医疗卫生机构全部实行公益一类事业单位管理，下达了基层医疗卫生机构人员编制，明确了财政补助政策，基层机构得到有力保障，人员福利待遇都有较大幅度提升。

二是初步建立了竞争性用人机制。引入"定编定岗不定人"的人事管理新理念，按照"按需设岗、竞聘上岗、全员聘用、合同管理"的原则，全面开展人事制度改革，建立"能进能出、能上能下"的灵活用人机制。医务人员的积极性得到提高。对新进人员实行公开招聘。

三是建立了激励性分配机制。基层医疗卫生机构自 2009 年 10 月开始实施绩效工资，实行"两个挂钩"。基层医疗卫生机构的绩效考核结果与财政补助水平挂钩；绩效考核与工作人员收入待遇挂钩。全市基层医疗卫生机构纳入编制管理的医务人员待遇均有不同程度的提高。2012 年，基层医疗卫生机构在职人员的年人均绩效工资为 62800 元，较改革前（2009 年）的年人均 41500元增长了 51%。

四是基本建立了长效性、多渠道补偿机制。各区（县级市）都明确了基层医疗卫生机构的经常性收支差额由财政兜底，补偿责任主体为所在区（县级市）财政，市财政主要以"以奖代补"的形式予以补助。实行收支两条线管理，公共卫生服务经费、实施基本药物制度补助经费、基层机构补助经费全都列入财政预算，医改财政预算资金逐年加大。2011 年，广州市各级财政安排基层综改及实施国家基本药物制度相关资金达 5 亿多元，其中市财政"以奖代补"资金约 1.3 亿元，各区（县级市）财政资金约 3.7 亿元。

3. 能力建设情况

通过实施全科医师岗位培训，开展社区骨干、基本公共卫生服务人员培训、社区护理、社区慢性病防治等继续教育培训，加强社区卫生服务机构服务人员能力建设。全市实施社区卫生服务责任医师团队网格化管理，98% 以上的社区卫生服务中心实施了网格化管理，建立了近 800 个责任医师团队，以健康档案为抓手，实施居民健康管理，社区卫生服务水平稳步提升。2012 年市统计咨询中心调查显示，居民对社区卫生服务的整体评价达到 80 分以上。2011年以来越秀区诗书街、海珠区龙凤街等 17 所社区卫生服务中心先后被评为国家、省示范性社区卫生服务中心。

4. 实施基本药物制度情况

目前，广州市 228 家政府办、20 家社会力量举办的基层医疗卫生机构，以及 326 所村卫生站实施了基本药物制度。政府办二级以上综合医院亦按有关规定优先配备使用基本药物。为缓解基本药物无法满足基层医疗卫生机构临床需求等问题，广州市于 2011 年 3 月公布了《广州市基层医疗卫生机构增加配备使用的 129 种基本药物目录外药品》，供基层在实施基本药物制度过渡期间使用，并与基本药物一同执行零差率销售和医保报销政策，一定程度上缓解了基层药品不足问题。与实施基本药物制度前的2010年同期相比，实施基本药物制度的基层医疗卫生机构2012年平均门诊量上升了将近12%；而平均门（急）诊药费从54.9元/人次下降至49.7元/人次，下降了9.48%；每床每天住院药费从148.13元/人次下降至128.20元/人次，下降了13.45%。

2013年3月和7月，卫生部和省卫生厅相继公布了《国家基本药物目录（2012年版）》（共520种药物）和《广东省基本药物增补品种目录（2013年版）》（共278种药物，与2010年版的省增补品种目录一并使用）。基本药物品种数从原来的551种增加至近千种，但由于省医药采购平台正在调整，基层医疗卫生机构尚未能配备使用新增基本药物。

5. 医保政策支持情况

为促进基层医疗卫生机构的建设和发展，近年来广州市医疗保险充分发挥支付杠杆作用，出台了多项向基层医疗卫生机构倾斜的优惠政策，既减轻了参保人员的医疗费用个人负担，又有力推进了医疗卫生体制改革的健康发展。一是优先将社区医疗卫生服务机构纳入医疗保险定点服务范围，扩大其服务对象，全市社区医疗机构医疗保险定点率达95%以上。二是在起付标准、统筹基金支付比例等方面对基层医疗卫生机构给予较大倾斜，使参保人在基层医疗卫生机构就医的待遇水平明显高于其他医疗机构。三是针对基层医疗卫生机构实际开展的医疗服务情况，特别设定了基层医疗卫生机构的医疗保险病种和项目，如在基层医疗卫生机构家庭病床治疗等。四是实施部分人群社区首诊，即老年居民和非从业居民在基层医疗卫生机构普通门（急）诊就医的医疗费用纳入统筹基金支付范围。五是积极推动双向转诊。参保人员在住院期间因病情需要转院治疗的，其起付标准费用按一次住院计算。转入医院起付标准高于转出医院的，参保人员须在转入医院补交起付标准费用差额；低于转出医院的，不需另付起付标准费用。六是已将国家和省的基本药物全部纳入医疗保险统筹基金支付范围，并统一按甲类药品管理，参保人使用基本药物统筹基金支付比例在广州市基本医疗保险相应规定标准基础上增加10%，加上社区医疗机构实施的一般诊疗费医疗保险统筹基金给予报销70%以上，最大限度地减轻了参保人员的医疗费用负担。

二 广州市基层医疗卫生服务存在的主要问题

广州市目前已基本建立了比较完善的基层医疗卫生服务体系，但由于长期的城乡二元差异，总体上仍存在城乡差别大、分布不均、资源配置不合理，以及服务供给能力不足、服务质量水平不高等问题。基层医疗卫生服务机构尚未成为承担居民基本医疗服务的主体，"大病进医院、小病在社区"的医疗卫生服务未真正形成。

（一）机构建设存在的主要问题

1. 社区卫生服务机构建设还有待优化

业务用房标准化建设推进难度较大。中心城区医疗卫生资源集中，社区卫生服务机构布局较合理，城市新区及外围城区社区卫生服务设施布局与中心城区相比还有较大差距，需进一步完善。但由于中心城区土地资源紧张，普遍存在用地面积、建筑面积不达标，自有用房比例过低的问题，尤其老城区可供房源少，全市纳入标准建设的 92 所社区卫生服务中心，目前仍有 41 所未达建设标准，原因错综复杂，有的选址商住小区公建配套，但因公建配套尚未动工或完工，未签订购买协议；有的已经完成购买或者产权交接，但因群众反对，至今难以投入使用或难以继续建设；有的通过购买公建配套、公房置换等方式解决业务用房，但面积不足 2000 平方米，达不到业务用房标准；还有一些社区卫生服务中心找不到可购房源，目前租赁非公房，难以确定是否稳定。还有的尚未明确选址或建设方案。在新城区（花都、番禺、萝岗、南沙等），街道地域面积较大，人口密度小，社区卫生服务中心的服务半径过大，需要设置若干一体化社区卫生服务站进行补充。2015 年，全市规划设置社区卫生服务中心170 所，社区卫生服务站 225 个，截至 2012 年底，仅有 163 个社区卫生服务站。

2. 农村医疗卫生服务网底薄弱，机构建设亟须完善

一是机构建设亟须完善。部分区在该轮深化医改过程中，把部分镇级医院上升为区级医院，或者把镇卫生院调整为综合医院，镇卫生院数量从医改前的

54 所下降为目前的 32 所。部分区在向城市化发展的转型过程中，在建制镇撤销镇卫生院设置社区卫生服务中心，但社区卫生服务中心数量的设置和人员数量的设置都未达到有关标准，导致农村基层医疗卫生服务能力相对削弱，诊疗总量下降。另外，随着农村医疗保障制度的日益完善、基本公共卫生服务项目的实施、农村社会经济发展的加快和城市化进程的提速，农村医疗卫生服务需求增长比较迅速，但农村地区医疗卫生设施覆盖程度及服务能力未能满足当地日益增长的医疗卫生服务需求。

二是服务网底薄弱。目前，广州市村卫生站的举办主体是村委会，在岗乡村医生有 2000 多人，身份是农民，游离于卫生队伍的边缘；素质低、年龄大、学历低，具有执业助理医师以上资格的不到 20%，如不解决乡村医生的身份问题，建立广州市农村三级卫生服务网络无从谈起。村医的养老保障机制未完善，国家未建立乡村医生退出机制，许多老乡村医生为了生计不愿退出乡村医生工作，出口阻塞。因为身份是农民，加之农村生活条件艰苦、收入低以及职业发展前途不佳等客观现实，年青一代的医科毕业生不愿意到村卫生站从事乡村医生工作，村卫生站发展后继无人。

（二）人员编制存在的主要问题

1. 社区卫生服务机构人力不足

截至 2013 年 6 月底，全市入编率为 71.59%，空编率为 28.41%，仅海珠、荔湾、花都、增城就超过了 80%，越秀、番禺、黄埔、南沙、萝岗、从化介于 70%~80%，天河、白云低于 70%。目前，各区（县级市）人力投入总量不足与卫生服务量的日益增长矛盾突出，导致居民的医疗卫生服务需求得不到较好的满足，主要表现在以下几个方面。

一是人力不足与日益增长的居民医疗卫生需求矛盾突出。2009~2012 年，全市医疗机构门诊诊疗人次以每年 7.73% 的速度递增，与 2010 年相比，2012 年全市社区卫生服务机构诊疗人次提高了 22.07%，社区卫生服务中心医师担负的日均诊疗人次为 17.5，荔湾区高达 18.1，高于全国 2011 年的 14.0。

二是人力不足与逐步增加的国家基本公共卫生服务任务量不相适应。广州市基本公共卫生服务任务将根据国家要求逐步增加。目前，基层医疗卫生机构将现有相当部分人力投入到公共卫生服务工作中，导致投入基本医疗服务的人力更加不足。实际工作中，由于从事基本医疗服务的临床医疗人手相对减少，既加重了群众"看病难"，也因影响了公共卫生任务保质保量完成，出现顾此失彼现象。

三是基层医疗卫生机构人力不足与提高基层机构门（急）诊占比的要求不相适应。在《珠三角规划纲要》考核指标中，明确要求 2015 年基层机构门（急）诊占比达到60%，如按 1 名全科医生 1 年 1 万的门诊量（250 工作日×6 个病人/小时×7 个有效工作时/日）和以 2012 年 1.2 亿人次的总门诊量的 60% 测算，全科医生就需 7200 人左右。据此推算，广州市全科医生编制标准应达到每万人 6 名。

四是人力不足与对社区卫生服务越来越高的工作要求不相适应。目前，社区卫生服务机构人员编制核定标准没有包括需要开设住院康复病床、家庭病床及社区卫生服务站等工作需要的人力配置，造成社区卫生服务机构配置不合理，群众就医不方便，导致住院及家庭医疗服务出现萎缩。对基层综改前后连续实施住院与家庭医疗服务的 88 所社区卫生服务中心的调查显示，与 2010 年相比，2012 年住院人次由 2.92 万下降到 0.57 万，下降了 80.48%；家庭病床由 6347 张下降为 3808 张，下降了 40.00%；上门出诊人次由 4.29 万下降到 3.83 万，下降了 10.72%。家庭病床医保政策限定少数可报销病种，也是造成这一现象的主要原因。

出现人力不足的主要原因：一方面是编制核定标准相对较低。2012 年，市编办等 4 部门转发《广东省城市社区卫生服务机构编制标准》（穗编字〔2012〕380 号），明确按 8 人/万常住人口重新核定社区卫生服务机构编制，每张康复病床配置 0.7 人，但是，并没有得到很好落实。根据国家卫生计生委印发的《2012 年度各地卫生计生部门医改工作进展监测结果》，全国每万人政府办基层医疗机构核定编制人数平均为 11.6 人，实际在编人数 8.9 人。而北京市、上海市、天津市、杭州市、成都市编制标准分别已达到每万常住人口 16~20 人、18~20 人、10 人、16 人、15~16 人。另一方面是多种原因导致空编率较高，至今越秀区等 8 个区（县级市）尚未达到入编率80%的要求。区（县级市）编制部门规定，一般需预留 10% 的编制用于统一调配，令本就不足的可用编制更加有限。另有少数区（县级市）通过调高入编门槛限制编制使用，如某县级市要求医疗岗位入编条件为硕士研究生学历，护理岗位要求为大学学历，在招不到符合条件人员的情况下，基层医疗卫生机构被迫使用相对"廉价"的雇员或临聘人员。或者由于财政经费拨付存在困难，有的区（县级市）不审批或减少审批新增入编人员计划，如2012年某县级市卫生局提出公开招聘专业技术人员74名未获批准。个别区为减少基层医疗卫生机构公益一类人员退休后的财政供养负担，将社区卫生服务中心交由医院举办，大量招收与医院签约的临聘人员到社区卫生服务中心工作。此外，区（县级市）人员招聘权限在人社局，卫生局缺乏自主权，审核批复需时长，往往会错过人才招聘的时机。如某区连续两年公开招聘镇卫生院和社区卫生服务中心医务人员，2013年将招聘范围扩大到全国，仍招不到人。

2. 农村医疗卫生人才不足，流失严重

一是核定编制数不足。截至2012年底，按照省编办的定编标准，广州市目前32个镇卫生院服务范围内有252万服务人口（不包括已经把镇卫生院改制为社区卫生服务中心的番禺区和南沙区），匡算应该达到4779个编制（252万服务人口3276个编制，2147张床位1503个编制），另外实行镇村卫生服务一体化可增加1860个编制。二是人员流动频繁，难以留住人才。调查显示，2009年镇卫生院新进人员567人，离开的则有757人，在医改政策基本到位后的2012年，新进人员644名，离开的仍有536人。一些新招聘的大学毕业生，在工作一年以后，考取执业医师资格即辞去卫生院的工作；近年广州市加大了对全科医生培养的力度，但有些人完成培训取得全科医生注册资格后即离开镇卫生院到其他地方谋职。农村基层医疗卫生机构，特别是边远山区镇卫生院难以吸引和留住人才，缺乏学科带头人，人员流动性大，影响工作制度和技术规范执行的稳定性，不利于服务质量的提高，也影响了卫生院安排人员外出进修的积极性。

（三）基层医疗卫生服务机构全科医生匮乏

全科医生是基层医疗卫生服务机构开展卫生服务的主体。目前，广州市基层医疗机构全科医生数量偏少、质量不高，全科医生岗位设置不明确、到岗率低，严重影响基层医疗卫生服务的质量和水平，既不适应"健康守门人"的职责，又制约了"社区首诊"的推进和开展。从制度层面来看，广州市对社区卫生服务机构全科医生配备编制没有明确的规定，全科医生的职责任务、任职条件、培训要求、薪酬待遇、职称晋升要求、职业发展路径等内容不清晰，全科医生职业尊严和社会认同感低。从实际情况来看，目前全市全科医生共1945 人，仅占广州市医师总数的 5.56%，远低于国际上 30% ~60% 的平均水平；全科医生到岗率低，在编全科医生只有 1346 人，每万人只有 1.05 名，离市政府要求到 2015 年和 2020 年每万人配备 2 名和 3 名全科医生的要求差距明显。目前，除小部分经 3 年规范化培养途径培养的全科医生在岗外，广州市在岗全科医生均由专科医生经短期岗位培训或 1 年脱产转岗培训后变更执业范围为全科医学专业从事全科医生岗位工作，基层医疗卫生机构人手不足，腾不出人手参加全科医生培训，无形中加重了全科医生缺口。

（四）基本药物不能完全满足临床用药

在推进实施基本药物制度过程中，基层医疗卫生机构普遍反映基本药物未能完全满足临床用药需求。一是基本药物可选择品种少，特别是国家基本药物有相当部分不适宜在广州地区使用；二是临床医生和群众用药习惯短期内难以改变；三是基本药物短缺现象比较普遍，基层多次反映不少基本药物中标后长期处于不供应或少量供应状态，药品无法采购使用变相减少了可选择品种，较大影响了基层基本医疗服务的正常开展，特别是去乙酰毛花苷（西地兰）等急救药品短缺给临床急救带来较大的安全隐患。

（五）群众对基层医疗机构利用率不高

近年来，广州市完善了基层医疗服务网络布点，加强了基础设施建设，加大了人才培养力度，降低了药品费用，但从数据上看，全市基层医疗机构诊疗人次仍占全市医疗机构诊疗人次的 1/3，2009 ~2012 年没有明显提升，距离新型城市化发展提出的到 2015 年基层医疗机构诊疗人次占比不低于 50% 仍有较大差距。主要两方面原因：一是群众对基层医疗卫生服务信任度不高，基层医疗卫生服务机构服务能力亟待进一步提高；二是广州市尚未建立引导社区首

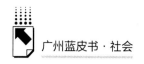

诊、分级诊疗的政策机制。由于缺乏引导群众社区首诊、分级诊疗的工作机制，居民消费医疗资源和医保基金时，拥有选择任何医疗机构的高度自由权，导致群众在就医选择时对基层医疗卫生服务机构利用率较低。

（六）绩效工资的激励作用未能充分体现

在目前人员编制紧、工作量不断增加的情况下，现有的绩效工资制度规定总额封顶，难以调动社区卫生服务机构工作积极性。机构在完成基础考核任务外，没有机制激励其超额完成工作任务。相当一部分基层机构内部绩效考核方案没能很好地结合基层机构功能定位进行岗位设置、绩效指标设计，绩效考核与工作实效、收入分配等关联度、匹配度不够，操作性不强。

三 提高广州市社区卫生服务水平的措施建议

（一）加强标准化规范化建设

1. 科学设置基层医疗卫生机构布局

推动各区（县级市）按照街道办事处范围或 3 万～10 万人设置社区卫生服务中心，农村地区每个镇设置 1 所政府办镇卫生院，中心镇卫生院达到二级综合医院的规模和水平，每条行政村设置 1 所村卫生站的原则，进一步完善城市社区和农村卫生服务网络体系，提高基本医疗服务的可及性。并随着行政区划调整和城市化进程，根据实际人口和医疗卫生需求情况，同步推进基层医疗卫生机构的设置和调整，行政街道合并的，应保留原社区卫生服务机构的业务用房用于社区卫生服务。根据城市化发展进程在建制镇撤镇卫生院建社区卫生服务中心的，要按照每 3 万～10 万人设置 1 所社区卫生服务中心。大力发展社区卫生服务站建设。到 2015 年，全市规划设置社区卫生服务中心 170 所、社区卫生服务站 225 所、镇卫生院 32 所。

2. 加强基层医疗卫生机构标准化建设

采取积极有效措施，确保 2015 年底前基本完成已规划建设的 92 所社区卫生服务中心和 25 所镇卫生院业务用房达标建设工作。越秀、海珠、荔湾、天河等老城区的社区卫生服务中心面积大于 1000 平方米、低于 1800 平方米，可积极利用闲置公房等资源，设置一体化管理的社区卫生服务站或公共服务区域进行补充，使总面积超过 1800 平方米，完成社区卫生服务中心业务用房标准化建设。制定并实施《广州市社区卫生服务中心建设方案（2013～2016年)》。

将广州市未达建设标准的镇卫生院纳入建设范围，对其进行改扩建和装修改造，使其业务用房面积和功能布局达到建设标准，进一步完善农村基层医疗卫生服务体系。按照《广东省人民政府办公厅关于进一步加强我省乡村医生队伍建设的实施意见》，完善村卫生站设置布局规划。完成村卫生站标准化建设。推行村卫生站和乡村医生管理体制改革，建立起全新的农村卫生三级服务网络，驻村乡村医生以家庭医生的形式建立农民健康管理服务模式。

3. 启动镇卫生院周转宿舍建设，完善农村基层医疗卫生服务配套设施

按照省发展改革委和省卫生厅转发《国家发展改革委、卫生部关于印发〈完善基层医疗卫生服务体系建设方案〉的通知》关于建设乡镇卫生院周转宿舍的精神，将广州市镇卫生院周转宿舍纳入建设范围，进一步完善农村基层医疗卫生服务配套设施建设。

4. 加大镇卫生院基本医疗设备和急救设备装备力度，提高诊疗支撑条件

按照市委、市政府《关于深化医药卫生体制改革的实施意见》（穗字〔2010〕19 号）"完善政府对城乡基层医疗卫生机构的投入机制。政府举办的镇卫生院、城市社区卫生服务中心（站）的基本建设经费、设备购置经费、人员经费和其承担公共卫生服务的业务经费，由政府按规定核定并负责安排"和卫生部办公厅、改革委员会办公厅等联合下发的《关于印发〈县医院、县中医院、中心乡镇卫生院、村卫生室和社区卫生服务中心等 5 个基层医疗卫生机构建设指导意见〉的通知》（卫办规财发〔2009〕98 号）相关配置标准进行配置，使其医疗设备装备达到国家标准的要求，并结合固定资产更新报废年限的有关规定，对广州市未达到国家标准或已到更新周期的镇卫生院医疗设备装备进行更新配置，使其医疗设备装备达到国家标准，进一步提高农村基层医疗卫生服务诊疗水平。

（二）科学配备基层医疗卫生机构人员，明确工作任务

1. 指导区（县级市）加快落实省编制标准

按照《广东省城市社区卫生服务机构编制标准》，社区卫生服务中心人员编制按照每万服务人口配备8人的标准重新核定编制，其中每万服务人口配备全科医师3人、公共卫生医师1~2人，护士与全科医师比例按1:1标准配备，每个社区卫生服务中心应在核定的医师总数内配备一定比例的中医类别执业医师。设康复护理床位的中心，按照每床0.7人的标准相应增加编制，但增加编制不超过35个。按照省的要求，通过上浮编制核定比例的方式，解决设家庭病床的基层医疗卫生机构编制不足问题。

各区（县级市）应按照省提出的"可按标准上浮一定比例（最高不超过50%）核定编制"的原则，适时调整社区卫生服务中心的编制。

2. 各区（县级市）要合理使用编制

突破现有"定编定岗不定人"的有关规定，除按照《关于加强社区卫生服务机构工作人员管理工作的指导意见》第七点所规定的三个条件可入编外，以"定编定岗不定人"方式进入社区卫生服务中心工作满五年，并经考核合格的工作人员，可办理入编手续。研究解决社区卫生服务中心和社区服务站编制最低配置标准，对部分区域医疗卫生资源不均衡的情况，各区（县级市）要综合考虑服务人口、服务面积、医疗需求等因素，在本区（县级市）社区卫生机构编制总额内实行调剂，确保机构正常运营。加快推进编制内管理的员工（含在编不在岗人员）到岗工作，要求2014年9月达到入编率不低于80%。

3. 研究解决因编内人力严重不足而存在临聘人员的经费问题

目前，受编制政策使用和招不到人的约束，各区（县级市）社区卫生服务机构为保障机构正常运转，均采取聘用临聘人员的方式以弥补编内人力严重不足的现状。因此，在编制配备尚不能满足机构正常运营前的过渡期内，各区（县级市）要研究制定相应政策以解决临聘人员数量管理和经费定额问题保证机构在岗人员总数不少于机构核定编制数，临聘人员经费参照编内人员，确保机构正常运转。

4. 简化人才引进流程，降低空编比例

贯彻落实广州市有关规定，不得擅自提高基层医疗卫生机构入编门槛。对没有广州户籍的专业技术人员，按照有关政策，积极引进人才；对具有广州户籍的专业技术人员，按照广州市有关规定办理。简化基层医疗卫生机构公开招聘人员审批环节，提高审批效率，放宽卫生行业招聘人员的自主权。各区（县级市）建立完善对卫生事业、卫生人才的投入保障机制，结合实际制订招聘计划，解除设置空编的人为限制，努力降低空编比例。

（三）促进全科医生培养培训工作，健全全科医生使用激励制度

1. 规范全科医生岗位设置，实施人员岗位管理和绩效管理

根据《广州市人民政府关于建立全科医生制度的实施意见》，督促各区（县级市）落实全科医生编制，明确要求各区（县级市）按常住人口每万人至少 3 名全科医生的标准配备全科医生编制，并具体落实到基层医疗卫生机构。规范基层医疗卫生机构卫生技术人员岗位设置，明确职责任务、任职条件、培训要求、薪酬待遇、职称晋升、职业发展路径等。

2. 加大全科医生培养力度

制定和实施《广州市全科医生规范化培训项目工作方案》，统筹推进实施 500 名全科医生骨干培养项目和全科医生规范化培训学员项目。加强与有关高等医学院校的协调衔接，逐步提高临床医学（全科方向）专业学位研究生招生比例，研究探索为基层培养临床医学（全科方向）专业学位研究生的方式充实基层全科医生队伍。到 2016 年，实现城乡每万名居民有 2 名以上全科医生。

3. 研究有利于全科医师发展的鼓励政策

落实规范化培训的全科医生入编政策和流动政策，明确全科医师职称晋升、职业发展前景，建立全科医生管理、使用、执业等工作机制和激励政策，打造有吸引力的全科医生岗位，吸引高素质的人才到基层机构服务。

4. 进一步完善全科医生岗位聘用和管理制度

严格全科医生岗位设置，加强全科医生准入管理。试行全科医生与居民建立契约服务关系。通过构建医联体，逐步建立分级医疗和双向转诊机制，不断拓宽全科医生的职业发展路径。

（四）探索设立分级诊疗路径，推进社区首诊双向转诊

1. 建立引导社区首诊、分级诊疗的激励机制

通过医联体医保支付管理试点，发挥医疗保险的支付杠杆作用，引导群众建立合理有序的就医习惯，提高居民对基层医疗服务利用率。

2. 通过启动医联体试点工作，建立医疗资源共享工作机制

其中包括建立通畅的双向转诊、分级诊疗路径；建立医联体内部检验、影像诊断、消毒供应等资源共享机制，共享医疗资源，提高医疗服务体系的整体运作效率，为群众提供分级、连续、节约、高效的医疗服务。

3. 提高基层医疗机构的技术水平

加强上级医疗机构对基层医疗机构的技术指导和人员培训，着力提高基层医疗机构特别是社区卫生服务中心的诊疗水平，促进就医下沉。

（五）完善绩效工资制度和绩效考核机制，提高服务效率

1. 加强区域统筹

在平稳实施绩效工资的基础上，完善基层医疗卫生机构绩效考评，发挥绩效工资的激励导向作用，合理拉开收入差距。在部分基层医疗卫生机构开展试点，通过搞活内部分配来调动人员积极性。对绩效考核优秀的单位可适当增加绩效工资总量，用于奖励性绩效工资发放。

2. 进一步完善绩效考评方案

加强奖励性、基础性绩效相关政策指导，充分利用现有的绩效工资制度，研究科学、合理的考评机制，调动人员积极性。

3. 鼓励先试先行

允许区（县级市）申请试点开展政府办的社区卫生服务机构绩效工资创新改革，如基层医疗机构收支结余部分可按适当比例返还，用于改善待遇，调动医务人员积极性；探索建立中心主任工资与机构考评挂钩的机制。

（六）调整基层医疗卫生机构基本药品目录范围

针对基本药物目录满足不了基层需求的实际情况，对照国家 2012 版目录、

广东省 2013 版目录，适时研究制订国家、省基本药物目录以外广州市基层医疗卫生机构可以增加使用的药品目录，最大限度地满足基层的用药需求。也可以参考安徽省的做法，结合实际，允许基层医疗卫生机构按需增配药品。所增配药品从《广州市基本医疗保险药品目录》中选择，执行基本药物和省补充药品网上采购政策，实行网上采购和零差率销售，增配药品销售金额不得超过每月总销售金额的 10%。

（审稿：蒋余浩）

B.10

广州地区大学生基本医疗保险
认知与满意度调查*

梁萍萍　白丽萍　陈继芳　黄海荣　姜仁仁**

摘　要：

了解大学生基本医疗保险的认知程度、满意程度和影响满意度的因素。采用整群随机抽样方法选取广州地区四所高校进行问卷调查。大学生的总体参保率不足90%；48.3%的学生对大学生医疗保险基本不了解；年级、户籍、经济来源、对医保政策的知晓程度对大学生医疗保险满意度都有显著影响。大学生对医疗保险的认知程度与满意度都普遍偏低，政府应加大宣传力度，改进政策，简化报销和转诊程序，提高待遇水平，吸引更多学生参保。

关键词：

大学生　医疗保险　参保现状　认知程度　满意度

广州市大学生纳入城镇居民基本医疗保险制度于2008年开始实施，至今已有五年。大学生是社会的一个特殊群体，是城镇居民医疗保险的重要参保人群，了解和掌握大学生对医疗保险的参保现状、认知情况，评价参保学生对医疗保险的满意度以及分析影响满意度的因素，借此提出对策建议，将有助于推进城镇居民医疗保险政策的调整和完善。

* 本文系基金项目：广东省哲学社会科学"十一五"规划2010年度学科共建项目"卫生政策伦理研究：基于价值观的视角"（编号：GD10XZX01）成果；"广州市医学伦理学重点研究基地"成果。

** 梁萍萍、白丽萍、陈继芳、黄海荣、姜仁仁，广州医药大学卫生管理学院。

一　对象与方法

（一）对象

采取整群随机抽样的方法，在广州市抽取 4 所高校（包括广州医科大学、广东药学院、华南师范大学以及广东工业大学）各个年级的学生进行问卷调查，共发放 1140 份问卷，回收有效问卷 1039 份，问卷有效率为 91%。

（二）方法

自行设计调查问卷，调查内容主要包括大学生的基本信息、大学生对医疗保险的了解情况以及对医疗保险的满意度评价等方面。调查表中涉及参保人员主观评价和判断的指标，采用李克特点评分表，分为非常满意、满意、一般、不满意、非常不满意等 5 个等级，分别用 5、4、3、2、1 代表。

（三）统计分析

所收集的数据用 Epidata3.1 建立、存放及转换数据，用 SPSS Statistics 13.0 进行数据分析，采用的统计方法有一般描述性分析、t 检验、方差分析，以 $\alpha = 0.05$ 为假设检验的显著性水平。

二　结果

（一）人口统计情况

调查结果显示，被调查的 1039 名学生中男生 412 名，占 39.7%；女生 627 名，占 60.3%；来自农村的学生有 558 名（53.7%），城镇学生有 481 名（46.3%）。大一年级学生 176 名（16.9%），大二年级学生 221 名（21.3%），大三年级 253 名（24.4%），大四年级 194 名（18.7%），研究生 195 名（18.8%）。接受调查的 1039 人中，有 838 人（80.7%）参加了大学生医疗保险，具体情况如表 1 所示。

表1 样本基本情况

单位：人，%

项目	变量	频数	比重
性别	男	412	39.7
	女	627	60.3
户籍所在地	农村	558	53.7
	城镇	481	46.3
年级	大一	176	16.9
	大二	221	21.3
	大三	253	24.4
	大四	194	18.7
	研究生	195	18.8
主要经济来源	父母或亲戚	851	81.9
	奖学金和助学金	53	5.01
	兼职赚取	135	13.0
参加医疗保险情况	已参加	838	80.7
	未参加	201	19.3

（二）大学生对基本医疗保险的认知情况

本次调查发现，对大学生基本医疗保险政策基本不了解和不了解的学生占48.3%；不知道个人应该缴费多少的学生占25.4%；不知道政府补助的学生占96.1%；不知道从何时可以开始享受基本医疗保险待遇的学生占90.7%；不知道所在学校每个月的普通门诊基金最高支付额的学生占97.3%；不知道基本医疗保险住院门槛费的学生占98.6%。总体来说，大学生对基本医疗保险的了解程度偏低，如表2所示。

表2 大学生对基本医疗保险的认知情况

单位：人，%

项　　目		频数	比重
了解情况	了解	98	11.8
	一般	335	39.9
	不了解	405	48.3
个人缴费	知道	625	74.6
	不知道	213	25.4

续表

项 目		频数	比重
政府补助	知道	33	3.9
	不知道	805	96.1
何时享受医疗待遇	知道	78	9.3
	不知道	760	90.7
所在学校门诊基金最高支付额	知道	23	2.7
	不知道	815	97.3
住院门槛费	知道	12	1.4
	不知道	826	98.6

（三）大学生基本医疗保险的满意度分析

1. 参保学生总体满意度描述性分析

从调查的结果可以看出，参保学生总体满意度均值为 2.91，表明参保学生对于大学生基本医疗保险制度满意度较低。其中有 16.5% 的参保学生对总体满意度评价不满意，表示非常不满意和一般的分别占到参保学生的 5.6% 和 60.3%，而表示满意和非常满意总共占到 17.6%。

2. 总体满意度的人口统计变量分析及其结果

（1）性别对总体满意度的独立样本 t 检验。按照性别将样本分为男女两组，对两组总体满意度均值进行双样本 t 检验，结果见表 3。由表 3 可知 P 值 = 0.950，即参保学生的性别对总体满意度的影响无显著差异。

表 3 性别独立样本 t 检验

单位：人

性别	频数	总体满意度均值	方差	标准差
男	334	2.92	0.838	0.046
女	504	2.91	0.733	0.033

（2）户籍所在地独立样本 t 检验。按照户籍所在地将总样本分为农村和城镇两组，对两组总体满意度均值进行独立样本 t 检验，结果见表 4。由表 4 可

知 P 值 = 0.009，表明假设不成立，即参保学生的户籍所在地对总体满意度的影响有显著差异。城镇户籍的学生对医疗保险的总体满意度高于农村户籍的学生，但是两组的总体满意度偏低。

表4　户籍所在地独立样本 t 检验

单位：人

户籍所在地	频数	总体满意均值	方差	标准差
农村	438	2.85	0.764	0.036
城镇	400	2.99	0.784	0.039

（3）年级对参保学生总体满意度的方差分析。由表5可知，不同年级的参保学生的总体满意度有显著的统计学差异（P 值 = 0.000），这说明不同年级是影响参保学生总体满意度的因素之一。由不同年级参保学生总体满意度均值可以看出，在同等学历下，随着年级的提高，参保学生的总体满意度逐渐下降。

表5　不同年级参保学生总体满意度均值方差分析

单位：人

年级	频数	总体满意度均值	方差
大一	173	3.21	0.576
大二	214	2.98	0.725
大三	149	2.78	0.743
大四	144	2.63	0.697
研究生	158	2.88	0.986

（4）经济来源对参保学生总体满意度的方差分析。由表6可知，不同经济来源的参保学生的总体满意度有显著的统计学差异（P 值 = 0.000），即不同经济来源是影响参保学生总体满意度的因素之一。从不同经济来源参保学生总体满意度均值可以看出，经济来源于父母或亲戚的参保学生总体满意度较高，兼职赚取的参保学生满意度最低。

表6　不同经济来源参保学生总体满意度均值方差分析

单位：人

经济来源	频数	总体满意度均值	方差
父母或亲戚	705	2.98	0.727
国家奖学金和助学金资助	36	2.97	0.878
兼职赚取	97	2.43	0.912

（5）不同政策知晓程度参保学生总体满意度的方差分析。由表7可知，不同政策知晓程度的参保学生的总体满意度有显著的统计学意义（ P 值 = 0.000），即不同政策知晓程度是影响参保人员总体满意度的因素之一。其中了解医保政策的参保学生的满意度均值最高，不了解医保政策的满意度最低。

表7　不同知晓程度参保学生总体满意度均值方差分析

单位：人

知晓程度	频数	总体满意度均值	方差
了解	98	3.11	0.702
一般	335	2.98	0.732
不了解	405	2.81	0.814

三　讨论

（一）大学生的参保率偏低

根据本调查结果，被调查的大学生参保率只有80.7%，而根据丁宇峰等调查结果显示，2010年广东省大学生的总体参保率仅有44%。2009年国家和广东省有关文件明确规定：大中专学生参加城镇居民医疗保险的参保率，全国须达到90%以上，广东省须达到95%以上。虽然参保率逐年上升，但是仍未实现大学生医疗保险在高等院校的全覆盖。医疗保险制度遵循"大数法则"，覆盖人群规模越大，保险基金抵御风险的能力就越强，制度才能实现可持续发展。参保率低的原因主要有四：一是大部分学生自认为身体健康，从未考虑过要参加医疗保险，保险意识低；二是政策的实施效果不好，保障范围有限、报销手续烦琐、转诊流程和时间冗长等都让年轻气盛的大学生失去耐心；三是部分高校没有采取由学校统一代缴保险费的方法，由学生自行去银行缴费。大学生的风险意识不强，保险意识薄弱，一旦错过了缴费时间就极有可能不再缴费，从而造成参加保险比例更低；四是学校经办部门的宣传效果不佳，另外，学校相关工作人员责任的缺失使大学生医疗保险在实施过程中遇到了重重困难。

（二）大学生对医疗保险政策的认知程度低

调查结果显示，大学生对医保政策的了解程度低，还有 25.4% 的学生不知道自己每年交多少钱，有 90.7% 的学生不知道从何时可以享受医疗保险待遇，知道每月普通门诊最高支付额的学生更少，这造成大学生对医保政策的认知程度比较低，除了学校医保相关部门的宣传工作不佳外，还有部分学生持大学生医疗保险基本无用的观点，缴费纯粹是响应学校的号召，如果不缴费，学校要求学生出示参加相关医保的证明文件，这让部分学生觉得每年交 100 多元并不是很多，但实际的报销补偿人次少，说明部分学生为了避开烦琐的报销程序，小病宁愿自掏腰包，进一步加深了大学生对医保的误解。

（三）影响大学生对医疗保险的满意度低下的因素分析

调查结果显示，除性别外，年级、户籍所在地、经济来源、对医保政策的知晓程度都对大学生医疗保险满意度评价具有统计学意义。大学生对基本医疗保险的满意度随着年级的增高而降低的概率较大，这可能是由于年级越高的学生，在校时间越长，生病就诊的次数也越多，但由于学校没有组织开展有效的宣传教育，学生对医疗保险的具体细节，如就诊流程、转诊程序、报销手续等都不是很清楚，在就医过程中没能很好地享受到医疗保险的待遇，导致满意度降低。

新型农村合作医疗保险制度和城镇居民基本医疗保险制度分别从 2003 年、2007 年开始试点实施，新型农村合作医疗无论是缴费标准还是住院统筹待遇标准都比城镇居民基本医疗保险低，大学生基本医疗保险属于城镇居民基本医疗保险体系之一，门诊待遇标准、住院补偿比例等比非从业居民和老年居民高。来自农村的大学生从参加新农合转移到参加大学生医疗保险，虽然待遇标准提高了，但满意度仍低于来自城镇的大学生，原因可能是心理落差问题，来自农村的学生对大学生基本医疗保险抱的期望比较高，实际的实施效果不佳，造成了一定的心理落差，进而导致了对医疗保险的不满意。

调查结果显示，政策知晓程度与满意度呈正相关关系，对医疗保险政策比较了解的学生，对门诊待遇、住院补偿比例、转诊报销程序方面都持比较认可的态度，知晓者满意度高。

（四）提高大学生基本医疗保险满意度的措施

以上对影响因素的分析，首先可以归结于医保经办部门的宣传教育职能的缺失。正是由于宣传教育工作的严重滞后，很多学生对医疗保险中的诸多问题一知半解，以至出现了无论学生是否已经参保，均难以从中获益的情况。虽然在校大学生医疗保障的体系和政策具有一定的复杂性，但作为受过高等教育的在校大学生，掌握这种复杂程度的信息并不困难。因此在完善大学生医保制度之前，社会和学校一定要做好大学生医保的宣传和推广工作，让更多的大学生、更多的家庭切实体会到大学生医保的重要性，主动了解新医保，积极参加医保。

其次要改进政策，简化报销和转诊程序，尽量做到实时实地能报销，随时随地能转诊。很多高校都设置了报销时段和时限，逾期不候，导致很多学生没有享受到应有的待遇，甚至造成先垫付了药费的学生生活困难。还有夜间和假期无法从学校定点医疗机构及时转诊，产生的就诊费用就无法报销，也造成学生生活不便。想要简化大学生医疗费用的报销程序，首先应建立类似于城镇职工医保的个人账户机制，学生在就医或购药时无论普通门诊还是住院只需凭医疗卡支付个人承担部分，其余医疗费用则由统筹基金直接结付，这样可以及时发挥医疗保障功能。转诊方面，应因病制宜，各个学校应根据校医室的实际诊疗水平制定相关政策，超出诊疗范围内的疾病即使没有通过校医室转诊也应给予及时报销。

最后在不影响基金平衡的基础上，适当提高待遇水平。在大学生医保未实

施前，曾有报道称某大学学生公费医疗年人均费用甚至只有12元，而现在缴纳的保险费每人就需120元，报销还有相应的门槛。现在看病贵，贵的不仅仅是药，还有检查费，有时检查费甚至高于药费。如今的大学生医疗保险规定只能报销药费已经远远满足不了学生的卫生服务需求，因此政府应不断加大对大学生医保的投入力度，适当降低报销门槛，扩大报销范围，例如连云港市对城镇居民基本医疗保险进行调整，将学生、儿童的医保政策待遇标准进一步提高，包括普通门诊费用报销、重大疾病报销比例提高，校园意外门诊费用报销，医疗费用报销不封顶等，都是值得推广的政策。

总之，政府主管部门与高校之间应建立有效的沟通机制，对高校提出的建议进行可行性探讨，并在高校中加大大学生医疗保险工作的宣传力度，只有坚持以政府为主导，以提高大学生的医疗保障水平为目标，以高校为宣传中心，才能提高大学生的保险意识，才能提高医保的参保率，进而提高大学生基本医疗保险的满意度。

参考文献

丁宇峰、吴维娜等：《广东省大学生医疗保险存在的问题及其对策》，《上海保险》2012年第9期。

崔仕臣：《社会医疗保险便携性机制探析》，《医学与社会》2011年第1期。

陈君程、陈新宇等：《大学生城镇居民基本医疗保险满意度的累积Logit模型拟合》，《东方企业文化》2012年第17期。

许辉、方鹏骞、陈萍等：《新医改背景下武汉市医学院校大学生医疗保障认知和评价状况分析》，《医学与社会》2012年第1期。

王聪、郭立华、王有洪：《大学生如何看待大学生医保的调查报告》，《管理改革评论》2009年第10期。

刘彩、王健：《大学生纳入城镇居民医疗保险分析：以青岛市为例》，《中国卫生经济》2010年第6期。

高春萍、杨瑞东等：《大学生医疗保险过渡期存在的问题及建议——以北京、深圳两地大学生医疗保险为例》，《兰州教育学院学报》2012年第8期。

（审稿：陈骥）

广州市城乡居民社会养老保险
可持续发展研究

白铭文 *

摘　要：

本文选取广州市农村建制 7 个地区的 100 条村进行实地调研，发现目前广州市存在养老金的水平偏低、投资渠道单一难保值、基层平台建设缓慢等问题，长期来看，广州市城乡居保基金可持续发展受到影响，本文进而提出针对性建议。

关键词：

城市居民社会养老保险　可持续发展　指标

民生是广州走新型城市化发展道路的重心所在，城乡居民社会养老保险制度的建立作为民生的重点工程，如何在制度设计、经济基础、社会支持方面实现可持续的科学发展，对于建设幸福广州具有非常重要的推进作用；另外，城乡居民社会养老保险可持续发展有利于更好地满足城乡老年人口的养老需求，解决城乡养老问题，促进城乡的稳定与发展；有利于解除城乡居民的后顾之忧，加快城乡经济的发展；有利于养老保险的城乡衔接，促进城乡人口流动，加快城镇化进程；有利于提高城乡居民的生活质量，缩小城乡差距，促进社会的稳定与和谐。因此，在可持续发展思想的指导下来研究广州市的城乡社会养老保险意义重大。

---

* 白铭文：广州市人力资源和社会保障局农村社会保险处。

一　研究背景

（一）国内对农村居民社会养老保险的研究

1. 社会养老保险的定义

社会养老保险又称为老年保险或年金保险，是社会保险中最主要的项目。养老保险的出现是社会发展的需要，也是维护社会稳定的重要措施之一。所谓养老保险是指对政府立法确定范围内的老年人口提供养老补偿，以保障老年人基本生活需要。它是通过建立和健全养老社会保险制度，使所有因年老而丧失劳动能力的人群都能获得基本生活保障，安度晚年。养老保险具有强制参加、社会化管理、资金来源广泛等基本特征。

2. 国内社会养老保险的研究重点

我国政府在20世纪90年代初步建立了农村社会养老保险制度，到目前为止，农村社会养老保险已有近20年的历史。国内理论界对农村社会养老保险制度的研究主要集中在农村社会养老保险制度建立的必要性和可行性、存在的问题、政策建议及模式选择等几个方面。

（1）农村社会养老保险制度建立的必要性

对于这个问题，学者们一致认为当前我国建立农村社会养老保险制度是十分必要的。学者们主要从以下几个方面论述农村社会养老保险制度建立的必要性：一是农村人口老龄化严重；二是家庭养老面临严重挑战；三是土地的养老功能弱化；四是社区养老能力薄弱；五是加快农村城市化进程的要求。

（2）农村社会养老保险制度建立的可行性

理论界对此问题的认识有两种不同的观点。第一种观点认为，当前形势下，建立健全我国的农村社会养老保险制度是不可行的。有学者认为我国经济发展水平低，没有达到建立城乡社会养老保险制度的水平；认为政策条件与现实状况没有达到建立城乡社会养老保险制度的要求。第二种观点认为当前形势下，建立健全我国农村社会养老保险制度是切实可行的，理由有如下几个方面。一是经济发展水平提高，达到了建立农村社会养老保险制度的水平；二是国家财政支持力度加大；三是农民的经济实力提高。

（3）农村社会养老保险制度存在的问题分析

理论界学者指出农村社会养老保险存在的问题有：一是思想认识上存在误差。首先是城乡居民思想认识上存在误差，参保积极性不高；其次是政府重视不足，财政仍然对城乡支持力度不大。二是制度设计上存在缺陷。首先是农村社会养老保险存在制度上的不稳定性；其次是现行的农村社会养老保险缺乏应有的社会性和福利性；再次是城乡社会养老保险的保障水平比较低。三是城乡社会养老保险制度管理运作不规范。首先是城乡社会养老保险管理机构不健全，管理机构混乱；其次是城乡社会养老保险基金管理体制存在漏洞；再次是制度实施、执行不规范。

（4）农村社会养老保险制度建立健全的政策建议

一是加大宣传力度，提高思想认识。首先是提高城乡居民的参保意识；其次是政府要引起重视，加大对城乡的扶持力度。二是设计合理的农村社会养老保险制度。涉及个人账户管理与建立灵活的个人账户两个方面。三是进行科学规范的管理和运作。首先是建立健全管理机构；其次是科学的基金管理和运作。

（二）广州市城乡居民社会养老保险基本情况分析

1. 城乡居民社会养老保险基本情况

（1）城乡居民社会养老保险的历史发展情况

广州市从 2006 年开始农村居民养老保险试点工作，2006 年根据市委、市政府关于加快城镇化进程的工作要求，针对从城乡接合部农业户籍转为居民户籍的居民，出台了对于农转居人员的养老保险办法，即《广州市农转居人员养老保险试行办法》（穗府〔2006〕21 号），但仍保留农村户籍的居民在养老方式选择上还局限于传统家庭养老方式，直到国家在 2007 年开展被征地农民养老保险试点工作后，广州市按照国家和省的政策，在 2008 年先后出台了《广州市被征地农民养老保险试行办法》（穗府〔2008〕12 号）和《广州市农村居民社会养老保险试行办法》（穗府〔2008〕54 号）；同时在 2008 年 9 月出台印发了保障城市户籍无养老保障老年居民的《广州市城镇老年居民养老保险试行办法》（穗府办〔2008〕48号）。2010年10月，广州市根据《社会保险法》及省有关建立新农保的指导意见，整合原被征地农民养老保险办法和农村居民社会养老保险办法，印发了《广州市新型农村社会养老保险实施办法》（穗府办〔2010〕80号），全面实施新型农村社会养老保险。2012年8月，为统筹城乡无就业居民的养老保险办法，广州市率先在全省整合新型农村社会养老保险和城镇老年居民养老保险办法，出台了《广州市城乡居民社会养老保险试行办法》（穗府办〔2012〕34号），将全市户籍的城乡居民（含渔民）统一纳入该《办法》，真正实现了无就业居民社会养老保险的全覆盖。

（2）关于广州市城乡居保制度的基本内容

保障范围。具有本市户籍、年满16周岁（不含在校学生）、不符合城镇企业职工基本养老保险参保条件的、未享受城镇企业职工基本养老保险待遇以及国家规定的其他养老待遇，也未按有关规定继续缴纳或一次性缴纳城镇企业职工基本养老保险费的非从业城乡居民，可以按新制度在户籍所在地自愿参加城乡居民养老保险。对于灵活就业人员，鼓励他们参加城镇企业职工基本养老保险，缴费确有困难的，也可以自愿参加城乡居民养老保险。据统计，城乡居保制度将惠及广州市236万城乡居民。

筹集渠道。城乡居保制度采取个人缴费、集体补助和政府补贴相结合的筹资方式，参保人根据自身经济承受能力选择不同的缴费档次缴纳城乡居保的社保费，鼓励村集体经济组织给予参保人适当的补助，政府分别给予相应的补贴。

筹集标准。一是个人缴费每月标准分别为：10元、30元、50元、70元、90元、110元和130元。二是村集体经济组织每月补助标准分别为：5元、10元、20元、30元、40元、50元和60元。三是政府根据参保人个人缴费标准给予每月的补贴分别为：15元、35元、50元、60元、70元、75元和80元，同时，根据村集体经济组织补助标准给予每月的补贴分别为：5元、10元、20元、25元、30元、35元和40元。

待遇水平。城乡居保办法的养老金由基础养老金和个人账户养老金两部分组成。基础养老金由政府全额出资，标准为每人每月130元，个人账户养老金的月计发标准为个人账户储存额除以计发月数。经测算，参保人累计缴费15

年后，养老金水平可达175~531元，个人缴费回报率在2.8~11.7倍。同时，为体现城乡社会养老保险制度的公平性，城乡居保办法探索建立丧葬抚恤费制度，参保人领取养老金后死亡，可获得2600元的丧葬抚恤费。

激励措施。针对中青年参保人不愿早参保的问题，城乡居保办法在待遇计发环节进一步加大了参保人缴费累计超过15年后的激励力度，规定参保人缴费累计年限超过15年的，每超1年，加发的基础养老金由新农保政策规定的1.56元提高至6元，从而引导年轻人早参保、多缴费，以获得更高水平的养老保险待遇。

征缴方式。城乡居保办法继续沿用广州市原新农保的社保费征缴管理体制，社保费由社会保险经办机构全责征收，有利于减少征缴环节，提高服务管理效能。

防范风险机制。建立地方统筹准备金，由市人民政府按上年度城乡居民社会养老保险费征集总额（含政府补贴）的5%建立，并划入财政专户，当地方统筹准备金积累额达到上年度城乡居民社会养老保险费征集总额的20%时，当年不再注入资金。

（3）广州市城乡居民社会养老保险工作进展

自全面实施广州市城乡居民社会养老保险制度以后，全市积极推进城乡居保工作并取得了显著成效。截至2013年9月底，广州市共有122万城乡居民参加了广州市城乡居民社会养老保险，城乡居保参保率达到99.8%。全市约有42万人享受城乡居保待遇，城乡居保平均养老金496元/月。至此，广州市已实现了统筹城乡全体居民的社会养老保险制度从"制度全覆盖"迈向"参保对象全覆盖"的目标。

根据国家制度方面的设计，城乡居民社会养老保险制度与城镇企业职工保险制度的衔接办法正在征求意见过程之中，具体发展内容和趋势见图1。

2. 广州市城乡居保制度与我国其他中心城市的比较

（1）缴费和待遇水平方面

广州市：低进低出，统账结合，按月缴费。个人缴费，村集体给予补助，政府给予补贴，都分为7个档次，所有资金都进入参保人个人账户。其中，个人缴费从10元到130元依次提高；村集体给予补助标准为10~60元，政府补

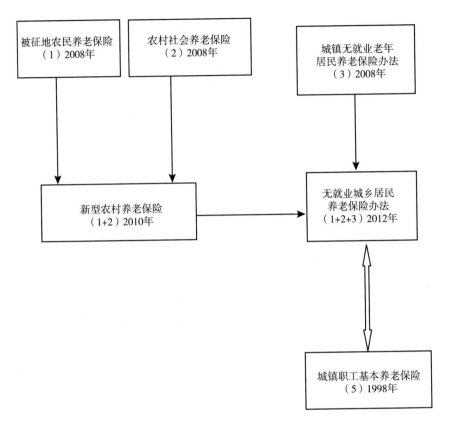

图1 广州市城乡居民社会养老保险制度发展趋势

贴20~120元。养老金中基础养老金为150元/月，缴费参保人群人均养老金496元/月。

北京市：最低缴费标准为本市上一年度农村居民人均纯收入的9%。参保人员可根据经济承受能力提高缴费标准，最高缴费不得超过本市上一年度城镇居民人均可支配收入的30%。

基础养老金是在参保人领取待遇时由政府补助的财政性资金，标准全市统一，为每人每月390元。

天津市：以上年本市农民人均纯收入为缴费基数，可以分别按照5%、10%、20%、30%的比例按年缴费。有缴费补贴，只要城乡居民参保缴费，政府就给予每人每年30元的缴费补贴，基础养老金为200元。

深圳市：城镇居民养老保险个人缴费标准设定了每年500元、700元、

900 元、1100 元、1300 元、1500 元、1700 元、1900 元、2100 元、2300 元 10 个档次。对应这 10 个缴费档次，政府补贴标准分别是每年 200 元、250 元、300 元、350 元、400 元、425 元、450 元、475 元、500 元、525 元。基础养老金为 300 元。

重庆、武汉：缴费水平基本与国家新农保办法中的缴费水平一致，每年 100～1000 元，政府补贴标准 30 元/年，基础养老金分别为 80 元/年和 100 元/年。

苏州：基础养老金标准每人每月为 130 元。政府对符合领取条件的参保人员全额支付基础养老金，并对参保人员缴费给予补贴，补贴标准每人每年不低于 100 元，缴费标准目前按每人每年不低于 500 元标准设定档次。

杭州：缴费标准为每年 100 元、300 元、600 元、900 元、1200 元、1500 元 6 个档次。选择 100 元缴费档次的，每人每年补贴 50 元，每提高一个缴费档次，增加 10 元。杭州市区基础养老金标准为每人每月 90 元。

成都：低进低出，统账结合（小统筹、大账户）。相对于城镇职工基本养老保险，其缴费门槛更低，有 5 个档次。缴费时按上一年度全省在岗职工平均工资的 10%、20%、30%、40%、50% 计算，供参保人选择，适应不同收入群体的需要；费率为 12%，账户按参保人缴费基数的 8% 建立，统筹部分为 4%；基本养老金由基础养老金和个人账户养老金构成，基础养老金 = 本人指数化月平均工资×缴费年限×1%，个人账户养老金计发办法与城保一样。在达到退休年龄领取养老金的基础上，再按四川省政府规定标准每月补贴基础养老金（55 元/月）。16～60 周岁的农村居民，本人缴费期间政府按缴费基数的 2% 逐月或逐年补贴，补贴金额从 50 元至 250 元不等。

小结：目前广州市城乡居保基础养老金水平为 150 元/月，平均养老金水平为 496 元/月，通过与国内中心城市及部分省会城市的比较发现：广州市城乡居保缴费水平、政府补贴标准和总体养老金水平位居前列，比上海低，比北京、天津、深圳、南京、武汉等城市都要高，但基础养老金远低于上海、北京、珠海、深圳和南京（见表 1），城乡居保基础养老金由政府财政全额负担，是代表城乡居民享受政府发展成果程度的指标之一，广州作为国家"中心城市"亟须相应提高该标准。

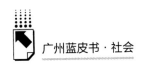

表1　国家主要城市及部分省会城市城乡居保养老金水平比较

单位：元

地区	基础养老金	平均养老金	与广州基础养老金比较	与广州平均养老金比较
广州	150	496	—	—
北京	390	480	240	−16
上海	440	540	290	44
大连	150	270	0	−226
天津	200	330	50	−166
青岛	110	200	−40	−296
合肥	70	84	−80	−412
宁波	170	235	20	−261
南京	245	461	95	−35
杭州	110	156	−40	−340
福州	55	70	−95	−426
重庆	80	86	−70	−410
成都	无	1219	无	723
武汉	120	320	−30	−176
济南	70	84	−80	−412
深圳	300	350	150	−146
珠海	330	516	180	20

注：成都市城乡居保已纳入城镇职工社保体系，统一按企业退休办法计发并调整养老金。

（2）与城镇职工养老保险办法衔接方面

《国家衔接办法（征求意见稿）》："城乡居民"与"城镇职工"两大险种之间可以互转，但个人账户合并，如城镇职工转移到城乡居民缴费年限可以合并计算，但城乡居民转移到城镇职工则不能合并计算。

广州市："城乡居民"与"城镇职工"两大险种之间可以互转，但个人账户合并，如城镇职工转移到城乡居民缴费年限可以合并计算，但城乡居民转移到城镇职工则不能合并计算。

北京市、天津市、杭州市：个人账户合并，缴费年限按转入时当年当地的平均缴费额折算。

成都市："城乡居民"与"城镇职工"两大险种之间可以互转，个人账户和统筹基金全额转移，缴费基数、缴费年限按对应月份所交的保费换算，换算后，前后连续计算。

小结：广州市现在施行的城乡居保与城镇职保之间的衔接办法基本与国家征求意见稿一致，下一步建议广州市按照国家衔接办法正式文件，积极落实。

二 广州市城乡居民养老保险可持续发展的概念与衡量标准

（一）可持续发展的含义

本文认为可持续发展是指在一系列制度安排和政策机制约束下，社会各系统以及各子系统之间相互协调、相互依存，满足每一代人平等地获得资源和机会的需求，同时保证既满足当代人的需要，又不对后代人满足其需要的能力构成危害的一种永续发展模式。

对此概念应该从纵向和横向两个方面来理解，从横向来看，可持续发展主要指社会各系统及各子系统之间的相互协调、相互依存，如果牺牲某一个系统而换回另一个系统的发展就不会做到发展的可持续性；从纵向来看，可持续发展主要指代际间的平衡性，各代与代之间要适度合理地开发利用资源，不能为了满足当代人的利益而威胁到下一代人的利益需求，如果不能做到代与代之间的平衡就很难做到可持续发展。

（二）城乡居民社会养老保险可持续发展的概念界定

目前学术界关于养老保险可持续发展的概念中，比较有代表性的观点：一是认为完善养老保险制度、提高管理效率、实现养老保险的可持续发展是我国当前和今后必须应对的难题；二是认为养老保险可持续发展是指在养老保险缴费率维持在人们可承受限度的前提下，实现替代率的基本不变或适当提高；三是认为养老保险可持续发展是指既要解决当前已达到退休年龄的老人的养老问题，又要考虑在职一代在未来的养老问题。

具体而言，养老保险制度可持续发展是指养老金的筹集与发放要兼顾养老金的支付能力，不能靠牺牲养老金的未来支付能力来满足即期支付能力；要兼顾当代人与后代人的养老问题。另外，养老金的筹集必须充分考虑养老保险基

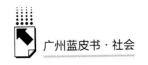

金承担者的承受能力，即国家、企业或单位、个人三者的承受能力，即发展养老保险事业要兼顾经济和社会的可持续发展，不能超越社会经济的发展状况，否则将不利于社会经济的可持续发展。

（三）城乡居民社会养老保险可持续发展的衡量标准

城乡社会养老保险可持续发展是一项复杂的系统工程，城乡社会养老保险可持续发展的指标体系不是一个或几个指标就能全面度量和评价的，需要建立一套科学的可持续发展指标体系。本文试图从资金供给、组织管理、保险绩效和代际平衡4个方面进行分析。

1. 资金供给

城乡社会养老保险要想可持续发展，资金供给充足是关键，资金供给指标主要是衡量城乡社会养老保险资金能否持续供给，若资金能够持续供给就会使城乡社会养老保险有坚实的物质基础，城乡社会养老保险可以做到持续发展。否则，就会出现资金供给不足，出现养老保险中断现象，打击城乡居民的参保积极性，阻碍城乡社会养老保险的持续发展。

2. 组织管理

高效的组织管理是城乡社会养老保险可持续发展的重要保障。组织管理指标主要是衡量城乡社会养老保险管理的水平及管理效率，若能够有效对城乡社会养老保险进行管理，将会极大提高城乡社会养老保险运作效率，促进城乡社会养老保险健康持续发展。

3. 保险绩效

城乡居民参保的最终目的是要规避自己的晚年生活风险，因此保险效果的好坏对农民是否有参保积极性影响巨大。保险绩效主要衡量保险的实施效果及保险对参保城乡居民的需求满足程度。

4. 代际平衡

代际平衡是可持续发展公平性原则的重要体现，其主要衡量了代内和代间城乡居民参保及享受保险成果的公平性，代际平衡的城乡社会养老保险既保证了当代人平等地享有城乡社会养老保险的权利，同时还兼顾了当代人与后代人的养老平衡问题。

三 广州市城乡居民养老保险可持续发展实证分析

由于广州城镇就业率高，城市户籍居民基本参加了城镇职工基本养老保险，故广州市城乡居民社会养老保险的参保群体主体是农村户籍居民，为了解农村居民的参保情况及对城乡居民社会养老保险的看法，我们对全市农村居民进行了一次城乡居民社会养老保险的问卷调查。

（一）调查点的选取及问卷情况

我们随机选取了广州市农村建制 7 个地区（白云区、萝岗区、南沙区、番禺区、花都区和增城市、从化市）的 100 条村进行实地调研，并对这 100 条村内的农村居民发放调查问卷，通过近 3 个月的工作，分别采取召开座谈会、入户调查相结合的方法收集数据，共发放《城乡居民社会养老保险调查问卷表》3500 份，回收 3346 份，其中有效问卷 3243 份。

（二）调查样本特征

1. 地域分布

广州市有农村建制的区（县级市）7 个，共 41 个乡镇、1146 条村，此次调查涉及的 100 条村总人口 33214 人。其中 16～35 周岁的 13126 人，占 39.52%；35～60 周岁的 14859 人，占 44.74%；60 周岁以上（含 60 周岁）的 5229 人，占 15.74%。

2. 村集体及家庭经济状况

（1）村集体耕地和土地征用情况

全市 7 个区（县级市）人均耕地面积为 0.60 亩；近 5 年有征地的 35 条村，没有征地的 65 条村。

（2）村民年终人均分红情况

这次抽查的 100 条村中没有分红的共 42 条，有年终分红的 58 条。有分红村中分红 500 元以下的共 48 条村，分红 500 元以上的共 10 条村。

（3）家庭经济收入情况

家庭人均年收入 500 元以下的占 11.9%；500～1500 元的占 39.8%；1500～3000 元的占 25.5%；3000 元以上的占 22.7%（见表2）。

表2　被调查农民 2012 年家庭收入情况

单位：%

家庭人均收入	比例
500 元以下	11.9
500～1500 元	39.8
1500～3000 元	25.5
3000 元以上	22.7

（4）家庭经济收入主要来源

经商务工、种植业和集体分红排前三位，分别占 24.4%、21.2% 和 14.7%，如表3所示。结论：部分村集体已全征地，无地可耕，部分村集体经济比较薄弱，农民生活比较困难。

表3　调查样本经济收入来源

单位：%

收入来源	比例
经商务工	24.4
种植业	21.2
集体分红	14.7
其他	39.7

3. 参加养老保险情况

（1）已参加养老保险的情况

在参与问卷调查的 3243 人中，209 人选择城镇职工养老保险，占 6.8%；326 人选择参加“农转居”人员基本养老保险，占 10.6%；94 人选择商业保险，占 2.9%；39 人选择农村独女夫妇养老保险，占 1.2%，2395 人参加城乡居民社会养老保险，占 78.1%（见表4）。

表4　目前参加保险情况

单位：人，%

参保情况	频数	比例
城镇职工养老保险	209	6.8
"农转居"人员基本养老保险	326	10.6
商业保险	94	2.9
农村独女夫妇养老保险	39	1.2
城乡居民社会养老保险	2395	78.1

注：广州市并未开展农村独女夫妇养老保险，此选项属问卷设计差错。经调查，选择该答案的部分村的独女户群体系由村集体资助按自由职业者身份参加城镇职工基本养老保险的。

（2）各村老年生活费制度建立情况

参与问卷调查的100条村中，共8条村建立了老年生活费制度，其他92条村还没有建立。

4. 养老意愿的选择

在参与问卷调查的3243人中，其中有1712人选择"社会养老保险"，占53%；其余人选择"村组织发放养老金"、"儿女养老"、"个人储蓄养老"或"其他"，占47%（见表5）。

表5　未来养老主要方式

单位：%，人

养老方式	频数	比例
社会养老保险	1712	53
村组织发放养老金、儿女养老等方式	1531	47

5. 对城乡居民社会养老保险的看法和意见

（1）对城乡居民社会养老保险的看法

问卷调查显示，86.8%的人认为"非常有必要"或"有必要"建立城乡居民社会养老保险；86.4%的人认为"非常愿意"或"比较愿意"参加养老保险。

（2）存在的问题及意见

在参与问卷调查的3243人中，其中1060人认为"个人缴费高，自己持续参保困难"，1023 人认为"养老金太低，没法满足未来养老需求"，1006 人认为"经办管理水平低"，分别占 32.7%、31.5% 和 30.8%，这三点是影响参加城乡居民社会养老保险的 3 个最主要因素（见表6）。

表6　参加农村养老保险的看法

单位：人，%

主要困难	频数	比例
个人缴费高，自己持续参保困难	1060	32.7
养老金太低，没法满足未来养老需求	1023	31.5
经办管理水平较低	1006	30.8
其他	153	5

（三）广州市城乡居民养老保险可持续发展综合评价

从调查情况看，广州市农村大部分村集体都有一定的分红，但由于数额小，对农民的帮助有限；另外，由于广州市养老保险制度建立较早，宣传到位，大部分农民的社保意识都比较高，养老金养老与传统子女养老一样深入人心，参保意愿较强，参保率高，除部分人参加了待遇水平较高的城镇职工或农转居人员养老保险，社保问题基本得到解决，大部分人都参加待遇相对较低的城乡居民社会保险，但经济困难，影响缴费的档次进而影响他们的养老金水平，甚至出现不能持续缴费的情况。农村居民仍然认为城乡居保的养老金水平太低，无法满足未来的养老需求；另外，基层平台缺失、经办管理水平低，影响老百姓参保积极性。

因此，尽快厘清当前广州市城乡居民社会养老保险可持续发展的制约因素，并针对存在的问题制订出切实可行的解决方案是当前的主要任务。

四　影响广州市城乡居民养老保险可持续
发展的制约因素分析

按照"以调研促工作"的原则，课题组通过对 100 条村的经济结构状况和收入、农民收入和保障情况、社会保险意识和要求等三方面的情况实地调研，找出了现实存在的问题，主要集中在城乡居民养老需求、城乡居保资金保值增值、经办管理等方面，并分析其原因，下面进行具体分析。

（一）养老金水平不够高，难以保障基本生活

通过调查发现，目前城乡居保养老金水平低于参保群体的普遍期望，尤其是对青年群体缺乏吸引力。作为未来养老的主要保障，养老保险费应与社会经济平均发展水平相适应，而从城乡居保养老金的保障度指标来衡量，即采用（城乡居保养老金数额÷农村居民基本生活需求量）×100% 计算，目前广州市城乡居民养老保险金为 496 元/月和只占 2012 年广州市农村农民可支配收入（16898 元/年）的 34%，占城市居民可支配收入的 14%，与广州市农村低保水平相当，确实谈不上充分满足城乡居民未来养老的需求。

同时，通过国内其他城市和政策制度比较研究发现：第一，广州市城乡居保的基础养老金水平在城市间排位靠后。广州市该项数据已经低于京、津、沪等城市，甚至已被同省的深圳、珠海等城市赶超。第二，广州市城乡居保养老金水平与城镇职工养老金的水平存在很大的"城乡差距"。前后者分别为 496 元/月和 2833 元/月，且城保有制度化的年度调整方法，可能导致两者差距进一步加大。

（二）基金投资限制多，保值增值难

目前，广州市城乡居保基金形成了一定规模，据统计，到 2012 年底城乡居保的基金积累额达上百亿元，但目前广州市城乡居民社会养老保险基金运营模式比较单一，主要是储蓄取息，难以保值增值，这样存在两个弊端：一是对政府而言，大量的政府补贴无法像其他政府资金一样取得投资收入；二是对参保人来说，依靠银行利息的单一保值手段将不足以冲抵通货膨胀的压力，未来实际的养老金可能大幅缩水。这是国内目前社保基金共同存在的问题，在制度管制层面没有放开前，很难有实质性突破。

（三）基层建设仍显不足，管理服务难到位

基层平台建设较弱，影响监管成效，仍需要加强。广州有 230 万农业户籍

居民，这个群体非常庞大，社保意识较薄弱，且居住在农村偏远地方，加上目前缺少管理机构和服务平台，工作难度很大。目前，广州市7个有农保工作业务的区（县级市），设立农保经办机构4个，编制19人，实有12人，属财政全额拨款事业单位。其他区（县级市）未设立专职的农保经办机构，设立的人员编制也过少，难以应对走村串户宣传、动员、参保登记等繁杂的农村社会养老保险工作开展的需要。

随着城市无就业居民纳入城乡居保参保范围，各地需要完成的工作任务进一步加大，这就需要强有力的基层城乡居保服务平台充分发挥作用。但全市除从化市外，大部分地区的城乡居保基层平台建设缓慢，人员编制短缺，随着广州市城乡居民社会养老保险工作的进一步推进，社会保险基层服务平台的薄弱已成为制约广州市城乡养老保险工作的严重不利因素。

五　对策建议

（一）加大财政投入

资金保障是养老保险制度可持续发展的前提和基础，城乡居保制度作为解民忧、纾民困的重大民生工程，政府责无旁贷，应承担主导统筹工作，加大财政投入是建立城乡居民社会养老保险制度的物质保障，也是其顺利实施的基本保证。对于目前城乡居保待遇水平过低的问题，建议广州市把相关研究纳入新型城市化建设的具体施政目标，加强政策调研，加大财政支持，增加财政支出，优化制度配套，将新增财力优先用于民生支出，切实推进城乡居民社会养老保险制度的可持续发展。

（二）建立城乡居保基础养老金正常调整机制

根据广州市社会经济的发展情况，考虑居民消费价格指数、城乡居民收入变化以及城镇职工基本养老保险定期调整比例等因素，建立城乡居保基础养老金正常调整机制，每年提高城乡居保基础养老金水平。

目前，广州市城乡居民社会养老保险平均养老金为496元，而广州市城镇居民最低生活保障线为 540 元，且广州市已建立最低生活保障水平定期调整机制，最低生活保障线随经济发展水平和城乡居民收入变化定期调整。按照社会保障制度安排，城乡居民社会养老金水平不应低于最低生活保障水平，因此，建议建立城乡居民基础养老保险定期调整机制，使城乡居民养老金水平不低于广州市最低生活保障水平。

具体为：2013 年，广州市城乡居保平均养老金为每人 496 元/月，2014～2015 年的城乡居民养老金最高增幅按 10%（城保年度调整比例）的增长率测算，到 2015 年人均增加 60 元/月，广州市城乡居民养老金达到 656 元/月，其中基础养老金达到 210 元/月。经测算，以城乡居保 42 万领取养老金群体计算，2014 年需投入 2.34 亿元，2015 年需投入 2.58 亿元，共需 4.92 亿元，资金来源为广州市地方统筹准备金。

（三）完善城乡居保缴费激励机制

为解决城乡居保年轻群体参保积极性不够的问题，建议建立激励性的参保引导机制，鼓励参保人早参保、多缴费、长缴费、享受更高待遇，允许城乡居保参保人在到达领取养老金年龄前，以 15 年最高档次政府补贴金额为上限，享受超过 15 年缴费对应的政府补贴。

对于年轻群体来说，他们更加愿意选择"低档次、长缴费"的方式参保缴费，因此，其缴费将可能由高档次转为低档次，政府当前投入也会相应减少，政府补贴变为延期投入，减轻财政压力。因此，要求调高缴费档次的，主要是以预缴、趸缴方式缴纳养老保险费的中老年参保人，允许 55～59 岁未来 5 年陆续将达到领取养老金的人员按最高档次调整之前缴费，并获得最高政府补贴，经测算，每年将需要财政增加政府补贴资金 1.67 亿元，2014～2015 年财政需增加投入 3.34 亿元。

（四）实现城乡居保基金保值增值

对于目前城乡居保基金缺乏合理的理财手段、基金难以保值增值的问题，建议在目前基金运营模式的基础上，广州市争取省和国家的政策支持，参照城保基金委托全国社会保障基金理事会运作的模式，创新投资方式，改变城乡居

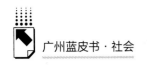
保个人账户养老金现有单纯定期储蓄的做法，尽可能提高基金投资的收益率，为政府财政应对长寿风险、养老金待遇调整减少支付压力，同时基金的投资收益增加，为参保人提供了更高的养老金待遇。

（五）加强基层公共服务平台队伍建设

广州市城乡居保参保群体数量达122万，优质服务是该制度可持续发展的根本。根据国家人力资源和社会保障部《关于按6000名左右的服务对象配置1名工作人员的指导意见》，按照街（镇）辖区内常住人口、辖区面积、用人单位数量、经济社会发展水平等因素，合理配备街（镇）人力资源和社会保障工作人员。建议在广州市各区（县）成立独立的城乡居保经办机构，每个街（镇）设立独立处理城乡居保经办业务人员，总体工作人员约需203人（计算公式：122万/6000人＝203人），在编人员不能满足需要的，可通过设立工作经费，由财政出资向社会购买服务等方式加以解决。

（审稿：李江涛）

社会工作篇

Social Organization

B.12

2013 年广州市社会工作发展现状
分析和 2014 年展望*

广州大学广州发展研究院课题组**

摘　要：

> 2013 年，广州市进一步推进政府购买社会服务，开展社会创新
> 项目建设，加快社会组织有序健康发展，加强对社会工作的组
> 织领导和统筹协调。2014 年广州市将在大力发展经济的同时，
> 继续社会治理创新，切实规范社会组织管理，完善社会组织培
> 育扶持政策，不断提升社会组织服务能力，激发社会组织活力，
> 提升广州市民的幸福感。

关键词：

> 社会工作　政府购买服务　社会管理　广州

---

* 本报告系广东省普通高校人文社会科学重点研究基地广州大学广州发展研究院、广东省教育厅
　　"广州学"协同创新发展中心、广州市教育局"广州学"协同创新重大项目研究成果。

** 执笔人：栾俪云，广州大学广州发展研究院副教授、所长。

一 2013年广州市社会工作发展现状分析

（一）社会创新建设取得突破，获全国社会管理最高奖项

广州市高度重视社会管理创新，并为此进行了不懈的努力和探索。2011年以来，广东省社工委征集了三批共100个省社会创新观察项目。2013年，为进一步推动创建工作，广东省社工委启动了省第二批46个项目的"社会评议"工作，以网络问政的方式进行评议。广州共有9个项目，包括越秀区外国人服务与管理、南沙区社会管理创新综合试点项目、非公有制企业民商事纠纷调处机制建设、省红十字会的贫困先心病儿童救助项目等。

2013年广州市获通报表扬并被授予全国社会管理综合治理"长安杯"奖项，这是全国社会管理综合治理工作的最高奖项。获得参评资格的城市，必须是连续三次以上（含三次、每四年一次）受到表彰的全国社会管理综合治理先进集体、优秀地（州、盟）、全国平安建设先进县（市、区、旗）。这表明广州在社会治理方面，坚持系统治理、依法治理和综合治理，把握群众利益诉求点，协调平衡利益关系，有效预防和化解了社会矛盾。

（二）稳步推进政府购买社会服务，充分发挥市场的作用

广州的政府购买社会服务走在全国前列。从2009年开始，每年以政府购买服务试点的方式推进改革。2011年，出台《关于加快街道家庭综合服务中心建设的实施办法》，规定全市132个街道在2012年6月前全部建成家庭综合服务中心，按每年200万元服务经费的标准，通过政府购买社会服务的方式委托社会组织机构运营。2012年广州投入2.6亿元全面铺开政府购买服务建设家庭综合服务中心工作。

2013年广州市加快家庭综合服务中心的建设和管理工作。截至2013年12

月底，广州社区服务网的家庭综合服务中心数量已达到 166 个（见图 1）。其中，海珠区、白云区、天河区、萝岗区、增城市在 2013 年有新增加的项目，萝岗区由 2012 年的 7 个增加到 16 个。

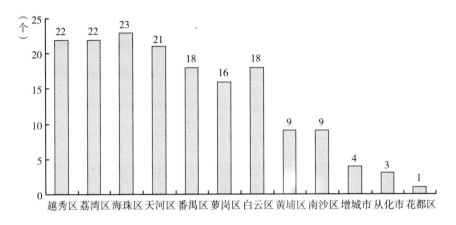

图 1　广州市各区建立家庭综合服务中心数量

资料来源：课题组根据广州社区服务网统计得出。

广州市还积极开展向各类社会组织购买服务工作。2013 年 7 月，广州市财政局《关于印发〈广州市本级政府向社会组织购买服务目录（第一批）〉的通知》，完善政府向社会组织购买服务机制，广州市财政局负责定制政府向社会组织购买服务目录的工作，监督、指导各有关单位依法开展购买服务工作，做好资金管理、监督检查和绩效评价工作；广州市编办、市社工委、市发展改革委、市民政局、市监察局、市审计局按照具体分工，落实责任。2013 广州市本级政府向社会组织购买服务，在五大类的 46 个分类中开展 140 项政府购买服务（见表 1）。

在广州市政府购买服务中，与居民密切相关的"基本公共服务事项"和"社会事务服务事项"一共有 75 项具体的政府购买服务，占全部购买服务的 46.4％。其中"社工服务类"包括"社工服务规划和政策研究服务"、"政府组织的社工人才的培养"、"政府委托社工服务项目的组织实施"、"社工队伍监督管理的辅助性工作"、"其他政府委托的社工服务"等。

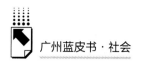

表1　广州市本级政府向社会组织购买服务目录

	一级目录	二级目录	三级目录		一级目录	二级目录	三级目录
1	基本公共服务事项	教育类	6	4	技术服务事项	科研类	6
		医疗卫生类	2			行业规划	2
		文化类	1			行业规范	2
		体育卫生类	5			行业调查	4
		住房保障类	5			行业统计分析	2
		社会保障类	4			资产评估	2
		公共就业类	7			检验、检疫、监测	3
		人才服务类	6	5	政府履职所需辅助性和事务性事项	监测服务	2
		服务三农类	6			其他	1
2	社会事务服务事项	资源环境类	4			法律服务	5
		其他	1			课题研究	3
3	行政管理与协调事项	社会救助类	5			政策调研、草拟、论证	2
		法律援助类	2			会议、经贸活动和展览服务	4
		社工服务类	5			监督	2
		社会福利类	3			评估	2
		公益服务类	2			绩效评价	2
		人民调解类	1			工程服务	4
		社区矫正类	2			项目评审	5
		宣传类	3			咨询	1
		其他	1			技术业务培训	1
		行业资格认定和准入审核类	3			审计服务	3
		处理行业投诉	2			其他	1
		其他	1				

（三）召开慈善项目推介会，发挥慈善事业的积极作用

广州市重视慈善事业发展，使之作为社会保障体系的必要补充，成为实现社会再分配、缓解社会矛盾、实现和谐社会的手段。

2013年，广州举办"首届广州市慈善项目推介会"，以"政府搭台、社会参与、慈善组织运作"的方式推出 1080 个慈善项目，通过社会力量参与承担或实施的社会服务项目，社会各界人士或企业单位可对选定的慈善项目进行认捐，筹集 3 亿善款。同时，成立慈善组织社会监督委员会，对慈善公益组织进行监督和指引。

（四）加强研究与培训，注重社会工作人才队伍建设

一是在社会工作管理人才培训方面。第一，社工服务机构总干事能力提升计划。2013 年，广东省社会工作师联合会与香港社会工作人员协会合作实施"广东省社工服务机构总干事能力提升计划"，第一期于 2012 年底进行，第二期至第四期于 2013 年完成。四期共培养 56 名（第一期 14 人，第二期 15 人，第三期 15 人，第四期 12 人），分别是广州市、深圳市、东莞市、茂名市、河源市等地从事社会工作专业服务、社会工作机构管理的工作人员，现任社工服务机构的总干事或副总干事等。提升社会工作者尤其是管理者的专业化和职业化水平，使社工服务机构得以良好地持续运营和发展。

二是在本土社会工作督导培养方面。广州市社会工作督导人才培训是广州市为推进政府购买社会工作服务发展和加强社会工作人才队伍建设的重要举措，自 2009 年起，已成功举办了三届督导人才培训（研修）班，共培养了 130 名本土督导人才。2013 年 11 月 26 日，"第三届广州市社会工作督导人才培训（研修）班毕业典礼"在广州市社会工作协会举行，此项目依托广州市社会工作专项服务和家庭综合服务中心的建设，培养广州本土督导人才。

三是在人才培训基地建设方面。2013 年 1 月，广东省民政厅举行 2012 年度广东省社会工作专业人才队伍培育基地、重点实训基地揭牌仪式，确立 1 个省级社会工作专业人才培育基地和 5 个省级社会工作专业人才重点实训基地（见表 2）。如广东工业大学为省级培育基地，负责社会工作专题培训、继续教育培训、社会工作相关工作的人员培训课题研究、社会工作专业人才培养方面政策建议等工作。省第一荣军医院和广州市老人院为重点实训基地，负责为已取得社会工作者职业水平证书的人员以及未取得社会工作者职业水平证书但从事社会工作相关工作的人员提供实务培训、向有关部门提出政策建议等。

表2　广东省社会工作专业人才队伍培育基地和重点实训基地

序号	单位	资格	所在地
1	广东工业大学	省级培育基地	广东省广州市越秀区
2	省第一荣军医院	重点实训基地	广东省广州市海珠区
3	广州市老人院	重点实训基地	广东省广州市荔湾区
4	省第二荣军医院	重点实训基地	广东省佛山市南海区
5	省少年儿童救助保护中心	重点实训基地	广东省东莞市樟木头镇
6	省第二救助安置中心	重点实训基地	广东省佛山市顺德区

（五）加快社会组织有序健康发展，激发社会组织活力

——加大财政支持力度，积极培育社会组织发展。2012 年广州市财政投入 14435 万元，其中投入家庭综合服务中心购买服务经费 11800 万元，用于为青少年、长者、残疾人等群体提供社会服务；投入政府购买专项个案服务项目经费 1010 万元，用于为空巢老人、精神病康复者等特殊需求群体提供个性化专业服务；投入资助民办社工机构经费 525 万元，用于资助民办社工机构开展人才培养、业务活动补助等项目；投入社会组织发展专项资金 1100 万元，用于社会组织培育基地建设等。

——陆续出台了相关政策，在国内率先为社会组织管理提供了规范。2013 年 7 月，广州市民政局推出社会组织管理十项便民措施（见表3），广泛激发社会组织活力，积极引导社会组织参与社会建设。2013 年 10 月，广州市民政局新制定的《广州市社会组织管理办法（草案征求意见稿）》向社会征求意见，规定社会组织可以直接登记，解决外来工服务组织的登记难问题，现职公务员禁止在社会组织兼职，社会组织建立信息公开制度和内部信息披露机制，接受捐赠后 15 个工作日内向社会披露信息，对社会组织实行分类评估制度，不断深化社会组织登记管理改革等。广州市社会组织直接登记被授予"广东省社会创新实验基地"，全面促进社会组织的健康发展。

表3　社会组织管理十项便民措施

序号	措施
1	取消社会组织申请发起单位简介材料和经办人授权委托书
2	取消行业协会、异地商会在广州地区公开发行报刊刊登筹备公告,可在广州社会组织信息网免费公告
3	取消在社会组织名称预先核准阶段提交发起人守法证明,延后在成立登记时提交
4	城乡基层群众生活类社会组织实行法人登记或备案制
5	增设年检资料网上报送功能,开通社会组织年度审核报告电子对接功能,以电子年检材料取代纸质年检材料备案
6	社会组织评估报送材料由19项减至4项,实行常态申请、月度评估
7	在广州市社会组织信息网提供核名、登记、证书打印、换届提醒服务
8	社会组织获得4A、5A评估等级的减免提交年度检查材料
9	优先将获得3A以上评估等级的社会组织列入具备承接政府职能转移和购买服务的社会组织目录
10	每月免费组织一次全市社会组织政策法规和业务培训

资料来源:广州市民政局。

——建立社会组织三级培育基地。广州市社会组织培育基地是全省规模最大的社会组织培育平台,在区和街道也建立社会组织培育基地,三级培育基地共吸纳600多个社会组织入驻。《广州市福利彩票公益金扶持社会组织发展专项资金资助社会组织培育基地建设管理办法》规定,专项资金对社会组织培育基地给予资助,资助广州市福利彩票公益金扶持社会组织发展,专项资金资助社会组织培育基地建设管理办法标准见表4。

表4　专项资金资助社会组织培育基地经费标准执行

场地面积	入驻社会组织	给予资助金额
200 平方米以上	10 个以上	10 万元
300 平方米以上	15 个以上	20 万元
500 平方米以上	20 个以上	30 万元
600 平方米以上	25 个以上	40 万元
800 平方米以上	30 个以上	60 万元

社会组织培育基地以低租或免租的形式为入驻社会组织或公益慈善、社会服务项目提供办公场地;为入驻社会组织提供政策咨询、项目策划、人才培

训、协助申请社会组织注册登记、政府资助、政府购买服务项目等支持性服务，以及后勤综合服务等；对入驻社会组织日常活动进行监管和指导。

（六）建立完善三级社会工作委员会，加强统筹协调

广州市社会工作委员会于2011年获批设立，主要职责是统筹指导和综合协调全市开展社会工作，研究和处理社会工作中的重大问题，重点解决单个部门难以突破的瓶颈问题，健全和完善党委领导、政府负责、社会协调、公众参与的社会管理格局。

为加强社会建设、创新社会管理工作，统筹指导和综合协调全区开展社会工作，广州市各区纷纷建立区一级的社会工作委员会，贯彻执行省、市有关社会建设的方针、政策和法律法规，牵头研究并组织实施全区社会工作规划和重大政策，推动社会工作发展。

2013年，广州市萝岗区和番禺区等，在区成立街（镇）社会工作委员会，标志着广州市建立了市、区、镇街的三级社会工作委员会，广州市的社会工作有了更完善的组织领导和统筹协调体系、更全面的机构队伍、更强大的组织后盾以及更有劲的工作合力，使广州市的社会治理工作和社会工作发展又迈上了一个新的台阶。

二　2013年广州市社会工作发展存在的主要问题

（一）社会组织承接政府转移职能的能力不足

党的十八届三中全会《中共中央关于全面深化改革重大问题的决定》中强调政府要简政放权，从过去政府大包大揽向政府主导、社会共同治理转变。要求凡属事务性管理服务，原则上引入竞争机制，通过合同、委托等方式向社会购买，加快服务型政府的建设。政府"简政"、"放权"、"发盘"后，就要拷问社会组织是否有能力承接政府转移的职能。

2013年8月，广州媒体报道越秀区82岁独居老人欧婆婆在家中辞世多日邻居闻到家中异味后才被发现的事件，引起社会热烈讨论，也引发了社会对社

会组织能否将政府转移的职能"接得住、担得起"的讨论。据调研发现，由于社工的专业能力不足和机构的运作管理水平不够，面对庞大的老年人群体，部分社工甚至不知道如何开展实务工作。社区里专业的老年人社会工作者，只会开展热热闹闹的娱乐性的小组或社区活动，没有掌握社区老年人的实际情况，进行分类管理和实际工作，更没有结合社区资源协助老人运用社会资源。一些机构内部管理混乱、财产关系不清晰、规章制度形同虚设。由于机构管理水平和社会工作者的能力满足不了社会进步、经济发展和政府购买服务的实际需要，这样就会出现购买方的政府部门和实际受惠的居民群众对社工和机构的期望值与社工服务的实际能力形成落差，政府投入大量资金后，没有达到预期效果，市民享受到的专业服务不足。

（二）社工专业人才缺口依然较大

广州虽然重视社会工作人才队伍建设，经过几年努力，社会工作专业人才队伍初具规模，但从社会发展的整体看，广州地区的社会工作专业人才的缺口依然较大。据 2012 年的统计数据，广东省社工人才缺口超过 4 万。广州出现"社工荒"，社工被称为"皇帝女"。20 世纪 90 年代末到 21 世纪初，广州高校开始开设社会工作课程和社会工作专业，积累了最初的本地社会工作人才。但由于当时政府将改革的重心放在经济发展上，社会组织没有发育的土壤，出现高校培养的社会工作人员缺乏相应的岗位，即所谓的"专业化走在职业化"之前。因此，在 2006 年前毕业的社会工作者，大多都转行，没有从事社会工作。直到 2006 年的十六届六中全会通过的《中共中央关于构建社会主义和谐社会若干重大问题的决定》中提出了建设一支宏大的社会工作人才队伍的方针，尤其是 2008 年广州出台的"5 +1"文件以及进行政府购买社会工作服务工作等一系列举措，社会组织才迅速发展，社会工作岗位才大量涌现。高校培养的社工人才在社会上有了相应的工作岗位，大大减少了当初的流失情况。因此，广州的社工人才缺失，一方面是社会组织和政府购买服务的大力发展，另一方面是早年培养的社工人才流失严重。由于这批早年选择社工专业的人才没有积累，导致目前的中高层人才极度短缺，社会组织能够招聘到的都是刚刚从大专院校走入社会的毕业生。

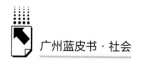

（三）部分专业领域社会工作发展缓慢

社会工作是一项专业的助人活动，其关注人与环境的互动，协助个人、家庭、群体、社区能适应所在的社会环境脉络，增强或恢复其社会功能的能量，预防和舒缓社会问题。它也是一个全面的助人活动，是围绕儿童、青少年、老年人、妇女、残疾人、外来人口、学校、医务、矫正、精神健康、企业等进行的社会工作。广州建立的家庭综合服务中心，服务内容紧紧围绕老年人、青少年、残疾人、家庭、义工、外来务工人员等展开，取得了良好的服务效果。但一些令人关注的热点领域，如医务社会工作、企业社会工作、学校社会工作等，专业社工的介入并未普及。据不完全统计，中国每年被殴打受伤的医务人员已超过 1 万人，成为全世界医疗从业人员受伤最多的国家，2013 年发生了多起医患矛盾的伤害事件（见表 5）。全国各地发生的医患纠纷恶性事件，在医务界、网络、社会各界掀起了激烈讨论和强烈关注。在西方，医务社会工作进入医院始于 1905 年的美国，2000 年美国劳工部和劳工统计局的数据显示，医疗和公共卫生社会工作者大约有 103390 名从业人员，他们的工作主要是为个人、家庭或弱势群体提供社会心理支持，协助他们应对慢性、急性或晚期疾病。服务内容包括给家庭保健者提供咨询，开展病人教育和咨询，给其他相关的社会服务机构提供转介服务等。2000 年，美国接受调查的 4856 个医院中，86% 有社会工作服务。广州大多数医院没有设立医务社会工作部门，医务社会工作者数量不多，大多停留在志愿服务阶段，职责范围取决于医院对社会工作的理解，还常常与护士的服务内容相交叉。

表5　2013 年全国医患矛盾情况统计

序号	时间	医患矛盾
1	2013 年 12 月 19 日	男子在诊室抽烟被医生询问后打碎医生鼻梁
2	2013 年 12 月 15 日	浙江温岭一卫生院遭几十人打砸
3	2013 年 12 月 14 日	兰大二院连发两起殴护事件
4	2013 年 11 月 11 日	因孩子输液三针没找到血管三名护士被患儿家长打伤
5	2013 年 11 月 10 日	浙江两名医务人员被围殴受伤
6	2013 年 11 月 6 日	为劝阻患者插队看病深圳中医院护士被打

序号	时间	医患矛盾
7	2013 年 11 月 4 日	女青年被捅 14 刀不治身亡男友殴打医生致脑震荡
8	2013 年 10 月 27 日	南昌一男子因日子过得不顺在医院内劫持一名护士
9	2013 年 10 月 25 日	浙江温岭 3 名医生被持刀男子捅伤一人当场死亡
10	2013 年 10 月 21 日	广医二院医生遭群殴受重伤
11	2013 年 9 月 23 日	湖南长沙患者砍伤护士两名护士脸部被砍遭毁容
12	2013 年 8 月 17 日	湖南湘潭政协司机打医生被拘
13	2013 年 7 月 7 日	女医生拒绝加号遭患者家属脚踹
14	2013 年 6 月 22 日	120 医生遭患者家属烟头烫伤被诊断为二度烧伤
15	2013 年 2 月 16 日	上海一三甲医院急诊科医生遭患者家属殴打
16	2013 年 1 月 19 日	包头一女医生出诊被病患丈夫砍死

（四）家庭综合服务中心的建设速度与资源分布不够均衡

首先，推进建设速度不均衡。黄埔区于 2011 年在所有街道建立了家庭综合服务中心，覆盖率达 100％，是广州市第一个全区范围内全面推进家庭综合服务中心建设的区，位居全市各区（市）前列。花都区只建立了一个家庭综合服务中心，从化市建立了三个家庭综合服务中心。

其次，资源分布不均衡。有的区一条街设置 2~3 个家庭综合服务中心，如海珠区的素社街、官洲街、瑞宝街，番禺区市桥街，萝岗区联合街、萝岗街、东区街、九龙镇等，均在一条街设置 2~3 个家庭综合服务中心，扩大居民惠及面，真正实现家庭服务进社区。但面积达 969 平方公里、户籍人口66.93 万人的花都区，才建有 1 个家庭综合服务中心。不均衡性与区的经济发展水平以及对家庭综合服务中心（社会工作服务）的角色定位和重视程度有密切的关系。

（五）社区社会组织登记备案规模偏小，"草根"现象严重

2013 年广州市依托社区综合服务中心、借助专业社工力量扶持发展社区社会组织，重点发展社区服务类和慈善救助类社会组织，扶持发展社区事务型社会组织，推进发展社区文化体育类社会组织。

在社区社会组织管理方面，广州市民政局于 2008 年就出台了《广州市社区社会组织管理试行办法》。该文件规定各区民政局为社区社会组织登记主管单位，对社区社会组织的登记程序进行了简化，准入门槛更低，比如成立开办资金调低至 1 万元，会员人数调低至 20 人等。然而，这些规定虽然降低了社区社会组织的登记门槛，却不能有效地激励社区内居民自发团体进行登记。在本课题组调研广州若干个社区居委会近 80 个受访社区居民团体中，有近 60 个团体的成员表示了解，可以到区民政局登记注册，但是只有不到 10 个团体表示会申请或已经申请注册加入，占受访团体的 12.6%。受访的文娱、互助类团体对 1 万元活动资金、以固定的登记地址等条款感到很难实行。有一个腰鼓队的负责人表示"我们不是经营性质的单位，1 万元的款项虽然不多但是没人愿意承担这个责任"。广州市许多社区存在大量的"草根"未注册组织，它们游离于政府监管之外，自发无序发展。实际存在的"社区民间组织"的数量是已登记和备案的 10 倍。[①]

具有经营性质的社区社会组织则会主动地向区民政局登记注册成为正式组织，这些团体较为集中，为学生课余托管、文艺兴趣班、课余补习班等收费性社会组织。而非经营性居民互助组织、公益类组织、文娱生活类组织是未来社区管理服务创新的重要力量，普遍未到民政部门登记和备案。

三 2014 年广州市社会工作发展态势与对策建议

（一）2014 年广州市社会工作发展态势

1. 继续社会治理创新，加快推进政府购买服务

广州紧紧围绕开展新型城市化发展道路和建设国家中心城市的目标任务，在全市范围内继续推动政府购买服务。根据区域服务需求实际情况，以家庭、青少年、长者等重点群体的服务为核心，科学设置服务项目，面向全体社区居

---

① 姚迈新：《资源相互依赖理论视角下的社区社会组织发展——以广州为例》，《岭南学刊》2012年第 5 期。

民提供专业、综合、优质的社会工作服务。

广州会继续加大财政投入，通过政府购买服务等方式，将更多的社会工作服务转由社会组织承接，这个趋势将延续和发展下去。政府购买服务将为广州推进新型城市化、加快发展促转型做出突出和长期的贡献。

2. 以放权为突破口推进社会体制改革，激活社会组织活力

广州会进一步创新社会组织培育机制，扶持社会组织、推进政府放权、鼓励社会组织承接政府转移出来的职能，更好地发挥社会力量在公共事务和公共服务中的作用。加快实施政社分开，提升社会组织的服务功能，创造公共参与社会治理条件，拓宽公共参与渠道，激发社会活力，实现政府减负、民间组织收益、社会工作发展、百姓受惠的共赢局面。

3. 以财政支持为主、社会资金为辅，推动社工组织发展

"良好的社会治理"或"善治"的本质特征在于政府、社会组织和公民对公共关系的合作管理，是政治国家与公民社会的新颖关系。将"善治"引入公共服务的过程中，探索社会多元化资金汲取为辅的发展途径。如香港地区非官办社工机构，其经费的 70% 来自政府。广州社会组织在提供专业服务和扩大社会认同的过程中，通过合法途径接受企业、慈善基金和社会的捐助，并向社会公开资金使用情况。

4. 专业人才陆续增加，社区社工配比将提高

社区是社会的细胞，是开展社会服务活动的重要载体和平台。广州在2014 年将继续以社区为平台、社会组织为载体、社工专业人才为支撑，进一步促进社区建设，创新基层社会管理方式，大力发展社区社会组织和社区社会服务。在香港，每所家庭综合服务中心为 10 万～15 万人提供服务。广州是中国的第三大城市，是国务院定位的国家三大综合性门户城市和国际大都市，是全国唯一一个坐拥三个国家级经济技术开发区的特大城市，人口超千万。为了扩大居民惠及面，真正实现家庭服务进社区，家庭综合服务中心根据辖区人口将从由按街道配备中心向按人口数量配备中心的方向发展。

5. 家庭综合服务中心将与其他社会组织形成双线服务网络

家庭综合服务中心吸引社区内不同年龄的群体使用，但当前家庭面临着多方压力和挑战，对专门化的服务有殷切期待和需求。家庭综合服务中心可与区

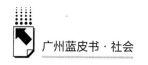

内或市内的其他组织和机构，形成强有力的服务网络，综合化和专门化服务双线发展，紧密协作，更有效地以多元化的方式和手法，为社区家庭和居民缔造和谐环境和优质服务。

（二）进一步促进广州市社会工作发展的对策建议

1. 社会组织的培育发展与规范管理双管齐下，提高社会组织承接社会服务能力

首先，要对需要转移的政府职能进行梳理，推出政府目录的"转移清单"。对政府转移出的职能进行政府购买的，要进一步规范政府购买的统一规范和流程，建立政府购买服务的制度体系，推进政府购买服务的制度化、程序化、规范化，建立稳定的动态管理体系。

其次，政府转移职能给社会组织，社会组织要想接得住、接得稳、接得好，就要提升自身的内部治理能力、资源整合能力和运营管理能力。社会组织贴近基层群众，组织机制灵活，志愿于社会公益的公共精神和非政府、非营利等特点，对化解社会矛盾、降低社会风险、维护社会稳定起着非常重要的作用。政府在培育发展社会组织的同时，加强对社会组织的规范管理，明确社会组织可承接政府部分职能的定位，改革社会组织的管理体制，提升公共服务能力，建立权责明确和有效制衡的法人治理结构，加强对社会组织承接政府职能的政策引导，并加大对社会组织的投资力度。

2. 增加专项领域的社会工作服务，对接特殊群体的特殊服务需要

广州是广东省政治、经济、科技、教育和文化的中心，中国的南大门，国家的经济、金融、贸易、航运和会展中心，社会经济文化辐射力直指东南亚。我国正处于社会转型期，既是社会城市化、现代化、法治化的快速推进时期，又是各种社会问题、社会矛盾凸显的时期。医患矛盾、失独家庭、受虐儿童、社区矫正、企业社工、自杀人群帮扶等方面都急需专业社会工作者的介入。这些专业领域的社会工作者的培养，可模仿广州市残联与广州某高校联合培养专业社工的做法，扩大广州地区需要的专业人才。例如，有培养社会工作专业的高校接受残联委托，根据社会需求专门培养残疾人方向的社会工作者，联合教学，优势互补，借助高校师资培养残疾人专业社工。我们认为医务社会工作、企业社会工作、学校社会工作等专业社工的培养可参考此模式运行。

3. 提高社会工作者的福利待遇，防止社工人才的流失

广东省作为创新社会治理和发展社会工作的重要试点省，其辖区范围内的如广州、深圳、东莞、佛山、中山、惠州等地，形成了各具特色的社会工作发展模式。每年都吸引全国成千上万的社会工作者来到广东，广东各地的社会工作发展政策和模式的不同加速了社工人才的流动。2008 年以前，广州地区的高校社工专业毕业生更多地选择在深圳和东莞就业，当时深圳和东莞的社会工作发展较快。但随着广州政府重视和加大政府购买服务，广州社工发展的外围环境优良，广州以购买服务而非购买岗位的方式发展社会工作。社会工作者可以更专业的方式开展工作并深入社区。2008 年后，许多社工人才从深圳和东莞等地回流至广州。从课题组的走访发现，广州的社会组织在如何招聘人才、吸引人才、留住人才上下功夫。如有的家庭综合服务中心承诺社工工作一定年限后可带薪读取硕士学位；偏远和交通不方便的家庭综合服务中心租赁房屋，再免费或以低廉的价格出租给中心的社工人才，以更人性化的福利待遇吸引社工，改变自身交通不便的劣势。各地悄然打响了抢夺社工的"争夺战"，深圳 2013 年人才安居试点项目，社工人才进入受惠范围，符合条件的社工人才可以申请人才租房补助，最高可领取 2000 元的租房补助。东莞推出社工可直接落户的优惠政策。广州也应未雨绸缪，提高社工人员待遇，预防社工人才的流失。

4. 提供共享社区宣传平台，进一步提升居民对社会工作、社工人员和社区社会组织等的认识

目前，居民参与社区社会组织的积极性不高甚至存在误解的重要原因是缺乏有效的沟通和宣传。随着街道家庭综合服务中心建设的全面铺开，社工运用专业技巧慢慢地在所在服务区域建立起了既能深入居民又能引起政府部门和社会关注的服务宣传网络。共享社区宣传网络，除了运用社区传统的宣传手段外，更应该注重整合家庭综合服务中心较为成熟的服务宣传系统，把社区社会组织的数量、类型、名称、服务方向、服务成效、典型事迹、特色品牌等内容向社区居民以及社会各界展开有效宣传，进一步提升居民对社会工作、社工、家庭综合服务中心和社区社会组织的认识，从而增加居民的认同感和社会资源

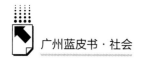

的投入。

5. 构建社区社会组织的分级管理注册、管理和服务的一体化平台

社区社会组织分级管理注册，把带有经营性质的社区社会组织与文娱生活类社区社会组织分层分级管理，前者由于其运作性质建议还是按照原来的规定由区民政局按照文件要求负责管理登记，而后者则由新成立的文娱生活类社区社会组织服务管理联席会议进行报备管理。新成立的服务管理平台，由区社会组织登记办公室领导，工作载体则是街道家庭综合服务中心，由区民政局社会组织登记负责同志、街道社会事务办相关人员、家综社工、社区领袖等群体组成，集中对社区内的文娱生活类社区社会组织进行评定审核，审核结果报区民政局同意并备案后，申请的社区团体可成为社区内合法登记的社区社会组织，进一步简化登记程序。此外，一体化服务平台也有责任对此类社区社会组织开展日常管理和服务指导工作，真正实现管理服务一体化的目标。

（审稿：涂成林）

B.13

广州市政府向社工组织
购买服务调研报告

黄丽华　李　强　王桢桢*

摘　要：

社会工作发展的"广州模式"，具有许多独有的特征。目前，这一模式在运行中存在着政策不够细化等问题。政府应积极完善相关制度，推动广州社工组织和社工服务规范有序发展。

关键词：

社会工作　合同外包　治理结构

近年来，广州市将加强社会建设、加快推进社会体制改革作为全面推进新型城市化发展的重要举措，围绕构建广州特色社会管理体系的目标，着力扶持培育社工组织发展，以推动社会工作服务水平的提升，进而促进社会建设，对解决当前城市基层社会服务管理领域存在的突出问题进行了积极探索，积累了宝贵经验，初步形成了支持培育社工组织发展的"广州模式"。

一　广州市政府向社工组织购买服务的背景与现实意义

（一）背景

近些年来，随着改革开放的不断深入推进，依托单位进行社会管理的体制

---

* 黄丽华，管理学博士，广州市委党校公共管理教研部主任、副教授，主要研究方向为公共服务与地方治理；李强，社会学硕士，广州市委党校公共管理教研部讲师，主要研究方向为社会组织；王桢桢，管理学博士，广州市委党校公共管理教研部副教授，主要研究方向为公共服务与地方治理。

逐渐解体，单位人逐渐变成"社会人"、"社区人"。为了适应"单位管理制"解体背景下城市社会管理的现实需求，广州市以街道、社区为基础，逐步建构社会管理体制，并充分发挥其职能。但是，街道—社区管理体制虽然强化了属地管理的作用，却没有从根本上改变基层服务管理中过于依赖政府单一主体的运行机制，并导致目前的基层服务管理暴露了一些问题，制约了广州市社区服务的发展，这主要体现在以下方面。

1. 基层政府的责任与能力不相适应

街道—社区体制突出了街道办事处乃至社区居委会的属地管理责任，大量管理服务事务也随之向基层下沉，但与上述事务相关的事权、经费等却并没有相应下放，基层的人员编制严重不足。城市管理责任的划分体现为金字塔结构，越到基层，事务越多、责任越大；但是服务管理资源配置却呈现典型的倒金字塔结构，基层的权力有限、资源也少，其结果是基层的能力与所承担的责任越来越不相适应，出现"小马拉大车"的现象。目前，广州市各街道办事处的行政编制仅有20多个，加上事业编制一般也就50个左右，而街道的服务管理职责却多达数百项。街道办事处不得不面临服务管理任务重、人员编制及资金保障严重不足的困境。据广州市天河区统计，居委会承担的服务项目大项有124项，小项有216项；广州市越秀区统计的公共服务事务落实到居委会共计136个大项。由于能力与责任不相适应，基层在贯彻落实来自上级部门的各种任务时，出现了普遍的选择性执行行为，并倚重运动式治理的方式开展工作，社区服务管理难以真正落到实处。

2. 社区服务未能突出群众需求导向

传统的社区服务，在服务内容及服务方式等方面"一刀切"的特征非常明显，较少考虑不同社区居民群众的需求差异，使社区的公共服务呈现典型的强制性的特征。社区居民作为公共服务的直接利益相关者，对公共服务提供过程缺乏参与，使服务虽然发生在社区，却又严重与社区居民相脱离。

3. 社区服务多元主体之间存在角色错位

政府、自治组织及各类社会组织是社区服务管理的重要主体。但是，在目前的基层服务管理体制中，不同主体之间的角色错位现象严重，表现为：政府承担了大量的非行政职能；居委会承接行政性事务及社区公共服务职能，自治功能弱化；社会组织参与空间有限，服务社会的能力不足。

4. 社会服务的专业化水平有待提升

社区服务按照服务过程和内容可分为非专业化服务和专业化服务两种，非专业化服务是指技术含量较低的一般性服务活动，专业化服务是指具有某项专业知识技能或获得专业资格的人员提供的服务。随着社会的发展，社会服务需求日益多元化、复杂化，对社区服务专业化需求越来越大，发展各类专业化服务显得尤为紧迫。

（二）现实意义

1. 深入推进社会体制改革

加强社会建设，必须加快推进社会体制改革。广州市作为改革开放前沿阵地，经济总量大，外向度高，异地务工人员多，社会结构复杂，处于经济、社会发展双转型的关键期，社会问题凸显，对经济社会发展形成巨大挑战。发展社工组织是创新社会服务管理模式的重要举措，大力培育发展社会组织并引导其承接社区公共服务，有利于深入推进基层社会体制改革，探索建立与社会主义市场经济相适应的社会体制。

2. 逐步完善城市治理结构

广州作为建设中的国家中心城市，其内涵并不仅仅关乎经济的发展水平，更重要的是彰显其城市综合能力。广州通过发展社工组织，在城市治理中构建政社协同治理的新格局，形成具有广州特色的社会服务管理模式，有利于最大限度地激发社会活力，创造出新的发展动力，强化国家中心城市的地位。

3. 大力创建幸福社区

群众需求是社区服务的基本立足点。传统的社会服务管理模式重管理轻服务，且主要是由政府主导和推动，服务资源有限、服务力量单薄，制约了社区服务水平的提升。推进社工组织发展，通过整合社区服务资源，提升社会服务的专业化水平，有利于增强社区服务对居民需求的回应能力，提高群众幸福感。

二 广州市初步形成政府向社工组织购买服务的新模式

从最初的社会自发组织社工服务、自下而上推动建立社工组织机构，到政府积极回应并大力扶持社工组织成长，近年来广州社工组织发展呈现政府引导与民间活力相得益彰的景象，形成了独具特色的"广州模式"。其整体内涵和特征体现为：以群众需求为导向，以协同治理为机制，以社工组织主体，以人才队伍建设为根本，以街道家庭综合服务中心为平台，通过政府购买社工组织服务的方式向社区传递基本公共服务，将社会工作嵌入社会服务，增强服务社会能力，有效改进政府提供公共服务的方式，从而加强基层社会服务体系建设，激发社会活力，整合社会资源，增强社区服务功能，提高居民群众幸福感。

（一）广州市社工组织的阶段式发展

1. 前期铺垫阶段（2007 年之前）

2007 年之前，尽管广州并未出现真正的专业社工组织，但是得益于开放包容的管理氛围和市场环境，致力于社区服务的民间社会组织业已出现，一定程度上承担了专业社工组织的职责，如脱胎于宗教慈善组织的广州仁爱社会服务中心、针对残障儿童康复的广州市扬爱特殊孩子家长俱乐部、志愿者机构"赵广军生命热线"等。背景各异的社会组织秉承服务公益的理念，在社区服务方面发挥各自所长。这些社会组织通过在高校社工专业学生中招收实习生和志愿者，以及招聘社工专业毕业生，建立与社会工作的紧密联系。与此同时，高校社工专业教师和学生独立开展的中小型服务项目也一直在持续，如 2004 年中山大学社会工作系针对外来务工子女家长教育问题展开的"春禾行动"。此类服务取得了良好社会效果，产生了一定的社会影响力。在专业社工组织尚未出现的情况下，广州社会组织针对社会工作诸多领域展开积极行动，为日后社会组织工作和队伍建设积累了宝贵经验。

但是社会组织毕竟不能替代专业社工机构，有时专业性也稍显欠缺，加之以高校社会工作专业为基础的服务项目尚未形成规模，不能完全满足社区居民的需求。因此，专业社工机构建设逐渐被广州市相关部门提上日程，一系列举措随之展开，比较重要的铺垫性工作是社会工作职业认证考试的推出。2004年6月，在劳动和社会保障部颁布的第九批国家职业标准中，社会工作者被正式认定为中国的新职业之后，2005年6月11日，广州市职业技能鉴定指导中心组织了广州市社会工作者（三级）国家职业资格鉴定考试，中山大学、华南农业大学、广东商学院三所高校的57名毕业生参加了考试。

2006年10月，党的十六届六中全会通过了《中共中央关于构建社会主义和谐社会若干重大问题的决定》，提出"建设宏大的社会工作人才队伍"，从中央政策层面确立了社会工作的重要地位，这成为社会工作发展的一个重要转折点，并直接成为2007年之后广州建立社工组织探索的政策依据和指导。

2. 初步探索阶段（2007～2009年）

2007年之后，广州以社工人才队伍建设为基础，同时开始探索以政府购买服务和设立社会组织培育基地作为外部力量催生社工组织的产生。2008年，广州真正意义上的社工组织发展起来。尤其是"5·12"特大地震之后社会工作介入，极大地提升了广州社工队伍的实践能力，并形成了"高校＋政府＋社会组织"的模式，为广州社工机构发展奠定了基础。2007年7月，广州市荔湾区被民政部确定为全国首批社会工作人才队伍建设试点地区，从此广州市正式开始社工人才队伍建设试点工作并逐步推广开来。同时，为加强对全市社会工作人才队伍建设工作的领导，2008年10月16日广州成立了社会工作人才队伍建设工作小组，由时任市委副书记、市委政法委书记的张桂芳任组长。这一举措进一步体现了广州市委、市政府对社会工作发展的重视，并有助于全局性地部署全市社工组织的建设。

作为推动广州社工组织发展的关键因素，广州政府购买服务起步于2007年。政府购买服务的试点是海珠区，政府出资200万元向启创社会工作服务中心购买了3个街道和2所中学有关青少年事务的服务项目。之后，荔湾区也投入100万元，向广州市大同社会服务中心、荔湾区逢源人家服务中心等多家民办社工机构购买服务，服务内容包括向该区8个试点街道的老年人、青少年、残疾人、困难群体提供家庭服务。政府购买服务的初步尝试取得了良好的社会效果，为后来的全面铺开奠定了坚实基础。

设立于2009年的广州社会组织培育基地是政府直接扶持社工组织发展的重要举措。该组织专门扶持公益服务类社会组织，为社会组织提供政策咨询、法律咨询、交流培训、项目策划、资源链接、财务托管、人事托管、网站托管等服务，服务期限为两年。通过两年时间的培育，社会组织提升了自主运作和发展的能力。刚刚成立的社工组织成为社会组织培育基地的重要受益者。

在广州初步探索社工组织发展之时，恰逢2008年初雪灾和"5·12"汶川地震两起突发性公共事件，社工人才队伍因而迎来了建设之初的重要考验和锻炼。2008年初的雪灾，中山大学社会工作教育与研究中心加入志愿服务队伍，与民政部门及其他社会团体合作开展专业服务，以行动影响力来扩大社会工作的专业知名度，寻求社会认同；在"5·12"汶川抗震救灾过程中，广州实现了政府与高校社会工作专业以及社会组织建立三方优势互补的合作伙伴关系，逐步形成了保障社会工作发展的"高校+政府+社会组织"模式，为社工组织在未来的成长开拓了思路。

3. 蓬勃发展阶段（2010年至今）

2010年以来，《关于加强社会工作专业人才队伍建设的意见》、《社会工作专业人才队伍建设中长期规划（2011~2020)》等中央文件的出台标志着社会工作发展进入了新阶段。同时，广东省适时出台了放宽社会组织登记的政策，降低了社会组织登记门槛。从2012年7月1日起，除特别规定外，广州市将社会组织的业务主管单位改为业务指导单位，社会组织直接向民政部门申请成立，无须业务主管单位前置审批后再向登记管理机关申请，同时行业协会允许"一业多会"。这一政策为广州社工组织发展减少了不必要的成本和障碍。

2010年5月17日，广州市政府常务会议讨论并原则通过了《关于加快推进社会工作及其人才队伍发展的意见》及5个配套实施方案（简称"1+5文件"），成为推动社工组织发展的关键举措。时任市长的万庆良同志强调，要以创新社会管理格局、提高社会服务水平、增进民生福祉为目的，以建立健全社会工作制度为重点，以加强教育培训、完善岗位设置、培育社会组织。"1+5"文件的出台对社会工作组织的快速发展起到了关键作用。在此之后，大量社工组织纷纷建立。目前，广州市专业社工组织已有100多家，多数是在2010年之后成立的。

社工组织大量涌现，为承接社工组织开展服务，在考察中国香港、新加坡等地社会工作发展经验的基础上，2010 年 7 月，广州市、区两级财政投入 4000 万元在全市 20 个街道开展家庭综合服务中心建设试点工作，给予每个服务中心每年 200 万元的财政支持，用以购买由社工组织承接运营的社区服务。2011 年广州市委、市政府决定在全市范围全面推行政府购买服务，加大街道家庭综合服务中心建设力度，到 2012 年底，家庭综合服务中心已经覆盖全市所有街道（137 个），另有镇家庭综合服务中心 13 个。全面铺开的家庭综合服务中心在引导各类社工服务深入基层街镇社区方面起到了直接的推动作用。

（二）广州市扶持和培育社工组织发展的做法

社工组织的培育和发展在国内还是一个新兴事物。在这一领域，广州市利用其地缘优势，积极借鉴中国香港、新加坡等地经验，通过培育、引导社工组织提供社区服务，加大力度推进社会管理改革创新，为加快构建具有广州特色的社会管理体系积累了经验。

1. 政策先行：出台"1 + 5"文件为制度创新提供保障

自上而下的政策引导是社工组织快速发展的首要前提。《关于加快推进社会工作及其人才队伍发展的意见》及 5 个配套实施方案（《广州市社会工作专业岗位设置及社会工作专业人员薪酬待遇方案（试行）》、《广州市财政支持社会工作发展的实施方案（试行）》、《广州市政府购买社会服务考核评估实施方案（试行）》、《广州市扶持发展社会工作类社会组织的实施方案（试行）》和《广州市社会工作专业人员登记管理实施方案（试行）》）的出台，是广州社工组织得以蓬勃发展的关键，既从宏观上规划了广州市社会工作长远发展的思路与方向，也在具体细节方面提出了指导性意见，包括对社工组织人员的财政支持、登记管理、政策保障等。"1 + 5"文件较为全面地考虑到了社会工作发展的各个方面，既是各级政府着力推动社会工作发展的依据，同时也是广大居民获取社工服务的保障。"1 + 5"文件的完备性，避免了因指导方针不明确而影响政策落实，有利于相关政策在实践层面真正发挥效力。广州市从政府、高校社工专业到民间社工组织，在"1 + 5"文件的指引下，以合作伙伴关系开展各类活动，保证了政策先行之后的后续行动持续展开，形成一致的推动力，在

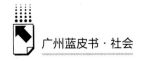

现行政策框架内不断探索、创新。

2. 主体培育：大力发展社工组织

经过近年来的快速发展，广州社工组织目前已经超过 100 家。这些社工组织大致可分为以下几种类型：一是由高校从事社会工作专业教育的教师发起成立的民办社工机构；二是以志愿者为主发起成立的民办社工机构；三是由社会团体、企事业单位参与成立的民办社工机构；四是由中国香港、新加坡的社会服务机构联合内地个人或机构成立的民办社工机构。其中，由高校（社会工作系）发起的社工组织是广州市社会工作发展的最初形式。由于高校专业化程度高，社工机构起步阶段具有较高的业务水平。在此基础上，广州市进一步发挥高校社工专业的作用，形成高校、政府、社会组织互动的良性发展模式，这是广州社会工作发展重要的成功经验之一。为社工组织提供较为宽容的成长环境、确保其去行政化是广州培育社工组织的重要原则。政府通过购买服务的方式将社区服务空间让渡给社工组织，之后政府主要履行监督者的角色，以及负责引入后期社工服务评估机制，并不参与和干预社工组织运作，由此真正实现政府职能的逐步转变，厘定政府与社会关系，将社会服务的职能交由社会组织履行。

3. 人才为本：积极培养社工人才

社工组织是社会工作发展的重要载体，而专业人才队伍则是社会工作发展的基础。首先，高校社工专业毕业学生就是潜在的社工人才，广州地区现有不少高等院校包括中山大学、广州大学、广东外语外贸大学、华南农业大学等拥有社会工作专业本科或硕士教育课程，每年输出社会工作专业毕业生数百人，社会工作专业毕业生对口就业的比例从 2003 年的不到 5% 上升到 2009 的将近 20%，部分院校个别年级高达 50%。特别是以中山大学为代表的部分高校，在学生培养方面引进了香港成熟的社会工作教育与实习督导体系，邀请了一批香港的社会工作专家学者来教授社会工作课程，并组织学生到香港考察、见习。这种以香港先进经验带动本土社会工作人才教育与培养的尝试，使广州市的社会工作教育与培训工作从一开始就能很好地与国际先进理念对接。

除了在校的社会工作专业教育培养外，专职社区工作人员的社会工作专业教育、培训与督导也是一个重要方面。这项工作的开展有助于提高社区服务人员的业务水平，协助开展更为专业的社会工作项目。由广州市民政局牵头，从各区、街道到居委会以及志愿者组织都积极为专职社区工作人员提供专业社会工作培训，这些培训注重实战，以如何将社会工作专业知识、理论、技巧与前线实际社会服务工作结合起来为目的，取得了良好的效果。仅2009年，类似的教育、培训就累计不下300场次，培训超过5000人次。

督导队伍建设也是社工人才培养的一部分。随着社会工作人才队伍的不断壮大，社会工作督导人才队伍也应逐步培养壮大起来，而广州拥有本土实践经验的专业社会工作者数量相当有限。因此，广州市社会工作协会牵头在2009年10月组织了广州市第一期"督导培训班"。培训的对象是实际从事社会工作有一定经验的街道工作人员、社工机构专业社工、社工专业老师等，培训的导师则是香港资深社工及国内高校社工专家，培训结束后有长达一年的实习期，在香港资深社工督导的带领下督导广州市各个社工机构的前线社工，以期培养本土的社工督导。与香港社工机构合作培训社工督导是一种非常有益的尝试。

4. 机制创新：实行政府向社工组织购买服务

政府购买服务是由非营利组织通过接受政府"委托"或参与政府采购，加入政府公共服务体系，以拓展公共服务的空间，同时形成社会组织与政府之间共赢和协作发展的关系。"政府购买服务"的最大优势在于转变政府职能、降低行政成本，提高公共服务绩效。广州地区高校资源丰富，社会服务基础扎实，这是选择"政府购买服务"这一较先进的模式来发展本土社会工作的有利社会环境。承接服务的社工组织在相对独立的环境下自行运作、自行管理，为社区提供具体的社会服务，接受社会监督，有利于承接服务的社会团体保持专业性与独立性，为提供更优质的社会服务构建了制度保障。2008年以来，广州市累计购买社会工作项目经费已超过3亿元。在广州市民政局的引领与政策推动下，各相关部门也开始积极回应社工发展需要，在各自系统内开展社工试点项目，包括教育系统、司法系统、工青妇、残联等都积极开发项目，为社工组织的成长创造空间。因此，在项目的类别上表现了多元化的特色，已经开展的服务类别覆盖青少年、老人、妇女儿童、社区矫治、社区戒毒康复、残疾人、医疗社工、城市及农村社区工作等多个领域，基本形成了各领域开展政府

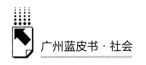
购买服务的多元化局面，为广州社会工作发展奠定了良好基础。

5. 搭建平台：成立街道家庭综合服务中心

2011年广州市出台的《关于加快街道家庭综合服务中心建设的实施办法》确定了"家庭综合服务中心"的功能与定位。"家庭综合服务中心"是指街道设置的一个服务平台，通过政府购买社会服务的方式，由民办社会工作服务机构承接运营，根据区域服务需求实际情况，以家庭、青少年、长者等重点群体的服务为核心，科学设置服务项目，面向全体社区居民提供专业、综合、优质的社会服务。家庭综合服务中心以社区为本、家庭为重，着重为社区内的家庭提供专业社工服务，提升家庭应对自身危机的能力，鼓励并动员邻里之间互助关爱，促进家庭成员的个人成长。如萝岗区联和街道家庭综合服务中心共设有为九大类人群提供专业服务的22个功能室，具有社区居民康乐服务、老人服务、低保及低收入困难家庭服务、妇女儿童及青少年服务、残障人士及残障家属服务、外来流动人员服务、志愿者服务等十二大服务功能，包含老人爱心饭堂、妇女健身舞蹈、亲子互动营、青少年课后辅导、家庭能力建设、残疾人康复、民间社团组织孵化、民间生活馆等110个服务项目。家庭综合服务中心为承接社工组织服务提供了场地和空间，对扶持社工组织发展起到了十分重要的推动作用。同时，家庭综合服务中心平台设置在基层街镇社区之中的天然优势，也使得社工服务能够更加便捷地送达居民身边，成为联结社工和居民的枢纽，同时也大大扩展了社区服务的物理空间。广州自2010年7月开始在20个街道开展家庭综合服务中心建设试点工作，之后不断加大建设力度，目前家庭综合服务中心已经实现覆盖全市所有街道的目标，达到150多个，相应的财政支持也随之到位并持续增加。

6. 服务监管：引入第三方评估机制

《广州市扶持发展社会工作类社会组织的实施方案（试行）》和《广州市政府购买社会服务考核评估实施方案（试行）》规定，对社工组织的服务监管，应建立事前、事中、事后的监控机制，引入第三方评估机制，形成内部监督、财政监督、审计监督以及社会监督相结合的监督体系，严格资金监管，规范工作程序，提高资金效益，确保服务质量。广州市对社工服务评估的具体实施过程中，有些是由购买方（政府专门组织）成立的考核评估小组，但更多的是采用了引入第三方进行具体考核评估的方式。引入第三方评估机制遵循了国际社会工作发展的先进经验，有利于保证社工服务评估的公正性、科学性。广州的初步探索表明，社工服务评估主体应考虑政府主管部门、社工机构以及第三方评估组织，尤其应重视第三方评估机制。评估方式也应多元化，事前采用需求及组织资质评估的办法，确定购买项目及服务提供者；事中采用政府部门抽查、服务消费者反馈意见、社会公众监督、服务组织自律性评估相结合的方式评估；事后依照合同要求和评估标准对购买的服务事项实施情况进行评估。广州市建立科学公正的多元化评估制度的探索不仅有利于规范社工组织发展，对于促进形成多元化的社会治理结构也具有重要的现实意义。

三　社工组织发展"广州模式"的创新价值

社工组织发展的"广州模式"包含了丰富的内涵，同时也具有重要的社会创新价值，具体体现为以下几个方面。

（一）创新服务提供机制，促进政府职能转变

社会体制改革的核心是政府职能的转变。当前深化社会体制改革，必须加快转变政府职能，创新社会管理模式，推动政府从"无限责任政府"向"有限责任政府"转变、从"管制型政府"向"服务型政府"转变，进而更好地发挥公民和社会组织在社会事务管理中的作用。广州市在创新社会服务管理过程中，按照"政社分开"的原则，改变政府包办社会服务的做法，将行政管理职能和社会服务职能分开，通过政府购买服务项目的形式将直接提供社会服务的职责交由社工组织承担，实现政府职能由微观管理向宏观管理转变、由直接管理向间接管理转变、由重管理轻服务向管理与服务并重转变。通过公开招标，以政府购买服务的方式，引入专业社会工作组织负责家庭服务中心的项目运营，提供社会公共服务，满足社区群众的基本公共需求。政府的角色定位，不再是公共服务的直接提供者，而是公共服务的安排者与监督者，负责公共服务的政策制定、资源配置、全程跟踪、定期审计、效果评估等。这种"政策＋购买＋监督"的模式，使政府和社会组织各就其位，社会机制运转更为顺畅。

（二）政社合作协同治理，完善社会管理格局

政府职能转变推动了广州市社工组织的迅猛发展，为广州创新社会服务管理提供了重要的组织载体，初步形成了社会管理服务新格局，并有效促进了社区事务分类治理。与政府职能转变和购买服务的进程相适应，广州市创新社会组织登记管理体制，率先开展社会组织直接登记管理的改革试点，深入推进社会组织备案管理，培育发展民办社会工作服务机构。社工组织的迅猛发展为广州创新社会管理服务提供了重要的组织载体。这些社会组织在广州创新社会服务管理进程中，通过公开竞标，承担起街道家庭综合服务中心的运营责任。

由于这些社会组织的性质不同，广州市各街道社会服务的提供方式也各有特色，归纳起来，主要有三种模式。一是社会工作机构独立承担模式。如北京街、建设街、联和街等街道家庭综合服务中心的运营，均由独立的专业社会组织通过竞标政府购买服务的方式获得项目承接资格。二是街道成立民办非企业性质的社会工作机构承担模式。如荔湾区逢源街、番禺区桥南街等，通过政府购买服务，采取间接管理的方式承担家庭综合服务中心项目。三是街道和企业共建模式。如白云区京溪街道办事处与白云区供销联社共同组建京溪街社区综合服务中心，由白云区供销联社下属的恒福社会工作服务社负责运行，率先探索政府主导、民间运作的社区服务发展模式。

（三）个性化设计服务项目，增强服务需求的回应性

为社区居民群众提供针对性、多样化的服务是家庭综合服务中心的重要功能，也是广州市推进社会服务管理创新的重要出发点。广州市的街道家庭综合服务中心提供的服务在内容上十分丰富，不同中心所提供的服务内容结合不同社区的特点各有侧重。在政府购买服务的制度设计中，社工组织是否能够针对辖区居民的服务需求合理设计服务项目是其在家庭综合服务中心的竞标中能否脱颖而出的基础。这一制度设计确保了家庭综合服务中心必须依据不同人群的需要，采用人性化设计，推出各具特色的服务项目，以增强服务机构对居民服务需求的回应性。如在荔湾区逢源街、越秀区北京街等老城区，基于人口老龄化问题突出等现实特点，家庭综合服务中心在空巢老人的关爱、长者日托，以

及对长者的临终关怀等方面进行了有针对性的服务项目设计，推出了长者发展服务（社交、文娱）、长者支援服务（日间照顾）、长者辅导服务（心理辅导）等服务项目，为长者提供文化娱乐、家居清洁、精神慰藉、送医送药和探访等综合性服务。在开展服务需求调查时，番禺区桥南街居民对幼儿综合服务项目中的亲子活动、幼儿启蒙指导教育、家庭互动教育、辅导服务等项目具有强烈的需求，对幼儿的成长教育及家庭互动方面的服务非常重视。因此，中心在服务项目设计上侧重在家庭及幼儿服务、青少年服务等领域的创新，其驻校社工服务赢得了社区居民的广泛认同。

（四）引入专业社工力量，提升服务的专业化水平

传统的城市社区服务主要依靠街道办事处、社区居委会的工作人员来开展，但以往这支队伍整体上呈现年龄偏大、学历偏低、专业结构不合理等特征，加上在提供社区服务过程中，相关人员专业知识不足，更多的是凭工作经验和热情来开展工作，仍沿用传统的物质帮助和思想政治工作等单一手段，不重视个别居民的实际需求，且容易出现重管理、轻服务的现象，导致社区管理人员在提供服务管理时经常得不到居民的认同，甚至引发矛盾。随着社会的发展，社区环境和人际关系日渐复杂，这种传统服务模式已经无法适应居民的实际需求，也无法有效解决社会服务管理中的复杂问题。社会工作是社区管理的新元素，专业社会工作注重用专业性方法去解决社区管理中遇到的一些难题，具有贴近基层、直接服务群众的优势。作为公共服务的专业推动力量，社会工作已经形成了相对完善的工作方法，包括个案工作法、小组工作法和社区工作法等，并正以其专业优势积极有效地嵌入社区服务领域。引入掌握和运用专业化的社会工作知识和技能的社会工作者在社区内提供服务，有利于提升公共服务效能，满足社会需要，缓和社会矛盾，对解决当前社区服务中的复杂问题、更有效地回应居民的服务需求具有现实意义。

（五）发挥社会组织服务功能，促进居委会回归自治

长期以来，作为法定社区自治组织的社区居民委员会工作重心却在于提供各类行政性及社会性的公共服务。在这一背景下，居委会逐渐从自治主体蜕变

为公共服务的提供主体，而且政府往往是在不拨付经费、不下移人员的情况下直接将各类服务下沉到社区，社区服务普遍存在"有责无权、有权无责、有事无费"的不合理状况，致使居委会承担的社区事务日益繁重，服务效果也难以保障。2010年11月，中共中央办公厅、国务院办公厅正式下发了《关于加强和改进城市社区居民委员会建设工作的意见》，这为居委会回归自治功能提供了政策保障。广州市通过政府购买服务的形式引入社工组织承接社区服务，其意义在于发挥社会组织在社区服务中的作用，这有利于在一定程度上剥离居委会承担的社会服务事务，还原其自治组织的属性，为解决社区居委会在公共服务上"大包大揽"以及社区行政化等问题，最终促进居委会回归自治功能营造了空间。

四 广州市社工组织发展存在的问题分析

（一）相关政策有待进一步完善

广州市关于社工组织发展的"1+5"文件及相关后续政策尽管比较完备，对促进社工组织发展也起到了至关重要的作用，但相关政策主要是在社会工作发展架构、队伍建设、财政支持等方面给予外部指导，针对社工服务开展提供具体指引的政策尚不完善。例如，合理定位政府与社会工作之间的关系，建立有效的社会工作运作机制，对于发挥社会工作的作用是重要的保障，但是目前广州市政府向社工组织购买服务的政策，尚未明确规范购买服务方的职责和功能，导致职能部门在与社工组织合作过程中的职责和权限不清晰，也缺乏政府相关职能部门与社工合作方面的具体指引和操作标准，容易造成社工组织与政府在深化合作方面不对等，社工组织缺欠话语权。因此，社工组织需要投入较大的协调成本与政府相关职能部门进行沟通，影响了社区公共服务的效率和效果。另外，目前的政策未能区分不同社会群体需求和特征，并针对不同人群拟定不同的社会工作发展规划，使得社工组织的发展路径不清晰，难以适应社会服务多元化发展的需要，在一定程度上也制约了社工组织提供服务的效率。

（二）社工组织及从业人员素质有待提升

在政府大力发展社工行业的政策推动下，广州市社工组织与社工队伍不断壮大。政府投入大量资金以及支持性政策和措施发展社工行业，一方面吸引了很多有志于从事社工行业的社会力量进入公共服务领域，但也因社工组织的准入门槛过低，吸引来一批以盈利为目的的投机者，导致社工组织良莠不齐的现象十分突出。另外，社工行业发展尚处在起步阶段，广州市在短时间内全面推进社工服务体系建设，也导致具备资质的社工人员供不应求，社工从业人员的能力素质难以适应服务需求，在一定程度上出现了"社工荒"的现象，影响了公共服务质量，主要体现在以下几个方面。

1. 社工专业知识和技能不足

国内高校社工专业教育和社工实际工作脱节现象比较严重，以至于刚走向社工岗位的人员需要很长一段时间提升专业知识和技能。另外，由于相关制度不够健全、待遇不够高、培养机制不完善、行业环境不够规范等，近年社工人才流失现象较为严重。因此，目前广州市社工组织内只有少数从业人员具备2～3年社工经验，多数从业人员缺乏相关领域经验，甚至主要是刚刚毕业的大学生。社工普遍年轻化，工作经验不足，进而导致工作能力欠缺，尤其是在时间管理与情绪管理能力方面有待提升。社工一般承担的职责有个案服务、小组或项目服务的设计与实施、拓展与探访等，而时间管理能力不足，会影响及时为服务对象提供有效的服务。同时，社工面临着来自政府、社会、机构管理、自身能力不足等各方面的挑战与压力。社工首要的职责就是帮助那些在社会生活中遇到各种困难和问题的个人与家庭，很多时候，社工面对的事务都是带有负面性质的，比如家庭暴力或者其他家庭纠纷、邻里纷争等。社工每天要与带有负面情绪的人打交道，很容易对自身心理健康造成影响，心理易产生疲劳、焦虑。情绪管理能力的不足使社工在心理疲劳和焦虑状态下为服务对象提供服务，从而影响了社区公共服务的整体服务质量和效果。

2. 从业人员专业价值、伦理操守、职业素质有待提升

专业价值和伦理操守以及职业素质直接影响社工与服务对象建立专业关系，影响服务对象的权益保障，进而影响服务质量。但是专业价值和伦理操守

需要在社工服务实践的不断反思过程中内化，而大部分社工缺少实践和工作经验的累积，也就缺乏对专业价值、伦理操守的感知与体认。

3. 社区社会工作重"综合"、轻专业，制约了社区服务专业化

广州市通过设立家庭综合服务中心将专业社会工作引入社区，也设定了专门的社工岗位，但在实际工作中，社工从业人员同时扮演着多元化的角色。目前，广州市社会工作人才数量还难以满足庞大的社会需求，专业社工数量稀缺，造成专业社工往往"身兼数职"，既是社区社会工作者，同时又扮演老年社工、残疾人社工等多种角色。这导致社工在对待每一类服务对象时，都只是运用宏观的社区工作方法，而不是专门的适用于服务对象的方法和技巧。社工扮演的这种"综合"而非专业的角色，阻碍了社区服务专业化发展。

（三）服务评估的科学性有待增强

目前，广州市符合资质的社工服务评估机构主要有6家，根据调研情况反映，各家评估机构评估标准并不统一，这导致同一社工组织在不同行政区的服务项目会因为评价指标的差异而在考评结果上出现较大反差，让一些社工组织在轮换评估机构中无所适从。

在评估方式上，广州市目前采用的是政府购买服务评估的方式，由第三方社工服务评估机构对服务机构进行中期考核与末期考核。由于目前广州市符合资质的评估机构数量缺乏，因而评估机构招标的竞争性不足，甚至难以按时选出符合资质的评估机构，导致对社工组织服务项目的评估难以及时开展，并影响到对社工服务机构项目资金的拨付。同时，由于中期评估延误，使得中期与末期评估之间的间隔时间过短，考核的形式化成分增加。开展评估的时间，通常也只有一天左右，且评估机构主要是通过看资料、听汇报的形式进行评估，难以真实全面地了解社工机构的服务状况，导致在评估中普遍存在重数量轻质量、重视对资料档案的审查而忽略对具体服务过程的评判的现象。社工机构为了应付考核，其大多数从业人员必须将精力耗费在文案工作上，深入社区开展服务的时间被严重压缩。

另外，评估指标的科学性有待增强。首先是存在不同指标权重关系不合理的问题。例如，居民满意度这一重要的指标，由于评估机构自身获取信息的成本较高，往往在评估指标体系中占极小的权重。其次是评估指标不够细化。如服务管理方面，有关服务的具体操作、专业技术等方面没有详细的标准和评估内容。再次是缺乏可以量化的工具，难以对服务过程、效果等有关服务质量方面的情况做出科学测评。

（四）社工组织社会动员能力不足

1. 社工组织的资金来源过于单一

从目前广州市社工组织的资金来源看，大部分社工组织的资金都完全依赖于政府购买服务的项目资金，甚至有相当一部分社工组织是专门为了承接政府购买服务的项目而成立的。这种单一的资金来源使得社工组织对政府的依附性增强，同时也积累了一定的社会风险，一旦其不能继续承接政府购买服务的项目，将可能引发一系列社会问题。

2. 配套的公共服务资源缺乏

部分社工服务的个案需要转介，以提供更专业、更有效的服务，然而社区缺乏相关资源，社工也不知道从何处寻找更多实际的资源。如残疾人士康复服务，往往是较远的大医院才具备相应的服务条件和资源，而交通、经济困难等制约因素的存在，使得最终只有少部分人能接受相应服务。另外，一些长者日常照顾和残障人士特殊照顾的服务需求，也是因迟迟找不到可以满足案主需求的资源，影响了社区公共服务的效果。

3. 社工的资源整合能力不足

社会工作者应主动处理好与有关政府部门和群众团体的关系，与现有体制中可能成为社会工作生长点的部门和人群建立协调良好关系，共同参与解决社会问题。但是，目前从整体上来看，广州市社会工作者对于服务区域内以及更大范围的社会服务资源缺少系统、全面、准确的了解与评估，对现有社会服务资源的整合能力不足，在发挥资源链接者这一角色方面，作用有待提升。

（五）社工服务缺乏社会认知基础

由于居民对社工的认识不多，社工知识的普及率不高、宣传不足，加之社区居民原有的生活观念和生活习惯（如不太相信免费的服务、不太愿意接受陌生人的帮助等），目前社工服务仍然面临社会支持和认可的问题，影响社区公共服务的进一步推广。具体表现为：许多居民对社工不了解，获知社工服务渠道有限，不清楚社工的具体服务内容，在有困难、有需要时也不会主动寻求社工协助；一些服务对象对社工期望过高，在一些个案中，服务对象认为与社工进行一次会谈或接触，就可以帮助他们解决问题；在认知程度方面对社工存在一定的认知偏差，如一个孩子的行为问题，居民可能认为社工直接从孩子自身进行介入服务即可，而实际上适合的做法可能需要先从父母对孩子的教育理念、教育方式以及夫妻关系等方面介入；在社工的职业操守方面，许多居民对于保密、价值中立等社工职业守则不理解，增加了社工服务的难度。

五 进一步推动广州市社工组织发展的对策建议

当前，广州正处于全面推进新型城市化发展的重要阶段。加强和创新社会服务管理，深化社会体制改革、厘清政府与社会关系，更好地发挥社会力量在管理社会事务中的作用，推动社会建设上水平、上新台阶是新型城市化发展的重要组成部分，也是各级党委、政府的重要任务。广州大力培育发展社工组织、推进社会工作广泛开展已经达成共识，相关工作起步良好、成绩斐然，进一步推动社工组织大发展、社会工作大繁荣正当其时。政府应积极完善相关制度和政策，在服务规范、机构准入、资源调配、服务监管、人才培养等方面制定完善的指引和规范，不断推动社工组织和社工服务规范有序发展。

（一）明确发展定位，明晰社工服务范围

社工组织的发展和社会工作的职业化离不开政府的政策支持，需要通过政策层面的不断创新，引导和支持广州社工组织加快发展，推动社会工作职业化进程。

1. 对社工组织的发展方向进行更为清晰的定位

在政策制定上进一步细分社工服务领域，明确哪些职能是社工组织应该承担的，哪些职能是社工组织不应当承担的；明确政府、居委会与社工组织的行为边界，尤其是通过制度安排构筑遏制行政职能向社工机构延伸的防火墙。

2. 加快出台社工服务相应细化政策

从广州市的实际出发，根据社会工作不同服务领域特点制定多元化政策，适当延伸政策服务的范围和介入程度，以使社工组织在参与公共服务方面更有针对性和有效性。

3. 协调相关部门出台配套政策

积极协调发展改革、财政、税务等部门，研究促进社工组织发展的政策，完善政府资助、财政补贴、购买服务、税收减免等配套措施；实施社会工作专业人才培养工程，逐步发展壮大社会工作行业组织管理与服务人才队伍；在研究制定加强和创新社会管理，推进社会服务，促进社会工作事业发展以及解决儿童、老年人、残疾人、流动人口、特殊人群问题等方面政策文件时，主动听取相关社工组织意见。争取相关部门对社工组织的支持，为社会工作发展营造良好的政策环境。

（二）完善服务体系，优化社会服务网络

1. 进一步明确家庭综合服务中心定位

合理厘定服务中心与政府及多元化社会服务主体的行为边界，在机构设置上根据居民需求形成有梯度、可衔接、多元化的网络体系，注重增强家庭综合服务中心的可持续发展能力，逐步解决家庭综合服务中心在发展中逐渐暴露的定位不明确、服务专业性不足、资金来源渠道单一等问题。

2. 充分调动工青妇等人民团体和科协、社科联等群团组织积极参与社区服务的积极性

发挥枢纽型社会组织在培育和促进社工组织发展方面的积极作用，通过枢纽型社会组织整合分散的社会组织和社会力量，提升社会工作的影响力。

3. 提升社工组织的社会资源动员能力

拓展社会协同的空间，吸纳民间资本与市场资本参与社会服务的供给，促进资金投入的多元化与可持续性。

（三）规范行业管理，建立服务资质档案

引导广州市社工组织良性发展，需要尽快规范对社工组织的行业管理。

1. 抓紧完善社会工作的管理体系

衔接好政府行政管理与行业管理的关系，尤其是要充分发挥社会工作协会在服务和管理社工组织方面的作用，为社工组织的培育发展提供技术支持和专业辅导，同时保护社工组织的独立性和专业自主性，维护其基本权益。促进社工机构关注自身的可持续发展能力和提升服务质量。

2. 推动社工协会加强自身建设

逐步承担起以下职能：参与制定有关政策和进行行业的宏观管理；审核、审批专业社会工作机构及社会工作者的注册登记；规范指导协调专业社会工作机构及其相关事宜；督促检查专业社会工作机构活动，维护社会工作者的合法权益；开展社工从业人员的专业培训等。

3. 在全市建立社工机构的服务资质档案

档案包括社工机构的人员构成、专业素质、服务开展状况等，以促进社工组织行业的有序发展和优胜劣汰，为政府机构选择优质社工组织提供决策参考。

（四）制定优惠政策，提高社工组织发展能力

第一，保持财政资金对社会工作的稳定投入和持续增长，设立社会组织发展专项基金，为社工培训和督导、资金补充、资源协调等方面提供必要支持。

第二，出台扶持资助非营利社会组织的政策，实施税收优惠，对非营利社工组织减免税收，以提高其生存和发展能力。

第三，大力拓宽社会融资渠道，落实公益性捐赠税收减免政策，鼓励和引导社会资金向社会工作投入。

第四，基层政府应减少对购买服务金额具体调配上的干预。对于招标的社会服务项目的应标单位，主要根据服务量核定资助金额，社工机构在符合相关规范的前提下，可自行决定如何调配运用政府的资助金额。

第五，在家庭综合服务中心的设立上，根据各个街道面积大小、人口数量差异等细节，更加科学灵活地进行财政支持和人员配备，调整家庭综合服务中心的数量和分布，不必机械地遵循按行政区划平均分配的原则。

（五）建立转介制度，增强资源整合能力

转介制度的建立是为了加强服务对象与服务主体的沟通与联系，提高服务效率与服务质量。

1. 发挥社工机构的中介作用，完善由中介机构将服务对象转介给专业机构的机制

在政府对辖区居民需求作广泛而深入调查并进行登记的基础上，由需要得到社会组织照顾的人士进行统一登记，建立起轮候册，由主管机构评估后，安排这些已登记的人士到受政府资助的、符合他们需要的长期护理服务机构（如养老院等），或者是社区照顾服务机构（如长者日间护理中心等）接受服务。中介服务机构的主要职责是掌握和确认相关的社会服务需求，根据已有的资源进行协调和转介，由相应的社会工作机构为这些需求提供服务，有利于社会工作机构更好地发挥综合效益。

2. 增强社工机构的资源整合能力

（1）建立政府相关部门与社工组织的资源链接机制。由相关单位提供更有针对性的资源协助，社工经过合理的统筹与链接，为服务对象提供及时、有效的服务。

（2）建立社工组织与其他社会组织之间的资源调配机制。在服务对象需要帮助时，可以及时通过正式、有效的途径和程序获得帮助。如发挥宗教组织、社会团体、基金会等在为基层社区提供社会服务方面的重要作用，或者通过项目申请资金为社区提供服务，或者通过自我组织获取微利为社区提供服务，或者通过社会募捐获得善款提供社区服务，拓展社区服务的资源。

（3）鼓励与引导社工机构切实提高资源整合能力，了解国家、省、市、区、镇各级社会服务资源，积极主动地为服务对象链接资源，以解决他们自己不能解决的困难。

（六）统一评估标准，加强行业自律管理

进一步制定切合实际的统一评估标准，颁布《社会工作基本服务规定及标准》和《社工服务薪酬与质素标准》，第三方机构应当以此评估标准为范

本，只是在面对不同服务项目时灵活运用。同时，加强对评估主体资质的管理，如规定评估专家必须是具有丰富实践经验的资深社工，评估过程必须向相当数量的社区居民发放标准化问卷，尤其应当加大居民满意度测评的权重，防止评估走过场，流于形式。今后可按照机构自评和第三方评估相结合、服务数量与服务质量相结合、管理协调与专业服务相结合、政府考核与行业自律相结合的原则进一步完善评估制度。在政府的引导与协助下，鼓励机构按照服务标准的规定对自身开展的服务进行评估，通过自我评估促进社工行业自律，例如设立社会工作服务质量专业委员会等行业自治组织，逐步达成行业服务评估标准的共识。政府要加强对评估结果的应用，发挥评估结果的监督和促进作用，将评估结果纳入社工组织的资质档案，作为评级的依据和标准，推动社工组织的规范化发展；同时也应根据评估结果对政府购买社会服务项目的发展提出建设性、专业化的整改、优化建议，促进项目的顺利推进和服务质量的不断提高。

（七）建设社工人才队伍，提高群众对社会工作的认识

优秀的社工人才是社会工作事业的主心骨。应制定完善的加强社工人才队伍建设的政策，在政策层面保障社工队伍的可持续发展，促进社工人才队伍发展壮大。严格贯彻落实社工薪酬指导机制，保证社工薪酬待遇按照指导机制得以施行，将优秀人才留置于社工行业。认真落实广州市有关社工人才队伍建设政策，将广州市高层次人才政策覆盖到优秀社工人才。建立评选优秀社工的激励机制，把对社会工作人才的表彰奖励纳入政府人才奖励体系，与其他类型的人才同等对待。进一步加大对社会工作事业、社工组织和社会工作者的宣传推广力度。一是积极开展对社会工作、社工组织和社会工作者的宣传推广，向全社会传导社会工作、社会组织、社会工作者的丰富内容、方式方法和重要意义，引导群众正确认识社工组织的积极作用。通过社工组织积极开展服务，深入挖掘居民的潜在需求，让服务对象在服务过程中体验社工服务，提高对社工的认知度和信任度。二是积极与相关单位沟通，普及社工服务项目，由点及面，推广社工服务。三是在提高社工行业认知的同时，加强宣传对社工职业操守的普及，增强公众的理解与监督。利用如"社工节"、"社工日"向全社会

宣传社工"助人自助"的专业理念、方法和作用，使市民认同、接受并自觉支持社工的工作。四是促进基层组织及相关部门对社会工作的理解与支持。通过宣传社工组织在服务社区居民、建设和谐社区等方面的成功案例、优秀项目，提高全社会对社会工作的认同度，提高社区居民参与和支持社工组织活动的热情，为社工组织的发展壮大营造良好的社会环境。

参考文献

〔英〕安东尼·吉登斯：《社会的构成：结构化理论大纲》，李康等译，生活·读书·新知三联书店，1998。

〔美〕奥利弗·E. 威廉姆森：《治理机制》，王健、方世建等译，中国社会科学出版社，2001。

〔美〕奥斯特罗姆、帕克斯和惠特克：《公共服务的制度建构》，上海三联书店，2000。

邓正来等编《国家与市民社会：一种社会理论的研究路径》，中央编译出版社，2005。

〔美〕菲利普·库珀：《合同制治理：公共管理者面临的挑战与机遇》，竺乾威等译，复旦大学出版社，2007。

〔英〕哈特利·迪安：《社会政策学十讲》，岳经纶等译，格致出版社，2009。

吴群刚、孙志祥：《中国式社区治理》，中国社会出版社，2011。

王浦劬、〔美〕萨拉蒙等：《政府向社会组织购买公共服务研究》，北京大学出版社，2010。

〔英〕简·莱恩：《新公共管理》，赵成根等译，中国青年出版社，2004。

〔美〕唐纳德·凯特尔：《权力共享：公共治理与私人市场》，孙迎春译，北京大学出版社，2009。

〔美〕周雪光：《组织社会学十讲》，社会科学文献出版社，2003。

句华：《美国地方政府公共服务合同外包的发展趋势及其启示》，《中国行政管理》2008 年第 7 期。

何艳玲：《从"科层式供给"到"合作化供给"——街区公共服务供给机制的个案分析》，《武汉大学学报》（哲学社会科学版）2006 年第 5 期。

余冰、郭伟信：《政府购买服务的理论与实践探讨——以广州仁爱社会服务中心的社工服务购买为例》，《广东工业大学学报》（社会科学版）2012 年第 1 期。

敬乂嘉：《中国公共服务外部购买的实证分析——一个治理转型的角度》，《管理世界》2007 年第 2 期。

贾旭东：《基于扎根理论的中国城市基层政府公共服务外包研究》，博士学位论文，兰州大学，2009。

孔繁斌：《论民主治理中的合作行为——议题建构及其解释》，《社会科学研究》2009年第2期。

吕志奎：《政府合同治理的风险分析：委托－代理理论视角》，《武汉大学学报》（哲学社会科学版）2008年第9期。

明燕飞、盛琼瑶：《公共服务合同外包中的交易成本及其控制》，《财经理论与实践》2011年第6期。

王俊华：《变财政投入为政府购买》，《中国行政管理》2008年第12期。

唐咏：《从社会福利社会化视角思考政府购买社工服务的行为》，《甘肃社会科学》2010年第3期。

何精华：《区分供给与生产：基于政府公共服务职能实现方式的分析框架》，《中国行政管理》2007年第2期。

郑崇明：《社工服务购买：民营化亦或"元"治理》，《人民论坛》2013年第17期。

（审稿：练惠敏）

广州市街道家庭综合服务
中心建设调查报告*

韦朝烈　黄晓武**

摘　要：

本文揭示了广州市街道"家综"在运营模式、经费来源、服务项目、社工队伍等方面的特征，分析归纳了制约其进一步发展的主要因素，主要包括资金筹集使用不够合理等。在此基础上，提出了有针对性的对策建议。

关键词：

家庭综合服务中心　社区服务　考核制度

广州市"十二五"规划明确指出，到2015年，全市基本建成较为完善的社区服务设施，构建政府主导、民间运作、社会广泛参与的社区服务机制；建立以社工为骨干、多种专业人才并存的社区服务队伍；形成制度健全、监管到位、层次分明、种类多样的社区服务体系。街道家庭综合服务中心（以下简称街道"家综"）已经成为广州市社区服务体系最为重要的组成部分。因此，推进广州市街道"家综"建设，符合市委、市政府社会管理创新的战略布局，是广州新型城市化发展战略的题中应有之义。

本文旨在通过调查研究深入了解广州市街道"家综"建设的现状及存在

＊　本报告系中共广州市委党校2013级青年干部培训班第六调研小组的调研成果。调研组成员：罗永锋、杨超、窦丽方、肖明、黄晓武、殷宁宁、叶轫、利颖瑜、韦朝烈。执笔：韦朝烈、黄晓武。

＊＊　韦朝烈，哲学硕士，中共广州市委党校哲学与文化教研部副教授。黄晓武，管理学硕士，广州市供销合作总社副主任科员。

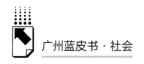

问题，并提出对策建议，为市委、市政府或有关部门提供决策参考。

本文采用座谈交流、个案访谈、问卷调查等方式收集第一手资料。课题组先后到广州市民政局、广州市供销合作总社、番禺区大龙街道办事处等单位和海珠区素社街、江海街等5个街道家庭综合服务中心现场参观、听取介绍，并与市供销总社李洁明副主任、市民政局杨海清处长座谈交流。个案访谈的对象主要是广州市恒福社区家庭综合服务社总干事周贤铮和所调研的"家综"的社工。问卷调查采用非随机抽样的方法，调查的对象主要有三类，分别是居民、服务对象和社工。对居民的调查，主要通过调研组成员挂职街道和恒福家庭综合服务中心对所在街道或中心服务地的部分居民进行；对服务对象和社工的调查，则由"义工联"和上述调研"家综"机构对部分服务对象、一定范围内的全体社工进行。针对居民的问卷共发出180份，回收有效问卷170份；针对服务对象的问卷共发出210份，回收有效问卷204份；针对社工的问卷共发出252份，回收有效问卷245份。对问卷的统计分析主要使用SPSS软件。由于得到了民政局和有关单位、机构的大力支持，虽然不是严格随机抽样，但本次调查问卷发放范围广、资料收集较全面，因此调查结果和调查所反映出来的问题仍然具有较高的真实性和代表性。

一　广州市街道家庭综合服务中心建设与发展概况

（一）主要做法及成效

2010年，广州在学习中国香港和新加坡经验的基础上，创新街道、社区社会服务与管理体制机制，搭建社会工作人才队伍发展坚实平台，市委、市政府在5月出台了《中共广州市委广州市人民政府关于加快街道家庭综合服务中心建设的实施办法》（以下简称《办法》），正式拉开了广州市发展"家综"的帷幕，并在20个街道对家庭综合服务中心开展试点建设。2011年7月，市委九届十一次全会决定通过建立街道"一队三中心"（街道政务服务中心、综治信访维稳中心、家庭综合服务中心和综合执法队）对街道、社区服务管理体制改革创新做出明确要求，体现政府服务机构、环节、程序方面的精简，以及管理、服务重心的下移，加强基层服务和管理水平，方便居民办事。街道"家综"建设得到全面推进。"家综"通过政府购买社会服务的方式，由民办社会工作服务机构承接运营，属于"政府出资购买、社会组织承办、全程跟踪评估"的新型公共服务供给方式。

"家综"的服务工作主要通过招投标由社会机构承接，设置服务项目涉及老年、青少年、妇女儿童、外来务工人员等多个方面，每个机构必须在中心提供 3 个政府部门规定的必选服务，同时根据街道特点设置 2 个自选服务。据了解，截至 2012 年 12 月，广州市已有 150 个家庭综合服务中心开业，其中街道"家综"已经覆盖全市所有街道，数量为 137 个，另有镇"家综"13 个。在数量上基本达到了香港每 10 万人设置一个"家综"的要求。

"家综"的建设整合了街道和社区原有的星光老年之家、工疗站、文化站等功能，同时提供了原来没有的教育培训、心理治疗等多项服务，的确整合和盘活了原有的社区资源，提高了社区的服务能力，使老百姓得到了便利的公共服务，但仍需要政府进一步加大投入、规范管理、引进人才和建设平台，方能使其健康、有序的发展，造福一方百姓。

（二）"家综"概况

1. 运营模式

广州市"家综"的基本运营模式有两种，一是街道直接设立家庭综合服务中心，由以街道指定的实体来开展中心的各项服务。如海珠区江南中街，荔湾区逢源街、金花街，黄埔区黄埔街，白云区三元里街，番禺区桥南街等[①]；二是街道提供家庭综合服务中心的设施、场所等硬件条件，通过公开招标选择引入民办社会机构作为服务承接机构，如海珠区素社街、番禺区大龙街等"家综"。目前第二种模式占了广州"家综"的 70% 以上。

2. 经费来源

政府财政拨款是目前社区综合服务中心的主要经费来源。2010 年试点街

---

① 孙晓琴：《广州社区综合服务中心的发展及经验探析》，《广州城市职业学院学报》2011 年第 4 期。

道的社区综合服务中心建设经费由市和各区（县级市）财政局统筹安排，纳入市民政局和各区（县级市）民政局部门预算，每年 200 万元，试点期为两年。除南沙区、萝岗区由区财政全额拨款外，其他试点街道的社区综合服务项目经费均由市、区（县级市）两级财政共同承担。其中，市级财政与越秀区、海珠区、荔湾区、白云区按 5∶5 比例负担；与天河区、黄埔区、番禺区、花都区按 4∶6 比例负担；与从化市按 8∶2 比例负担；与增城市按 6∶4 比例负担。①

3. 服务内容

广州市街道家庭综合服务中心提供的服务，从 204 名被调查居民接受的服务来看，排在前三位的主要是青少年（40.8%）、老年人（37.3%）和残疾人（14.4%）。

4. 社工队伍

社工指在家庭综合服务中心承接运营政府购买服务的民办社会工作服务机构聘用的社会工作专业人才，结合广州实际，社会工作专业岗位按照通用名称从高到低分别为：高级社会工作师一级、高级社会工作师二级、高级社会工作师三级，社会工作师一级、社会工作师二级、社会工作师三级，助理社会工作师一级、助理社会工作师二级、社会工作员。其中，社会工作员主要为未考取社会工作者职业水平证书的如下人员：《社会工作者职业水平评价暂行规定》颁布前，通过广州市职业技能鉴定指导中心社会工作者（三级）职业资格鉴定的人员；持高校社会工作及社会工作相关专业毕业文凭的人员；具有高中或中专以上学历，在社会工作领域实际从事社会工作满 5 年，且接受社会工作专业系统培训不少于 100 小时的现有社会工作从业人员。社会工作员为最低等级，符合一定任职及晋升条件可聘用到较高等级岗位。广州 2008 年开展社会工作者职业水平考试至今，共有 4373 人取得社会工作者职业水平证书。《广州市社会工作专业人员登记管理实施办法（试行）》实施以来，已有 4426 人在市民政部门登记为社工，其中社工师 1162 人、社会工作员 3264 人。

---

① 《社区要成市民的幸福港湾》，《南方都市报》2011 年 7 月 20 日，AⅡ06 版。

从年龄结构来看，社工以 18～30 岁的年轻人占多数，约占社工队伍的 90%。83% 的社工从事此项工作在 2 年以下（见图 1）。

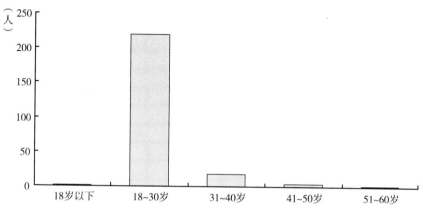

图 1　社工年龄结构　（N = 245）

从学历结构看，目前的社工大多数具备了大学专科以上学历，部分获得硕士研究生以上学历，社工群体的学历水平较高（见图 2）。

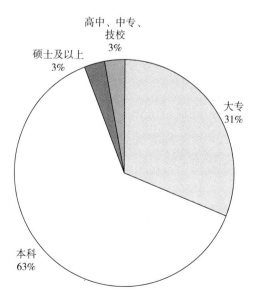

图 2　社工的学历情况　（N = 245）

二　广州市街道家庭综合服务中心建设
发展面临的主要问题

广州社区服务起步较晚，是在 20 世纪 90 年代后期才出现的新鲜事物。2010 年市民政局指导城市各区开展社区服务试点工作，社区服务工作才正式推开，与香港完善的社区服务体系比较，广州社区服务几乎晚了半个世纪，而从 2011 年开始开展和推进的街道"家综"建设只有两年多的时间，因此还不成熟、不完善，还存在一些需要重视和解决的问题。

（一）资金来源渠道窄

广州社区服务的资金主要是行政性质的，主体性质比较单一，来源范围狭窄。而社区服务是公益性行业，公益捐赠等筹集资源的方式尚未成为"家综"资金来源渠道的补充，这与广州市目前的宣传力度、捐赠制度、政策完善与否直接相关，也造成了社区服务事业的资金总量不大，从而影响服务质量的提高。在税收方面，每年 12 月份通过审核的"家综"才能拿到政府购买社会服务的款项，各种程序走下来，钱于次年二三月发放下来。最后发放的钱要被算作"家综"上年度的盈利抽取大约 25% 的税①。这些无疑都给"家综"带来巨大的运作压力。

从图 3 看来，超过 90% 的被调查居民、社工都认为政府应进一步加大对"家综"的财政投入力度，而香港对社工机构的投入力度可作为一个参考。

（二）社会知晓率不足

从被调查人员的统计结果看，有 23.5% 的居民没听说过"家综"，41.8% 的居民对"家综"的工作内容不甚了解，而 54.3% 的社工认为制约"家综"发展的问题在于宣传，这些都是制约居民接受服务和"家综"业务开展的因

---

① 韦朝烈、尹红晓：《广州政府购买服务现状调查与对策建议》，《探求》2012 年 5 期。

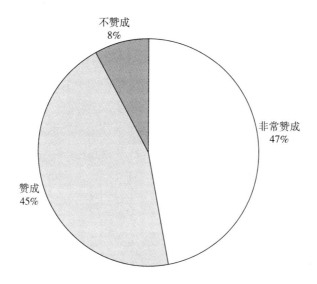

图3 政府是否应加大对家庭综合服务中心建设的财政投入力度（N＝170）

素（见表1、表2和图4）。在调查了解中，也有不少居民简单地将"家综"
与街道政务中心混淆。

表1 居民对"家综"的知晓度 （N＝170）

单位：人，%

是否听说过"家综"	人数	百分比
听说过	130	76.5
没有听说	40	23.5
合　计	170	100

表2 是否知道"家综"业务（N＝170）

单位：人，%

是否知晓"家综"业务	人数	百分比
知道	99	58.2
不知道	71	41.8
合　计	170	100

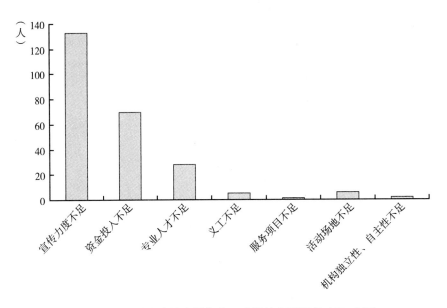

图4　制约街道家庭综合服务中心发展的主要因素（N = 245）

注：调查中所提问题为"您认为以下哪几点是制约街道家庭综合服务中心发展的主要因素（最多只能选三项）"。

（三）管理仍需加强

1. 资源分配不合理

当前政府对"家综"的资金扶持基本属于一刀切，每条街道200万元，虽然有关部门会进行评估，但客观上对人口较多、服务项目较多的"家综"来说，200万元在扣除有关基本运营费用后所剩无几，打击了这些"家综"的积极性。绝大多数社工和居民都认为政府应根据街道服务人口和所提供的服务项目进行差别式发放（见图5）。

2. 评估制度仍需改进

当前对家庭综合服务中心的评估通常采取材料审查和电话检查的形式进行，由于过于注重形式上的评估审查，随机性的服务对象调查走访相对较少，对善于自我宣传和公关的社工机构来说，在评估中容易取得高分，而踏踏实实做服务、没将精力放在做表面功夫的社工机构，反而得分不高。最后出来的结果反映的是形式大于内容的评估，这样也会对其他社会机构的工作导向造成偏

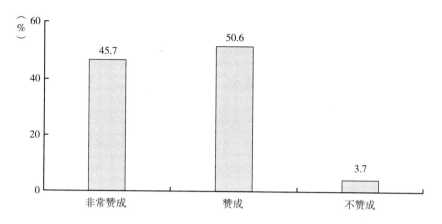

图5　政府投入额度调查　（N=245）

注：调查中所提问题为"是否同意根据各街道服务人口数量和任务的差别确定政府对家庭综合服务中心建设的财政投入额度"。

差，使服务机构把宣传、公关、写材料凌驾于提高服务水平和居民满意度之上，造成本末倒置（见图6）。

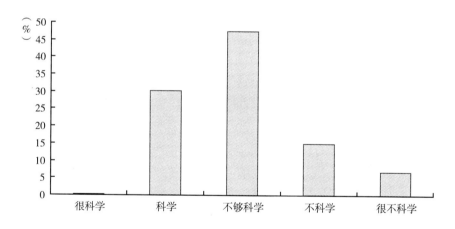

图6　绩效考核评估制度评价　（N=245）

注：调查中所提问题为"你觉得街道家庭综合服务中心服务项目的绩效考核评估制度科学吗"。

3. 政府对机构干预过多

由于"家综"在提供服务过程中必须得到所在街道的支持，在人事、财务、决策等多方面存在或紧或疏的联系。因此，大多数街道将"家综"视为

本单位的一个部门，忽略了"家综"自身的独立性和专业性，在工作任务较多、人员紧张的时候，会要求"家综"从事与专业社会工作不相关的工作。

（四）机构服务水平仍需提高

1. 服务领域仍需拓展

居民迫切需要的服务与"家综"提供服务的项目基本一致，说明目前"家综"所提供的服务与居民的需求基本吻合，但缺口巨大，造成服务跟不上需求。香港的社区服务非常繁荣和多元化，除家庭、老年、儿童、青少年、康复等服务外，涉及劳工、就业、教育、医疗、健康、扶贫和国际救援等方方面面，可以说，香港的社区服务基本能够涵盖市民的所有服务需求。而广州的家庭综合服务中心只能提供基本的服务，对居民更高层次的需求仍无法满足（见图7）。

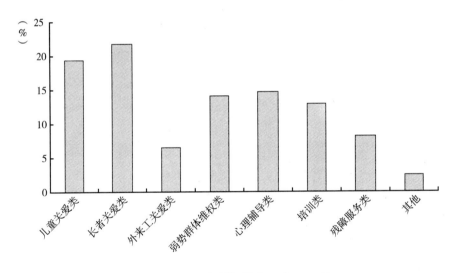

图7 居民对"家综"需求 （N = 170）

2. 社工素质需要提高

从持证比例看，目前仍有超过一半的社工未能持证上岗。目前，广州市拥有资格证的社工人才4426人，离2015年全市每万人中有5名社工的目标差距较大，社工行业发展仍不够规范①，社工队伍缺口较大（见图8）。

---

① 《广州市民政局2012年度工作报告》。

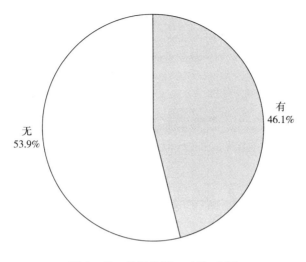

图8 社工持证比例 （N = 245）

（五）社工队伍不稳定

从上述调查结果看，目前社工的收入普遍较低，因此近70%的社工对薪酬不满意和非常不满意，只有20%的社工愿意长期从事该项职业，队伍极不稳定（见图9）。香港1个社工服务人群的比例是1∶50，而广州远大于这个比例，但目前社工月薪普遍在3000元以下，对比2012年广州市社平工资（5313元），处于较低水平（见图10）。从表3可以看出，"看好未来的发展空间"的人，如果长时间未能看到发展的前景，将会离开这个行业，而"暂时没有更好的去向"的人更容易动摇，只要碰到更好的待遇或看到更好的发展空间，几乎可以确定会离开，这两部分所占比例达41.6%。

综合广州社工薪酬指导价、广州平均工资、社会工作员来源、调查问卷和工作性质，广州市街道家庭综合服务中心社工薪酬不具备吸引力，广州4373名持证（助理）社工师中，目前仅有近1200人工作在一线社会工作岗位，绝大多数已登记社工在社区居委会工作，极个别社工就职于社工机构，社工专业的毕业生九成不愿从事该行业，即使入行，流失率也很高。另外，从上述表格可以看出，社工对薪酬的满意度与是否将社工作为终身职业的比例基本吻合，因薪酬低不愿当社工成为主要原因。因此，2013年甚至出现香港政协委员联

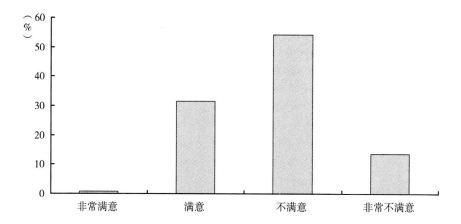

图9　社工对目前薪酬的满意度（N = 245）

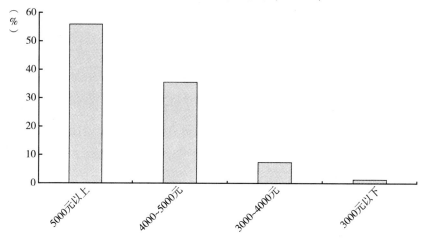

图10　社工收入情况（N = 245）

表3　社工任职原因（N = 245）

单位：人，%

工作原因	人数	百分比
对该项工作比较感兴趣	142	58.0
看好未来的发展空间	60	24.5
对薪酬福利比较满意	1	0.4
暂时没有更好的去向	42	17.1
合　计	245	100.0

名提交为社工争取更好待遇的提案——建议将社工纳入公务员系统。

另外，目前每个街道政府购买服务经费 200 万元，购买服务总经费的 60% 用于人员开支（工资、奖金、五险一金和以上支出引致的税费等），原则上每 10 万元购买服务经费须配备一名工作人员，薪酬总量封顶问题显而易见。工资增长跑不赢 CPI，家庭综合服务中心的社工以年轻人为主，薪酬总量封顶对他们的工资增长、生活质量改善、安心从事工作的负面影响较大。如果严格控制家庭综合服务中心薪酬，容易使真正的人才离开这个行业，使家庭综合服务中心扮演了跳板的角色。

三 推进广州市街道家庭综合服务中心建设发展的对策建议

（一）建立更加科学完善的资金筹集使用和管理考核制度

一是丰富资金筹集渠道。政府财政投入是街道社区服务项目顺利推进的基础，而充分开发社会资源，加强市场化参与和接受社会捐献则有利于机构的长期发展。广州应学习港澳、新加坡等地的先进经验和做法，例如在坚持政府购买为核心的基础上，要求社工组织建立多元化筹资渠道，规定社工组织可以向社会募集资金和社会资源等，鼓励"家综"加强与慈善机构、非营利性服务机构的交流和合作，争取社会组织的支持和投入，积极鼓励引导民间资本进入社区，部分条件成熟的项目进行市场化运作。

二是完善经费投入标准和拨付程序。根据街道的服务人口、面积等指标，对全市统一的经费投入标准进行适当的调节，体现差异化和合理性，不搞一刀切；同时要逐年加大财政经费投入力度。简化向民办社工机构拨付服务经费时的资金审批程序，按照合同规定及时给付服务费用，保证所购买的社工服务具有可持续性。

三是落实各项税收优惠政策。对社工类社会组织来自财政支持及承办政府购买服务项目的收入，积极贯彻落实各项税收优惠政策，在开办费、教育培训及工作经费等方面给予财政补助和支持。

四是探索建立更加科学的绩效评估制度。科学制定标准，强化评估的科学性和制约力。以绩效为导向，在保留部分共性标准的同时，根据街道的人口、地域、居民特点等情况，实行差异化评价标准，避免"一刀切"；加大随机性调查走访服务对象满意度的比重。

（二）加大社工队伍建设的步伐和力度

一是提高社工队伍的专业化水平。社会工作的前景美好，发展空间大，对社工人才的需求也很大，要合理分配教育资源，加大对社工专业的师资和硬件的投入，引导大学毕业生到一线就业，充实基层社工人才队伍，改善社工队伍的结构。同时，继续对基层社会工作岗位进行科学设置，以职业化为目标，多渠道、多方式吸纳高素质人才从事社会工作。建立符合当前社会经济发展实际的社工人员聘任制度，推行科学的社工职务评聘制度。

二是完善激励机制，提高社工的工作热情。有效的激励机制是吸引人才、留住人才的重要手段。要为社工的发展创造条件、提供机会，提高社工薪酬水平，加大对优秀社工的奖励、宣传力度，提高社工的知晓度，提升社工从事职业的自豪感和荣誉感，使社工行业成为个人事业进步的一个良好平台。

三是完善保障机制免除社工后顾之忧。社会工作是一项社会福利服务事业，而发展社会福利事业是政府重要的公共职能之一。要提高社工机构合法性与合理性，鼓励和支持合法的社工组织开展业务，显示社工组织的地位与重要性，加大开发社工工作岗位力度，建立社工薪酬保障制度，确保社工收入处于社会中等收入水平。参照人才引进计划，根据从事社工职业时间的长短，尝试建立优惠制度，如持有社工证、工作满一定年限的社工在子女入学、医疗、就业等方面享有优待。

四是建立志愿者服务团队成为社工的有益补充。建立社区志愿者队伍、让社区居民既接受服务也成为服务的提供者。完善志愿者资料的建档，根据特长、意愿进行分类，对志愿者进行服务技能的培训，同时畅通志愿者加入社工队伍的渠道。

（三）加强对社工机构业务上的指导和支持

一是针对社区结构个性化设置服务项目。根据每个社区不同的人口结构和社区特色，个性化来设置服务项目，凸显不同社区不同的个性化、专业化服务。

二是保持"家综"的相对独立性。全面推行通过公开招标选择引入民办社会机构作为服务承接机构，形成良好的竞争性运作机制。制定相关政策，明确行政管理与专业服务之间的关系，"家综"提供的服务是准公益性的，在很大程度上帮助所在街道完成了服务社区居民的任务，是街道工作的有益补充，街道应将社工机构看作是社区建设的合作伙伴，在场地建设、经费拨付等方面提供支持，给予"家综"更大的自主性和自由度，尽量不将行政任务交给"家综"，使其专注于提供服务。

三是巩固核心业务，拓展专项服务。按照政府购买服务的政策规范，巩固发展好现有以及将要进一步发展的政府购买服务项目，鼓励工作开展较好的机构逐步接收一些不能适应社会服务发展需求的弱小机构，接管其服务项目。同时，应群体需求，为社区提供全方位的专项服务，从幼儿、青少年、成人到长者，从残疾人士、患病人士到孤寡老人、单亲家庭、新来街道居住的人士；服务领域大，涉及劳工、就业、教育、医疗、健康、家庭、房屋、市区重建、交通、扶贫、救援等；服务的类别齐全，有家庭及儿童服务、青少年服务、康复服务、医务社会服务、安老服务、社区发展、违法者辅导服务、社会保障、临床心理服务等。同时，针对当前生活节奏不断加快的现状，为社区居民提供购物、餐饮、维修、美容美发、洗衣、家政、物流配送、快递派送以及再生资源回收等经营性便民服务，形成社区服务业网络。

（四）加大社工文化的宣传力度

从公民教育和舆论导向入手，继续扩大对社会工作的教育和宣传力度，形成关心、支持社工服务的氛围，为街道家庭综合服务中心事业的健康发展奠定良好的心理和社会基础。建议在广州的主流媒体（广州日报、广州电台、广州电视台、相关门户网站等）加大"家综"建设的宣传力度，并开设专门栏

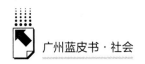
目或版面定期宣传社工精神，扩大服务影响，争取社会资源的投入和社会力量的参与。

参考文献

韦朝烈、尹红晓：《广州政府购买服务现状调查与对策建议》，《探求》2012 年第 5 期。

姚迈新：《政社关系视角下社会组织提供公共服务问题研究》，《岭南学刊》2013 年第 3 期。

孙晓琴：《广州社区综合服务中心的发展及经验探析》，《广州城市职业学院学报》2011 年第 4 期。

韩俊魁：《当前我国非政府组织参与政府购买服务的模式比较》，《经济社会体制比较》2009 年 6 期。

王凤竹：《薪酬体系研究》，《现代商贸工业》2010 年第 1 期。

《社会工作专业人才队伍建设中长期规划（2011～2020 年）》，民政部门户网站。

《广州市民政局 2012 年工作报告》，广州市民政局门户网站。

（审稿：郭炳松）

社情民意篇

Investigation

B.15

2013 年度广州居民社会
参与情况调查报告*

黄石鼎　宁超乔**

摘　要：

社会参与是实现公民自身价值、进行社会创新、建设现代社会文明的必经渠道。本文基于 2013 年 10～11 月对广州市 11 个区（县）全体居民类型的 435 户入户问卷调查，试图了解目前广州市居民社会参与的总体特征和具体情况，并基于此分析广州市社会参与方面存在的问题，并提出相关对策建议。

关键词：

社会参与　参与动机　参与渠道　社会团体

* 本报告系广东省普通高校人文社会科学重点研究基地广州大学广州发展研究院、广东省教育厅"广州学"协同创新发展中心、广州市教育局"广州学"协同创新重大项目研究成果。

** 执笔人：黄石鼎，广州市社会科学院城市管理研究所所长；宁超乔，广州市社会科学院城市管理研究所研究人员。

社会参与是指社会成员以某种方式参与、干预、介入国家的政治生活、经济生活、社会生活、文化生活以及社区共同事务，从而影响社会发展的过程。一般来说，社会参与具有以下三方面的核心内容：第一，社会参与是在社会层面进行的，围绕社会的各个层面、不同深度进行是社会参与的基本范畴；第二，社会参与是由人及人的组织架构所构成的，因此社会参与是与他人联系在一起的。第三，社会参与是体现参与者价值的，参与者通过参与社会发挥自身价值，创造社会价值。

社会参与是一个现代公民社会是否发展完善的重要参考指标，其原因就在于：首先，社会存在的根本价值就在于社会公众能够发挥自身价值、处理与自己相关事务，并成为推动社会不断进步和发展的主体。落后社会和文明社会的本质区别就在于社会个体是被动地被统治和管理的细胞、实现统治和专制的工具手段，还是真正能表达和建立实现自身需求的畅通渠道。而这一渠道的建立，则正是积极和有效的社会参与。社会参与不仅建立正向的需求表达和完成机制，而且能产生反馈修正效果，通过不断的学习，反过来作用于社会的每个个体，使公民的公共意识得到强化，提高人们在社会生活中的自主意识和自主空间，从而激活社会个体的主动性，提升整体社会活力。

具体来说，第一，社会参与通过动员、组织、支持和推动公民采取行动，自己解决相关发展问题，形成以社区或其他行动场所为载体的自治机制，将社区性的或某一活动范围内的公共事务交由成员自己来治理，如可以通过各种公益性民间组织的培育，执行过去由政府执行的某些公益性职能，从而形成对政府机制的制约和补充。第二，社会参与可以在促进政府机构改革与政府职能转变、促进与社会主义市场经济相适应的新型伦理道德体系的形成等方面发挥重要的作用。第三，社会参与可以发挥渠道的作用，通过这种渠道，公民可以进入更大的宏观决策领域当中。第四，社会参与发挥着应对社会公共危机的重要功能。经济合作与发展组织在2003年发表的《21世纪面临的新风险：行动议程》中，提出了危机管理机制的新观点。其中将"采取综合、协调的方式，把政府、志愿者、民间机构团体结合在一起，做好应对计划、组织和安排"作为21世纪公共危机管理的重要内容。这也是美国屡次政府停摆而社会依然秩序良好的重要原因。第五，社会参与是培养公民精神和城市精神的必由之路。托克维尔在《论美国的民主》中对美国公民精神大加赞扬。在他看来，自由结社与热情参与是美国公民的显著特征，也是现代民主政治的必要条件。与此相对应的是，现代中国城市人群宁愿待在自己家里看电视也不愿意认识邻居或参与社区活动，公民精神的形成是由公民在相互的沟通和参与中碰撞而产生的，公民精神和城市精神在中国都缺乏生长的土壤和环境。

一　调查抽样情况

为了解广州市居民的社会参与情况，课题组于 2013 年 10～11 月，对广州市 11 个区（县）的居民的社会参与意愿、参与领域、参与方式、参与动机等方面进行了调查。

（一）抽样方式方法

一般调查分随机抽样和非随机抽样两大类。此两类下又有多种抽样方法，调查实施者可根据调查目的和调查对象的特点，结合不同抽样方法的适用性和所能达到的效果而有选择地使用抽样方法。

本调查根据广州市居民的区（县）分布总数来进行抽样，根据居住人口总数，每个区（县）选择相同比例、不同数量的样本。抽取一些具有代表性的街道，以入户结构式访谈的方式来开展调查。基本抽样方式为，每个区选取两个街道，每个街道选取 4 个社区，每个社区入户进行最多 4 份问卷的调查。这样，就能保证样本非常分散，具有分布的广泛性。

在样本量方面，在统计意义上，30 份样本量即可统计分析；但若要进行一些高级统计分析，一般要求样本量在 100 份以上。本调查的目标样本量为450 份，纯净样本量是指去掉不合格或未回答的调查对象以后的剩余量，本调查采用90%的置信度，最大允许绝对误差取值为 8%（有些偏低，但条件所限），再根据发生率和回收率形成的样本增量（1.1 倍）。回收有效问卷 425份，有效率为 94.5%。各街道的问卷发放是根据各街道给出的抽样框（含地址，姓名等指标）作系统随机抽样后进行的。另外，每个访员给予了该街道的抽样框名单（要求名单保密，调查完毕回收），在遇到空挂户、信息更新不及时已搬走换人、语言不通等情况时，可现场在该户的上一个门牌号和下一个门牌号中随机抽取一户替代。

（二）回收样本的属性

区（县）分布。样本均衡分布到广州市 11 个区。天河、海珠、荔湾和越秀等人口密集的区取样较多，天河区的分布比例最高，其次是海珠区和越秀区（见表1）。

表1 样本的区（县）分布

单位：%

区（县）	样本比例	区（县）	样本比例
白云区	13.7	荔湾区	11.6
从化市	0.4	南沙区	3.7
番禺区	10.3	天河区	18.8
海珠区	14.6	越秀区	14.0
花都区	3.5	增城市	4.4
黄埔区	5.0	合 计	100

性别比例。回收的样本中男性占 50.6%，女性占 49.4%。

籍贯。广东省人占 52.6%，非广东省人占 47.4%。

学历。被调查者的学历符合广州市居民基本特征。依然以高中及以下学历为主，大专及以上的学历只占 18.1%（见表2）。

表2 被调查者学历分布情况

单位：%

项 目	占 比
没上过学	4.6
小学及未毕业	15.1
初中及未毕业	37.5
高中（含中专、技校）	24.7
大专（含高等技术院校）	8.5
本科	7.2
研究生及以上	2.4

职业。被调查者的职业分布比较均衡。最多比例的是在公司企业、单位从事专业性技术和管理工作的人员，其次是灵活就业的手工业者和服务行业从业者。再次是退休的人（见表3）。

表3　被调查者的职业属性

单位：%

项　　目	占　　比
读书、学习或参加全职培训	5.5
自己当老板，做生意	12.2
在公司企业、单位从事专业技术或管理工作	20.8
一线普工工作、手工艺或服务行业	13.3
灵活就业（兼职、零工、摆摊等）	14.9
失业中或正在找工作	4.4
不工作或暂无工作意向	4.2
退休的人	13.7
其他	10.9

二　广州市居民社会参与的总体情况

（一）超过六成居民关心社会活动，1/4 居民目前参与社会活动

社会参与意愿是公民社会参与的前提和基础性条件，是指对有关的社会活动所持的基本态度和思想倾向，譬如，对社会事务的关心程度，对自我成长和发展的目标与愿望等等。一般来说，公民教育层级越高，其社会参与意识就越强。目前，广大市民的思想观念先进，权利意识、主体意识、平等意识、自由意识和竞争意识明显增强，社会责任感普遍得到提高，他们更希望通过社会参与来表达自己的利益需要和社会诉求，并期望融入城市生活。

在参与意愿方面，调查表明，65.9%的居民表示分情况地关心社会活动，但约1/4的被调查者会"积极参与"或"偶尔参与"到社会活动中来，有约1/3的人表示"不关心，不参与"（34.1%），而近四成的人虽然"关心社会，但不参与"，关注大于行动（见图1）。

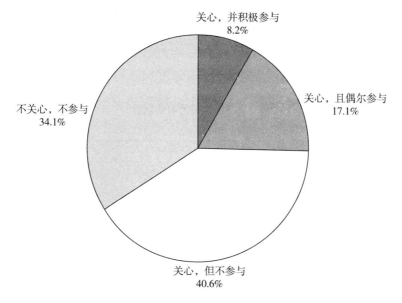

关心，并积极参与
8.2%

不关心，不参与
34.1%

关心，且偶尔参与
17.1%

关心，但不参与
40.6%

图1 广州居民对"社会"的关心和参与情况

（二）居民的主要目的是了解和接触社会的需要

2/3 的被调查者认为自己是"出于兴趣和接触社会的需要"而参加社会活动的，"服务和回报社会"的选择比例只有 6.7%（见表4）。

表4 请问您关心或参与社会活动的主要目的

单位：%

项 目	占 比
单位或社团要求的	1.1
实现个人发展	5.0
无聊，随便看看	15.8
个人兴趣，了解社会	66.4
实现自我价值	1.9
服务和回报社会	6.7
其他	1.4

（三）文体娱乐活动是居民最热衷参加的社会活动

中华人民共和国宪法第二条明确规定："人民依照法律规定，通过各种途径和形式，管理国家事务，管理经济和文化事业，管理社会事务。"目前，居民参与的领域越来越广泛，参与的具体社会事务包括讨薪、争取社保权益、增加子女教育投入等等，都是关系到居民切身利益的问题，几乎涵盖了农民工就业、培训、社会保障、住房、子女受教育等涉及经济、社会、文化的各个方面。

调查发现，五成被调查者选择参加的最主要活动就是"文体娱乐活动"，而值得注意的是，"志愿者等公益活动"（27.3%）、"社区科教、卫生和文明建设等管理类活动"（25.2%）的参与比例也不低，这说明近年来政府的社会管理创新系列行动后，公益性组织蓬勃发展，在带动人们参与社会活动方面取得了积极的效果（见图2）。

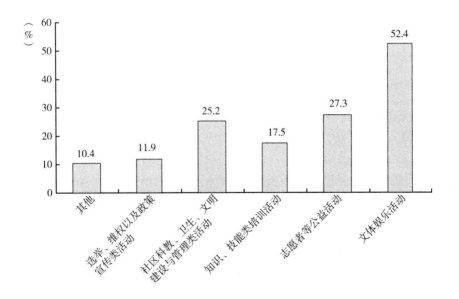

图2 对"您平时主要参加哪类社会活动"的调查

（四）15%的居民主动到现场参与志愿者和义工活动

社会参与分为很多方面，根据其参与的深浅程度和性质不同，分为单向接受型、主动参与型和主动发起型。单项接受型主要是指接受外来的信息、指令，但不做出回应的参与类型。而主动参与型则不仅接受信息、指令还做出积极响应。除此以外，还有更高阶的主动发起型。主动发起型对外发送信息、指令，引导公民参与社会。

约九成（89.2%）的被调查者参与所喜爱的社会活动的方式是"关注或阅读"，这种方式一方面是浅层次的单向性活动，另一方面未形成回馈机制，对社会产生的影响较小。

也有一小部分（10%~15%）被调查者会走出室外，亲临现场参加志愿者活动、义工、社会维权等双向或多向型的社会活动。因本次调查的抽样是基于住宅进行的，代表广大的普通居民，因而具有真实性和可靠性。

而作为组织者，能够"主动在网上或现实中发起社会活动的"比例则非常小，只占1.7%（见表5）。

表5 对"您关心或参与该类活动的具体方式"的调查

单位：%

项 目	占 比
关注或阅读社会新闻或热点事件	89.2
参与媒体或网络论坛的讨论与交流	15.0
向有关部门提建议或意见	7.2
选举或参与城市、社会维权或居民维权活动	11.9
当他人发起时，在网上参加活动	11.1
当他人发起时，亲临现场实地参加志愿者活动、义工爱心活动	12.5
作为组织者，主动在网上或现实中发起社会活动	1.7
以上都不关注或参加	1.1
其他	2.8

（五）12.8%的居民参加社会团体

调查表明，选择"参加社会团体"的被调查者比例为12.8%。87.2%则表示从未参加任何团体。在我国，通过社会组织参与社会的比例并不高（见图3）。

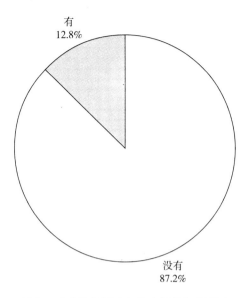

图3 对"您是否参加社会团体"的调查

（六）传统通信方式和现代通信方式同样重要

目前，社会参与的信息来源渠道多元，主要有两个方向。一是正规制度渠道。当他们的个人合法权益受到不法侵害或者希望通过法律、法规和国家相关制度等途径表达社会诉求时，他们当中的一部分人会自觉地通过正规制度途径来维护自身的合法权益和正当的利益诉求。二是利用大众传媒。利用大众传媒就是借助诸如报刊、影视广播、互联网等新闻媒介的平台，参与社会活动，维护自身合法权益。大众传媒具有及时性、广泛性、公开性以及强大的威慑力等特点。

被调查者获得社会参与信息的渠道具有以下特点。一是传统通信渠道和现代通信渠道同样重要。通过报纸、广播、电视、网络等媒体参与的比例占76.3%，二是QQ群、手机短信、微信和网络论坛等新型沟通方式的力量也不容忽视，30.7%的调研者选择了这一方式。三是中国地缘、亲缘等熟人关系网络在参与信息的传播方面依然占据着重要地位。选择这一选项的比例仅次于传统网络媒介。四是社区发挥着越来越重要的作用。21.0%的被调查者选择通过所居住的社区组织获取参与信息，18.4%的调查者选择是在"社区或街道公告栏广告牌"上看到一些参与信息的。这一比例远高于"单位或公司组织"、"社会团体组织"的方式（见表6）。

表6　您主要通过哪种方式获得参与社会活动的机会或信息

单位：%

项　目	占　比
单位或公司组织	12.7
所居住的社区组织	21.0
所在社会团体组织或某活动中获知	2.0
QQ群、手机短信、微信、网络论坛等召集或发起	30.7
亲戚、同学朋友和同事召唤	31.9
社区或街道公告栏广告牌	18.4
报纸、广播、电视、网络等传统媒介	76.3
其他	3.0

（七）个人利益是广州居民最主要的参与动机

居民参与的动机多种多样，主要有两个方面。一是维护自身经济利益的需要。追求利益是人类历史活动的动力源泉，形式各样的社会参与活动都是一定的阶级或者其他社会集团谋求利益的手段或途径。人们社会参与的直接动因来自维护其自身经济利益的需要，因为"社会是经济的集中体现"。人们在维护自身利益的过程中，深刻认识到社会在分配和实现社会利益中的权威性地位。为了维护和实现自身利益，人们需要通过社会参与来表达其利益诉求和愿望，一方面企盼社会能够更多地关注他们实现自身的利益需求，另一方面旨在可以影响社会，最大限度地实现社会整体利益与公民个体利益的融合。二是期望获得社会的认同。城市居民是城市主人翁和城市人口的主体，他们为工业化、城市化和现代化建设做出重要贡献的同时，也期望获得社会的认同，希望能够在社会地位上获得与其他社会阶层同等的尊重、对待和认可。

调查表明，广州居民的参与动机中，摆在第一位的是"娱乐自己和丰富生活"，其次是"提高个人能力和素质"。个人利益依然是目前最主要参与动机（见表7）。

表 7　对"我想参加社会团体，是因为什么"的调查

单位：%

项　目	占　比
提高个人能力、素质	33.7
娱乐自己和丰富生活	60.6
扩大交际范围，扩充人脉，发现商机	24.2
维护自身或群体利益	21.2
帮助他人，实现自我价值	26.3
让人类社会更和谐，生活更美好	14.1
其他	1.0

（八）　"工作忙"是不想参加社会活动的重要理由

现代生活节奏快、压力大。对很多广州居民来说，并不是不愿意参加社会活动，"想参加，但事情太多，无暇顾及"成为他们最大的借口（40.2%）。没有主动的参与心态，也是重要的理由之一，没有参与心态的人群总和也达到了近 4 成（见表8）。

表 8　对"是何原因您不愿意参加社会活动"的调查

单位：%

项　目	占比
没那个参加社会活动的心态了	22.2
没必要，现在的社会活动都没什么用	16.1
感觉融入不了社会，人微言轻	3.0
想参加，但事情太多，无暇顾及	40.2
想参加，但不知道社会活动的相关信息	4.0
想参加，但不知通过什么途径参加	3.4
其他	13.2

（九）　"社会保障和安全"是广州居民最关注的社会问题

在被问到"您认为目前哪些社会问题最需要引起关注?"时，"社会基本

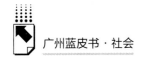
保障"、"就业问题"和"社会治安"是新生代流动人员最关注的话题。流动
人员目前最关心的还是自身存在的安全感。

表9　您认为目前哪些社会问题最需要引起关注？（任选三项）

单位：%

项　目	占　比
就业问题	49.6
社会治安	47.4
国际局势	4.6
腐败问题	30.0
市民素质的提高	37.3
社会基本保障	67.7
贫富分化和社会救助	34.8
法制建设和政府效率	13.0
其他	2.0

三　广州市居民社会参与凸显的问题

尽管广州居民社会参与意识明显提升，社会参与的范围逐渐扩大，社会参
与的方式呈现多元倾向，但离社会参与成为人们社会常规化生活依然存在一定
距离。

（一）社会参与文化比较薄弱

文化是人们在长期生产生活中形成的一种潜在无形的规则、力量，对人的
思想和行为都起到巨大的约束、影响和规范作用。社会参与文化的形成来自参
与主体的自主性和自我权利意识的逐步增强，这就需要现代人文化素质逐步提
高、法律意识逐渐增强、社会文明逐渐形成。

由调研数据可以看出，广州市对社会参与关心的人并不多，大部分人依然
处于浅层次的参与状态。中国有参与的土壤，但没有参与的动力。一方面，中
国缺乏传统的参与文化，封建社会讲究等级森严，上下服从，是自上而下的参
与模式。而现代文明的参与文化讲究平等、自由的民主精神。改革开放以来，

我国经济水平已经得到了很大程度的提升，但是政治文化方面依然相对落后。另一方面，目前中国社会结构复杂，阶层分化也比较严重。市民在文化水平、思想方式、社会素质、法律意识、价值观念等方面尚存在一定差别，特别是流动人口与城市人口之间；弱势群体、中产阶级、富裕阶层等不同阶层之间的价值差异较大，很难通过与不同群体人群的社会交往、人际互动来培育具有城市文明需要的现代思维和现代意识；交流与沟通存在一定障碍，也使文化之间的隔阂较深。从社会整体来说，目前我国的参与文化依然比较薄弱，呈现一定程度的"游离"趋势。

（二）社会参与平台不健全

调研数据表明，相比于美国大部分人都参与了社会团体，目前我国参与社会团体中的人还非常少。这与我国人口的管理制度有很大的关系。目前，我国人口管理制度依然未打破户籍制度的范畴，因户籍制度涉及城市资源的配给、城市利益的分配等很多方面的内容。在参与氛围依然比较薄弱的前提下，我国在社会参与的制度安排上依然围绕着户籍制度进行。近几年来，随着社会创新的兴起，社区、网络、民间团体等越来越成为参与的平台，但大量流动人口的文化素质不一，参与素养不等，生产生活环境不同，参与动力有限，参与渠道不畅。流动人员的社会参与在制度上实际上是处于两难的境地，他们既不愿意返乡参与家乡的社会活动，也不能够参与城市的社会活动，参与在制度上的两难性羁绊了其制度化社会参与的正常通道。

（三）居民参与社会的效能感低

社会效能感是指公民对自己参与到社会以后，所产生的实际效果和影响力的主观评价。一旦公民觉得自己参与社会有价值、有意义，则越能激发他们参与到社会事务中去的热情。因此，社会效能感是公民社会参与的重要驱动力，社会效能感越强就越容易参与社会。调研数据也表明，大部分人对社会参与热心的人，也往往是出于对"自身利益的关心"，而不是社会本身的发展进步。

社会本是居民进行自我管理、自我教育、自我服务、自我监督的自治领域，但是，在计划经济年代，人们听从计划的安排和指示进行社会参与活动，

缺少自身的参与主动性。这种思想依然在影响现代人的生活。在现实社会中会发现，社会参与活动组织得好的往往是行政机关、事业单位和国企组织。这些机构也大都围绕政府的政策和上级行政机关的指示进行活动。由居民自主组织的社会参与活动的参与人口覆盖面比较窄，参与深度还比较弱，社会组织在社会参与中的作用并不明显，组织活动的决策权依旧在政府手中，缺少独立的发言权，导致了人们社会参与的形式化趋势。

四　广州社会参与问题存在的原因

社会参与水平低下往往会导致社会冷漠或社会群体性事件的发生。以群体性事件为例，可以发现直接起因只是一个导火索，真正使事态扩大化的是经济、社会等多方面相互渗透的综合因素，最终导致社会部分民众的无序参与。经过分析，原因主要体现在以下五个方面。

第一，人民群众进行利益表达的渠道不畅，寻求参与的效果不佳，致使矛盾逐渐激化。现在，我国社会转型的步伐不断加快，改革的力度不断加大，社会利益格局正经历新的分化和重构。在这个转变的过程中，一部分人认为受益不公，心态失衡，申诉的民意逐步发展成民怨。然而，由于一些权力集中在政府一方，人民群众直接进行参与的渠道比较狭窄，无法很好地与社会管理者展开沟通，表达自己的利益，因而在一定程度上，上下交流出现隔阂、官民立场发生对立。在处理这种情况的时候，以往采取的强制命令、请示报告等传统的处理方式已经行不通，惯性的行政思维观念未能与时俱进，一些地方在处理群众事件时简单粗暴的执法现象更是屡有发生，这些传统的处理方式和措施并不重视相关利益方的协商解决，也未能及时地、全面地掌握社会民众的利益需求，导致社会体制不能很好地吸纳民意，获取民情，特别是一些基层政府反应迟钝的现象突出，部分民众感到通过正当的方式来寻求社会正义的效果不理想，未能实现利益申诉的参与目的。所以，当一些长期积累的矛盾不能得到妥善解决时，一旦矛盾激化，群体性事件的发生就会在所难免。

第二，公民社会发育滞后，导致公民利益表达的分散化与对权力监督的弱化。目前，我国社会参与的意识薄弱，责任感不强，参与能力较低。客观上，我国传统文化观念根深蒂固，在保留了大量优秀民族文化精粹的同时，也留下了许多落后的思想观念，如"官本位"思想，抑制了农民工社会参与的积极性和主动性，认为社会整体发展与自身关系不大，自己很大程度上只是随从者，这使得社会在思想意识上处于一种被动的状态，没有认识到自身也是社会发展主体中不可或缺的一部分；我国的教育事业还不发达，农民工的整体受教育程度偏低，也在客观上限制了社会参与的广度和深度。主观上，我国的社会参与还处于发展的初步阶段，农民工社会参与的自觉性不高，缺乏公民权利意识，而且欠缺理解沟通心态，容易出现"只重视个人利益，忽视公共利益"的情况，再加上对法律法规的了解不够，参与的方式也存在不合理之处，总结起来就是社会的参与素质还有待进一步提高。一个社会中，如果公民社会的发展比较成熟，那么每个个体就会有较强的社会集体感和心理归属感，个体可以通过规范化的渠道追求自己的利益，社会参与也会有组织地、理性地、有序地进行。然而，当公民社会的发展空间被挤压得非常狭小的时候，正常的渠道不畅，个体难免会采用无序的参与方式来实现自己的利益诉求。可以说，当前我国的社会参与机制还不够完善，这就决定了它既不能为社会的个体提供真正的集体感和归属感，也不能为个体的有序参与提供良好的组织基础，因此个体在表达利益或寻求正义时呈分散化态势，而且无法有效地对政府的行为进行制衡。

第三，盲目跟从的心态导致集体的无序参与。在类似群体性事件这种集体行为中存在着大量的非直接利益参与者，也就是说这些人进行参与并不是出于直接利益的考虑，而是一个无意识的盲目跟从者，根本没有意识到自己进行参与的目的和动机所在。从社会心理学上讲，当个体在群体中，意识到自己和群体在行为、价值等方面存在不一致时，受群体压力就会产生从众心理。而且在群体中，由于相互依赖和匿名性，群体成员形成责任分散的去个性化行为，个体的责任感降低，产生"法不责众"的心理，所以个体会做出平时很少出现的无理性的狂热行为，盲目地参与，可能会促使长期累积的社会矛盾因偶然因素而被激化，诱发大规模的民众无序参与。

第四，政府信息公开度不足，导致政府和民众之间信息的接收失衡。一般的，政府控制的大众媒介是实现信息源和受众之间良性互动的平台，因此，全面、客观、及时、准确的信息传播，不仅是提高政府公信力和合法性地位的重要途径，也是实现社会有序参与、避免无序参与的重要前提。但实际上，由于各种复杂的客观原因，政府信息传播还存在一定程度的不顺畅，一些地方政府为了逃避责任或降低负面影响，试图把事件控制在一定的范围内，并有意加强对信息的封锁或压制，使民众不能充分了解事件的真相，给谣言留下了空间。现在互联网高速发展，网络信息传播很快，封锁或压制信息的做法将使民众对政府的官方解释持怀疑态度，不满情绪也会越发强烈，使信息传播出现严重的失衡。近些年发生的多起群体性事件如贵州"瓮安事件"，都是当地政府缺乏信息公开，官方解释和民间说法不一致，而当地政府并未进一步核实信息，取信于民，而是强行执法，激起民怨导致的。

第五，社会参与的法制建设不完备，涉及范围有限，缺乏具体可操作的法律依据。我国社会参与框架与法律框架保持着一致的发展态势，但是法律规范的跟进速度较慢，虽然宪法在参与的主体以及参与权利等方面的规定比较多，然而由于法律规范的配套发展未能同步，规定的这些权利和义务并没有具体化。比如，我国宪法对我国公民管理国家事务、管理经济和文化事务、管理社会事务的权利做出了原则性的规定。但在实际生活中，公民只能把管理事务的权利委托给国家机关行使。公民是委托人，但是在现实的制度安排上却很少体现委托人的参与，人们缺乏行使权利的具体程序和法律保障，这样会使参与面临两种后果：一是公民行使权利时得不到具体的法律保护，二是公民参与时没有相应的具体法律来约束，发生非法参与也得不到相关法律及时、有效的惩处。

综上所述，我国的社会参与的水平不高，对社会的正常秩序造成了一定的消极影响，社会参与要想实现有序化还需要长期的不懈努力。

五　广州市居民社会参与的对策和建议

信息公开是社会参与的前提，参与渠道多元化是社会参与的基本要求，电子政务是社会参与的重要方式，社会组织是社会参与的重要载体。国外的社会参与建设之所以能够取得这些成就，主要原因可分为"内因"和"外因"两个方面，"内因"主要是参与主体的意识较强，参与能力得到了提升，具有较好的参与文化底蕴和背景，"外因"主要是法律规范比较完善，制度比较完备，社会环境较好等。两个因素互相制约、互相支持，共同作用于社会参与的有序化建设。我国目前也在大力发展社会事业，推进社会参与有序化的建设，所以，可以根据我国的具体国情选择性地吸收一些有益经验。

第一，进一步完善相关的法律法规。国外有关社会参与的法律法规一般分散于不同领域的单向法律文本中，例如城市规划、环境保护等领域都有涉及社会有序参与的内容，英国还用法律确立了信息公开制度，保障公民获取信息的权利。因此，我们在建设社会参与的过程中，必须重视法律法规的作用，及时制定和完善我国有关社会参与方面的法律和规范，使参与主体在参与中切实得到法律的保护，参与权利不受侵害，依法有序地展开参与活动。此外，我们也应看到国外对法律实施的监督也是很得力的，所以，我们不仅要重视法律法规的制定环节，也要重视法律法规的实施和执行等环节，实现"执法必严、违法必究"。

第二，加快实现社会参与渠道的多元化。德国在这方面进行了比较有益的探索，开展了一些社会参与的新形式，如居民会议、公私合作等，都值得我们借鉴。我们在社会有序参与的建设过程中，也要结合我国的实际情况，切勿机械地照搬国外的社会参与新形式。同时，我们也要注重参与制度方面的建设，使各种有益的参与方式实现程序化、制度化、规范化，这样才有助于社会参与的有序化。

第三，加强参与主体意识的培育，创造有利于社会参与的文化氛围和社会环境。在前面章节中也提到过，我国参与主体的参与历来缺乏主动性和自觉性，有历史文化的因素，也有参与体制的因素，但是要实现社会参与的有序化，必须加强参与意识的培养，营造社会参与的文化氛围。民主发展的实质就是公民与政府分享公共决策权和社会管理权，实现社会的合作式治理。因此，参与主体的参与意识的加强无疑是社会参与有序发展的一大动力。

第四，注重社会组织的发展。社会组织是公民社会的形成基础，特别是基层社会组织，贴近民众，贴近生活，是公民社会发展的动力之源，又是公民进行社会参与的重要场所，社会组织的重要性可见一斑。美国的公民社会之所以

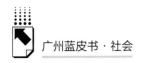

发展得比较成熟,与社会组织的发达和完善是密不可分的,尤其是基层社会组织极大地调动了公民的参与积极性。然而,我们的社会组织虽然在改革开放后获得了较快的发展,但是社会组织的各方面建设还需要不断地进行完善。

第五,推进电子政务的发展。互联网在我国社会参与过程中的应用起步较晚、时间较短、效率也有待提高,这就需要我们有选择性地引进和学习国外互联网技术的实践经验,加快我国政府的电子政务发展进程,提高互联网技术的利用效率,推进我国网民有序参与的发展,同时也实现了参与渠道的与时俱进,丰富了社会参与的形式。

当前,我国正处于社会的转型时期,出现了一些社会问题和矛盾,经济和社会体制的改革也引发了一些非常态的社会参与,给社会正常生活秩序带来了较大的压力。当下,要实现我国民主政治的稳步发展,社会参与势在必行。在借鉴国外经验时,我们必须遵循国情,实事求是,建设有中国特色的社会参与模式,提高民众和社会组织的参与地位,这样才能有助于社会参与有序化建设的不断深化,顺利实现社会参与的最终目标。

(审稿:陈骥)

参考文献

中央编译局比较政治与经济研究中心、北京大学中国政府创新研究中心联合编写《公共参与手册》,社会科学文献出版社,2009。

杨志:《我国公民参与公共决策的现状及其路径选择》,《理论学刊》2006年第7期。

李桂玲:《公共政策制定中的公众参与研究》,《湖北教育学院学报》2006年第5期。

王预震、周义程:《公共决策中的公众参与》,《广西社会科学》2002年第5期。

江苏芬、孙金旭:《制约公民有序参与公共政策过程中的因素分析》,《经营管理者》2010年第21期。

刘纳:《现阶段我国公民参与公共决策的困境及对策分析》,《法制与社会》2008年第36期。

潘俊、罗依平:《我国公共决策中公民参与的困境分析及优化途径》,《山西青年管理干部学院学报》2009年第2期。

龚成、李成刚：《论我国公共政策过程中的公民参与》，《社会经纬》2012 年第 1 期。

周潇：《积极推进我国公民参与公共决策》，《理论探索》2008 年第 1 期。

赵颖：《从群体性事件看公共决策中的公民参与》，《东南学术》2008 年第 4 期。

约翰·克莱顿·托马斯：《公共决策中的公民参与》，孙柏瑛等译，中国人民大学出版社，2010。

王建容、王建军：《公共政策制定中公民参与的形式及其选择维度》，《探索》2012 年第 1 期。

付宇程：《论行政决策中的公众参与形式》，《法治研究》2011 年第 10 期。

孙柏瑛：《公民参与形式的类型及其适用性分析》，《中国人民大学学报》2005 年第 5 期。

孙国锋、苏竣：《电子政府促进民主与发展》，《清华大学学报》2001 年第 5 期。

S. R. Arnstein. *A Ladder of Citizen Participa-tion*, Journal of the American Institute of Planners，1969，（35）.

霍海燕：《试析我国公民参与政策制定的方式——基于制度化视角的分析》，《华北水利水电学院学报》（社科版）2009 年第 5 期。

张清华、林波：《论政治参与的制度化和有效模式》，《辽宁行政学院学报》2008 年第 3 期。

孙枝俏、王金水：《公民参与公共政策制度化的价值和问题分析》，《江海学刊》2007 年第 5 期。

2013 年度广州城市状况市民
评价民调报告

王文俊[*]

摘 要：

本文调查广州市民对该年度民生安全状况、经济状况、社会状况、社会服务状况、市政状况、政治状况、政府工作等 7 个方面的观察性评价。结果显示，城市现状市民认可，市政状况和社会服务两方面满意水平最高；较 2012 年，市民满意评价明显趋升，"经济发展"和"公共交通服务"上升最明显。

关键词：

城市现状　市民评价　民意调查

广州社情民意研究中心于 10 月进行"2013 年度广州城市状况市民评价"民调，这是自 1990 年以来对该项目所进行的第 36 次追踪调查。本调查根据 12 个区（县级市）的常住人口比例进行分层随机抽样，电话访问了 1000 位市民。

本项民调立足公众对客观状况的观察性评价，设立了 7 个方面共 34 个事项，包括民生安全状况、经济状况、社会状况、社会服务状况、市政状况、政治状况、政府工作。

一　城市现状市民认可，多个事项满意度提升

在 34 个事项中，有 32 项市民评价可接受，评价"满意"、"比较满意"

---

* 王文俊，广州市社情民意研究中心。

和"一般"的受访者均超过 50%；且市民对多数事项的评价呈正面，满意者多于不满者 3 个百分点以上的事项有 20 项。

从满意水平来看，市民最满意的前 5 项集中在市政状况及社会服务方面，分别是"供电状况"、"供水状况"、"燃气供应"、"新闻传播"及"公共交通服务"。市民最不满的前 5 项，分别是"物价水平"、"贫富差距程度"、"社会公平"、"居民收入"及"医疗服务"。

与上年相比，本年市民满意评价明显趋升，满意者增加 5 个百分点以上的事项有 9 项，而上年，满意者减少 5 个百分点以上的事项则有 9 项。其中，"公共交通服务"及"广州经济发展"尤为凸显，满意者分别大幅增加 11 个及 9 个百分点。

市民不满上升的事项亦较上年大幅减少，本年只有社会状况方面的"社会秩序"及"社会道德"两项，不满者分别增加 5 个及 3 个百分点。

二 民生安全：社会治安好评凸显，消费安全不满依旧

民生安全是市民安居乐业之本。结果显示，市民对"社会治安"的满意评价持续上升，本年满意者增加 5 个百分点至 41%，达 10 年来最高①（见图 1）。

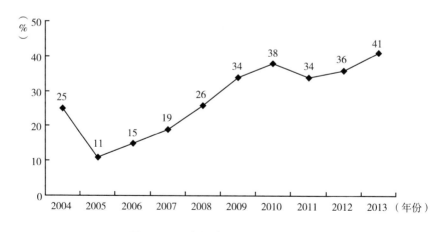

图 1 近 10 年社会治安的满意者变化

① 自 2011 年起为"社会治安"，之前皆为"治安状况"。

市民对"消费安全"的负面评价依旧，不满者虽较上年减少3个百分点至30%，但仍多于满意者5个百分点。对"生态环境"的评价亦无改善，不满者仍多达31%，基本三人中就有一人。

"社会保障"的评价趋稳，满意者有29%，不满者为23%，两者与上年相差无几（见表1）。

表1　民生安全状况的评价

单位：%

态度 年份	满意者	一般	不满者	难说
社会治安				
2013	41	40	18	1
2012	36	45	18	1
社会保障				
2013	29	43	23	5
2012	28	47	22	3
生态环境				
2013	30	38	31	1
2012	29	41	30	0
消费安全				
2013	25	42	30	3
2012	23	43	33	1

三　经济状况：总体经济评价向好，
基本民生评价仍不高

市民对"广州经济发展"评价满意者较上年大幅增加9个百分点，达48%；但"居民生活状况"的满意者与上年相差无几，为33%。

基本民生的"居民住房"及"居民就业"，市民评价满意者两年来均未超过30%；至于"居民收入"评价满意者更少，仅19%，而不满者则连续两年多达32%，负面评价突出。

需指出的是，市民对"物价水平"的不满情绪甚为强烈，自2010年以来一直是本项调查中市民最不满的事项，本年不满者多达61%，与上年毫无差别（见表2）。

表2　经济状况的评价

单位：%

年　份 　　　　　态　　度	满意者	一般	不满者	难说
广州经济发展				
2013	48	39	10	3
2012	39	45	13	3
居民生活状况				
2013	33	51	15	1
2012	31	52	16	1
居民住房				
2013	28	41	28	3
2012	27	42	29	2
居民就业				
2013	27	43	22	8
2012	26	45	24	5
居民收入				
2013	19	45	32	4
2012	18	48	32	2
物价水平				
2013	9	29	61	1
2012	9	29	61	1

四　社会状况：市民评价趋降

首先，"社会秩序"是本年唯一满意评价下降的事项，满意者较上年减少5个百分点至40%。其次，"社会道德"的不满者增加3个百分点至22%。再次，对"社会诚信"评价回落，满意者在上年首次超过不满者，但本年两者趋于持平，均为25%。

"社会公平"仍是社会状况方面市民评价最差的，本年评价不满者多达36%，远多于满意者20个百分点（见表3）。

表3 社会状况的评价

单位：%

年份 \ 态度	满意者	一般	不满者	难说
社会秩序				
2013	40	41	18	1
2012	45	40	13	2
社会道德				
2013	31	44	22	3
2012	31	49	19	1
社会诚信				
2013	25	46	25	4
2012	26	49	23	2
社会公平				
2013	16	44	36	4
2012	18	43	37	2

五 社会服务：公共交通服务满意增加，医疗服务不满凸显

本年民调满意者在50%及以上的事项有6项，社会服务就占了3项，分别是"新闻传播"、"公共交通服务"及"文化娱乐"；且与上年相比，"公共交通服务"的满意者大幅增加11个百分点，"新闻传播"的满意者也增加了5个百分点。

市民对"教育服务"的评价显正面，满意者连续两年均为36%，而不满者均少于25%。但对"医疗服务"的评价截然相反，不满者多达32%，连续两年多于满意者（见表4）。

表4 社会服务状况的评价

单位：%

年份 \ 态度	满意者	一般	不满者	难说
新闻传播				
2013	66	25	6	3
2012	61	27	11	1

续表

态度 年份	满意者	一般	不满者	难说
公共交通服务				
2013	59	27	13	1
2012	48	33	17	2
文化娱乐				
2013	50	37	9	4
2012	49	37	10	4
教育服务				
2013	36	37	20	7
2012	36	36	24	4
医疗服务				
2013	29	36	32	3
2012	28	39	31	2

六 市政状况：市民评价最好且满意水平多有上升

市民对"供电状况"、"供水状况"及"燃气供应"的满意评价连续两年在所有事项中高居前三，本年分别为 86%、72% 及 70%；且与上年相比，满意者分别增加 9 个、10 个及 9 个百分点。

市民对"市政排水"及"道路通行状况"的评价呈现正面好转，满意者较上年分别增加 8 个及 4 个百分点至 35% 及 33%，超过了不满者的 26% 及 30%，与上年截然相反。

需注意的是，市民对"市容卫生"的评价在 2011 年"创文"成功后持续下降，本年满意者较三年前明显减少了 7 个百分点，为 34%（见表 5）。

表 5 市政状况的评价

单位：%

态度 年份	满意者	一般	不满者	难说
供电状况				
2013	86	11	3	0
2012	77	17	5	1

续表

年份 \ 态度	满意者	一般	不满者	难说
供水状况				
2013	72	17	10	1
2012	62	26	11	1
燃气供应				
2013	70	17	9	4
2012	61	23	11	5
道路通行状况				
2013	33	35	30	2
2012	29	37	33	1
市政排水				
2013	35	36	26	3
2012	27	40	30	3
市容卫生				
2013	34	43	22	1
2012	36	41	22	1

七 政治状况：满意公众舆论监督，不满贫富差距

市民对"公众舆论监督"的评价显好，满意者与上年基本一致，为32%；不满者两年来均不足20%。"公众参政议政"则相反，虽然不满者较上年减少3个百分点至24%，但满意者连续两年未高于20%。

"公民权利状况"及"司法公正"的不满者亦减少了4个及3个百分点，为18%及16%；但满意者仍只有28%及23%，评价偏低。

市民对"贫富差距程度"评价不满者虽较上年减少了7个百分点，但仍多达55%，在本次调查中高居第二（见表6）。

表6 政治状况的评价

单位：%

年份 \ 态度	满意者	一般	不满者	难说
公众舆论监督				
2013	32	37	17	14
2012	30	41	19	10

续表

态度 年份	满意者	一般	不满者	难说
公民权利状况				
2013	28	42	18	12
2012	25	45	22	8
公众参政议政				
2013	19	37	24	20
2012	20	39	27	14
司法公正				
2013	23	37	16	24
2012	22	40	19	19
贫富差距程度				
2013	8	33	55	4
2012	7	27	62	4

八 政府工作：市民满意度趋升，但评价水平仍低

市民对于"政府政务公开"、"政府办事效率"、"政府工作接受社会监督"及"政府廉政建设"评价满意者在本年均增加4~6个百分点，其中"政府政务公开"最明显，满意者增加了6个百分点。

然而，市民对政府工作各事项的负面评价并无转变，4个事项没有一项评价满意者多于不满者。相比而言，"政府政务公开"的满意者稍多，但仅为26%（见表7）。

表7 政府工作的评价

单位：%

态度 年份	满意者	一般	不满者	难说
政府政务公开				
2013	26	37	27	10
2012	20	41	28	11
政府办事效率				
2013	22	40	31	7
2012	18	42	33	7

年份 \ 态度	满意者	一般	不满者	难说
政府工作接受社会监督				
2013	22	40	25	13
2012	18	43	30	9
政府廉政建设				
2013	18	35	28	19
2012	14	39	31	16

九　结语

——对广州城市的基本状况，市民满意水平有着多方面的提升，尤为集中在市政状况与政府工作方面。

——经济发展的重要目的就是要让市民分享到发展的实惠，但市民对住房、就业及收入等基本民生的满意感受明显落后于"广州经济发展"。看来，让经济发展成果实现市民"共享"，仍面临重大挑战。

——百姓评价是生活中点滴小事的观感凝聚，社会秩序满意评价出现当年度的明显下滑，表明百姓身边小事维序现状与群众期待落差明显。

（审稿：练惠敏）

H7N9 禽流感广州市民
看法民调报告

刘荣新 *

摘　要：

本文调查市民对政府关于 H7N9 信息发布工作、预防工作的评价，及对病情蔓延的看法。结果显示，市民对政府的信息发布工作多为满意，希望卫生管理部门多方面地加强预防。

关键词：

H7N9 禽流感　政府信息发布工作　预防工作　市民的看法

广州社情民意研究中心于 2013 年 4 月进行了民调，了解民众对 H7N9 禽流感的看法。本调查以分层随机抽样方式，通过电话访问了 1000 位广州市民。调查根据 12 个区（县级市）的常住人口比例进行样本量配额，配额细化到广州市区（县级市）一层，样本分布评估也以区（县级市）一层为准，总样本为 1000 位年龄在 16 以上、65 岁以下的广州市居民。在 95% 的抽样置信度下，最大绝对误差不超过 3.1%。

调查采用电话访问法收集数据。抽样框以民意中心完全自主知识产权建立的"居民电话访问源码库"，采用分层随机抽样的方法抽取家庭电话号码为样本。调查中同时采用"最近生日法"，邀请被抽中家庭中生日最靠近访问当天的成年人接受电话访问，以确保样本的随机性。本次调查样本范围覆盖不同性别、年龄、区（县级市）、受教育程度的城镇居民，符合广州市人口基本特征。

---

* 刘荣新，广州市社情民意研究中心。

除了抽样误差之外，访问用语及实际操作均可能对民调结果产生影响，如加大误差或引起偏见。[①]

一 政府信息发布民众多为满意

对政府发布 H7N9 禽流感信息，受访者评价以"满意"和"比较满意"为主，合计比例达 55%，而"不满意"和"不太满意"的人仅 8%（见图 1）。看来，经历了"非典"和"甲流"后，政府对突发疾病的信息发布工作日渐成熟。

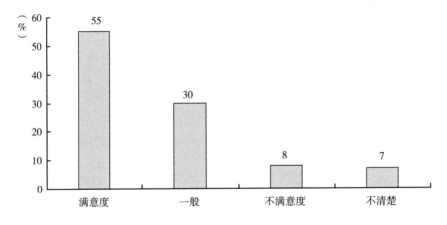

图 1　市民对政府发布 H7N9 信息的评价

二 对 H7N9 蔓延，多数市民不担心

政府信息发布的公开透明，让市民及时掌握到真实情况。因此，多数受访者表示"不担心"H7N9 蔓延，比例为 62%，明显多于"担心"的 36%（见图 2）。即使是身体抵抗力较弱的老年人及家中有婴幼儿的人群，不担心比例也高至 63% 与 58%。

[①] 具体抽样方法请参见广州社情民意研究中心网站（www.c-por.org）上"我们的方法"，完整数据请查阅中心网站"数据库"。

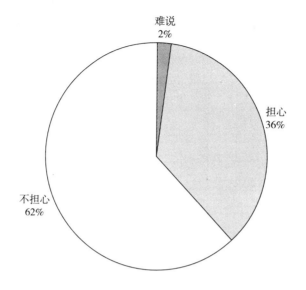

图 2　市民是否担心 H7N9 蔓延

调查也显示，市民虽不担心，但较多人仍会采取相应防范措施，表示会减少食用鸡、鸭、鹅等家禽的比例为58%。

三　市民希望卫生管理部门多方面地加强预防

对卫生管理部门预防工作的重点，各选项的被选比例普遍较高，反映市民高度关注。

与禽类相关的"加强对鲜活禽类的检疫"被选比例居首，达70%。"加强屠宰运输买卖家禽类相关人员的体检"及"清扫禽类屠宰交易场所"被选比例在五成及以上。

其次是信息方面的"加强防疫知识宣传"与"加强信息发布"，被选比例分别为57%与52%。调查中也有不少市民反映，喝板蓝根、按穴、戴香囊等防病奇招频出，但是否有效仍没最终定夺，希望有关部门的预防宣传要科学准确，以免误导民众。

另外，有41%的受访者希望加强执法"严查私自饲养家禽"（见图3）。

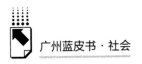
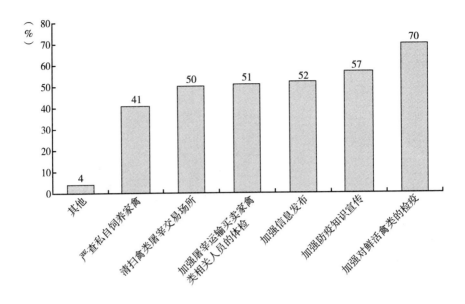

图3　市民认为卫生管理部门预防工作的重点（可多选）

附表：

"H7N9禽流感广州市民看法"民调数据

单位：%

对政府发布H7N9信息的评价	满意	比较满意	一般	不太满意	不满意	不清楚
	41	14	30	4	4	7
是否担心H7N9禽流感蔓延	担心		不担心		难说	
	36		62		2	
是否会减少食用鸡、鸭、鹅等家禽	会		不会		难说	
	58		41		1	
市民认为卫生管理部门预防工作的重点	加强对鲜活禽类的检疫		加强防疫知识宣传	加强信息发布	加强屠宰运输买卖家禽类相关人员的体检	
	70		57	52	51	
	清扫禽类屠宰交易场所		严查私自饲养家禽	其他		
	50		41	4		

（审稿：周林生）

室内空气污染状况广州市民
评价民调报告

梁幸枝*

摘　要：

本文调查市民对室内场所空气污染状况、污染对健康影响的看法，并从不同学历、年龄、工作类型的角度分析不同人群的态度特点。结果显示，市民普感室内空气污染的存在，不少人感到污染带来身体不适，希望政府定期检测、公布室内空气质量。

关键词：

室内空气污染　污染程度　市民评价　健康

近年来，民众越来越关注室内环境以及其对健康的影响。为了解广州市民对室内空气污染状况的评价，广州社情民意研究中心于 2013 年 6 月进行了专项民调。本报告数据源自本中心 2013 年 6 月进行的"室内空气污染状况广州市民评价"民调。调查根据 12 个区（县级市）的常住人口比例进行样本量配额，配额细化到广州市区（县级市）一层，样本分布评估也以区（县级市）一层为准，总样本为 1000 位年龄在 16~65 岁的广州市民。在 95% 的抽样置信度下，最大绝对误差不超过 3.1%。

调查采用电话访问法收集数据。抽样框以民意中心完全自主知识产权建立的"居民电话访问源码库"为准，采用分层随机抽样的方法抽取家庭电话号码。调查中同时采用"最近生日法"，邀请被抽中家庭中生日最靠近访问当天

---

* 梁幸枝，广州市社情民意研究中心。

的成年人接受电话访问，以确保样本的随机性。本次调查样本范围覆盖不同性别、年龄、区（县级市）、受教育程度的城镇居民，符合广州市人口基本特征。

除了抽样误差之外，访问用语及实际操作均可能对民调结果产生影响，如加大误差或引起偏见。[①]

一　整体评价

本民调主要围绕五类室内场所，包括居民住宅、工作场所、市内公交车厢内、私家车车内和商场、影院等公共场所，了解市民对其空气污染状况的评价。

（一）市民普感室内空气污染存在，认为市内公交车厢内和私家车内污染严重者最多

对各类场所是否存在室内空气污染，受访者感到"存在"的比例基本过八成。其中，以公交车、地铁、出租车等公交车厢内最为突出，感到"存在"空气污染的多达91%；居民住宅"存在"比例最低，但也有78%。

认为存在污染的人中，多数人认为上述场所室内空气污染"不严重"和"不太严重"（以下简称"不严重比例"），比例基本在六成以上。其中，居民住宅的不严重比例最高，达75%（见表1）。

值得注意的是，认为室内空气污染"严重"和"比例严重"（以下简称"严重比例"）的受访者也有不少。其中，私家车车内的空气污染严重比例最高，接近三成；而居民住宅、工作场所和商场、电影院等公共场所的污染严重比例也在两成左右。

---

① 具体抽样方法请参见广州社情民意研究中心网站（www.c-por.org）上"我们的方法"，完整数据请查阅中心网站"数据库"。

表1　对各类场所的室内空气污染程度评价

单位：%

态度指标	严重	比较严重	污染严重比例	不太严重	不严重	污染不严重比例
私家车车内	13	16	29	29	18	47
公交车、地铁、出租车等市内公交的车厢内	11	17	28	47	16	63
居民住宅	9	11	20	47	28	75
上班、工作场所	8	11	19	43	21	64
商场、医院、影院等公共场所	8	11	19	48	22	70

（二）市民大多担心室内空气污染影响健康，且1/3人感到身体不适

对是否担心上述各类场所的室内空气污染影响身体健康，多达七成的市民表示"担心"，"不担心"者不到三成（见图1）。

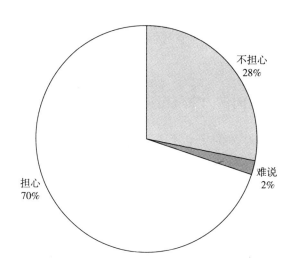

图1　受访者是否担心室内空气污染影响身体健康

而近一年来，因室内空气污染而感到身体不适的市民较多，为32%，即每3人中就有1人。

（三）市民普盼政府定期监测公布室内空气质量

2003年3月1日，我国第一部《室内空气质量标准》正式实施，但监测公布工作至今未落实。而对政府是否有必要在上述各类场所定期监测公布其室内空气质量，市民普遍认为"必要"，比例高达90%。

二　各类人群评价

（一）高学历者对室内空气污染严重的感受更明显，近八成人担心影响健康

对上述各类场所的室内空气污染程度，基本呈现学历越高者，认为污染严重比例越高的特点。其中，对公交的车厢内和私家车车内，本科及以上高学历者认为污染严重比例均过三成，较初中及以下低学历者高10个百分点以上；对公共场所，高学历者认为污染严重比例为25%，低学历者则只有11%。

此外，高学历者更担心室内空气污染影响身体健康，比例高达78%，明显多于低学历者21个百分点。

（二）中老年人因室内空气污染感到不适的最多

近一年来，51～60岁的中老年人，因室内空气污染而感到不适者最多，为42%，较60岁以上的老年人还要高出近20个百分点。这可能与中老年人多未退休常待室内，而身体状况日渐欠佳有关。调查也显示，中老年人认为上班、工作场所的污染严重比例不低，为22%，高于老年人和年轻人。

（三）受雇群体认为工作场所室内空气污染更严重

分析发现，对工作场所室内的空气污染，受雇群体认为严重比例为27%，明显高于非受雇人群10个百分点以上。此外，受雇群体表示"担心"室内空气污染影响身体健康的比例也更高，达78%。

附表:

"室内空气污染状况广州市民评价"民调数据

单位：%

以下场所是否存在空气污染	不存在		存在		
公交车、地铁、出租车等市内公交的车厢内	9		91		
上班、工作场所	15		85		
商场、医院、影院等公共场所	13		87		
居民住宅	22		78		
私家车车内	14		86		
认为有污染群体对各类场所的空气污染程度评价	不严重	不太严重	严重	比较严重	难说
公交车、地铁、出租车等市内公交的车厢内	16	47	11	17	9
上班、工作场所	21	43	8	11	17
商场、医院、影院等公共场所	22	48	8	11	11
居民住宅	28	47	9	11	5
私家车车内	18	29	13	16	24
上述各类场所的室内空气污染影响身体健康，您是：	担心		不担心	难说	
	70		28	2	
近一年来，您是否因室内空气污染而感到身体不适（不舒服或患病）	有		没有	难说	
	32		66	2	
对上述各类场所的室内空气质量，政府定期监测公布，您认为：	必要		不必要	难说	
	90		6	4	

（审稿：钟萍）

B.19

交通秩序广州市民评价民调报告

吴晓君 *

摘 要：

本文调查市民对广州交通秩序及交警维护交通秩序工作的评价。结果显示，近半数受访市民不满道路交通秩序，不管是行车还是行人交通秩序，评价均以不满居多；并认为"五类车"乱搭客、车辆乱停靠和乱穿插等失序现象最为严重；交警工作市民评价较好，但执法信息公开满意评价低。

关键词：

交通秩序　交警工作　市民评价

为了解市民对交通秩序及交警维护交通秩序工作的评价，广州社情民意研究中心于 2013 年 6 月进行了民调。调查以分层随机抽样方式，通过电话访问了 1000 位广州市民。根据 12 个区（县级市）的常住人口比例进行样本量配额，配额细化到广州市区（县级市）一层，样本分布评估也以区（县级市）一层为准，总样本为 1000 位年龄在 16 岁以上、65 岁以下的广州市民。在 95% 的抽样置信度下，最大绝对误差不超过 3.1%。

调查采用电话访问法收集数据。抽样框以民意中心完全自主知识产权建立的"居民电话访问源码库"为准，采用分层随机抽样的方法抽取家庭电话号码。调查中同时采用"最近生日法"，邀请被抽中家庭中生日最靠近访问当天的成年人接受电话访问，以确保样本的随机性。本次调查样本范围覆盖不同性别、年龄、区（县级市）、受教育程度的城镇居民，符合广州市人口基本特征。

---

* 吴晓君，广州市社情民意研究中心。

调查由受访者对事项进行"满意"、"比较满意"、"一般"、"不太满意"、"不满意"的评价选择，并以满意度和不满意度进行评价特性分析。满意度为选择"满意"与"比较满意"的受访者比例之和；不满意度选择为"不太满意"和"不满意"的受访者比例之和。

本报告将 12 个区（县级市）划分为"中心城区"、"周边城区"和"外围城区"三类。"中心城区"包括越秀区、荔湾区、海珠区、天河区四个区；"周边城区"包括白云区、黄埔区、番禺区、萝岗区四个区；"外围城区"包括花都区、南沙区、从化市、增城市四个区（县级市）。

除了抽样误差之外，访问用语及实际操作均可能对民调结果产生影响，如加大误差或引起偏见。①

一 对城市交通秩序评价

（一）近半数市民不满道路交通秩序

对广州道路交通秩序状况，多达 46% 的受访者表示"不满意"与"不太满意"，而表示"满意"与"比较满意"的为 22%，两者相差 24 个百分点。

具体来看，不管是行车还是行人交通秩序，受访者评价都以"不满"为主，不满意度分别为 40% 和 42%，而满意度均不过 25%（见图 1）。

（二）"五类车"乱搭客、车辆乱停靠和乱穿插是最突出的失序现象

本次民调围绕交通失序现象，设置了车辆乱穿插、乱停靠、乱鸣喇叭、闯红灯、"五类车"乱搭客和行人闯红灯共 6 项指标，结果显示：认为存在以上交通失序现象的受访者比例均超过八成。

1. 市民认为"五类车"乱搭客现象最严重

市民认为"严重"及"比较严重"的受访者比例合计达 61%（以下简称

---

① 具体抽样方法请参见广州社情民意研究中心网站上"我们的方法"，完整数据请点击链接。

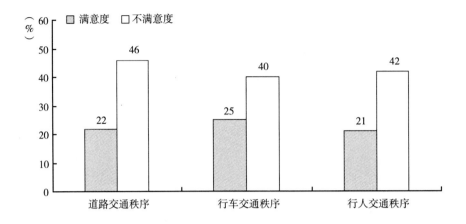

图 1 受访者对交通秩序的评价

"严重比例")。2011 年相关民调已显示，近半数市民对"五类车"乱搭客执法不满，高居 60 多项具体执法事项的第二位。可见，"五类车"乱搭客是广州历年的老问题，久治不愈，值得反思。

2. 其次是车辆乱停靠

受访者认为严重比例达 50%，比认为"不严重"及"不太严重"的（以下简称"不严重比例"）多出 11 个百分点。相对于其他失序现象，车辆乱停靠的管治成本较低及难度较小，然而市民却多认为此现象严重，表明有关管治工作仍待改进。

3. 再次是车辆乱穿插和行人闯红灯

受访者认为车辆乱穿插和行人闯红灯的严重比例占多，分别达 50% 和 49%，超过不严重比例。日常生活中人们爱插队、不守序，这一恶习到行车上路就自然演变为车辆乱穿插和行人闯红灯；对此乱象管治难度极高，除重罚外还要多加宣传教育。

4. 车辆闯红灯和乱鸣喇叭现象，市民多认为不严重

认为车辆闯红灯的不严重比例多达 64%；车辆乱鸣喇叭的不严重比例也达 62%。看来，近几年监控电子眼普及及"狠治"酒后驾驶，车辆闯红灯等乱象有所减少（见表 1）。

表1 受访者对交通失序现象严重程度的评价

单位：%

态度指标	不严重	不太严重	不严重比例	比较严重	严重	严重比例
"五类车"乱搭客	9	19	28	21	40	61
车辆乱停靠	9	30	39	22	28	50
车辆乱穿插	9	32	41	27	23	50
行人闯红灯	11	32	43	20	29	49
车辆乱鸣喇叭	24	38	62	8	11	19
车辆闯红灯	27	37	64	6	8	14

（三）中心城区居民对交通秩序不满比例更高，认为失序现象更严重

分析发现，居住越靠近市中心的人，对交通秩序越不满：越秀区、荔湾区、海珠区、天河区等中心城区的受访者，对道路交通秩序的不满意度高达52%，比花都区、南沙区、从化市、增城市等外围城区居民多出14个百分点；无论是行车和行人交通秩序，中心城区居民不满均较高，比例分别为44%和48%，高于外围城区12个和19个百分点（见图2）。

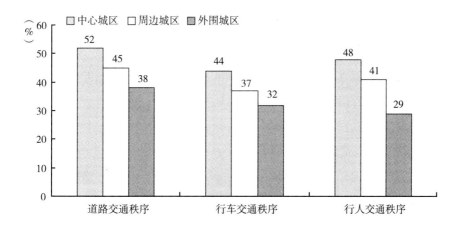

图2 不同城区居民对交通秩序的不满意度对比

中心城区的受访者认为"五类车"乱搭客最严重，严重比例多达67%；车辆乱穿插、乱停靠和行人闯红灯也均在五成及以上，均明显高于外围城区。

相比较而言，外围城区的受访者认为车辆乱鸣喇叭的严重比例不低，为24%，而中心城区居民认为严重比例在两成以下。

（四）驾车者更不满行人交通秩序，多认为车辆乱穿插和行人闯红灯现象严重

对行车交通秩序，驾车出行者和公交出行者评价相近，但对行人交通秩序，驾车者的不满意度达52%，比公交出行者多出10个百分点。以自行车与步行等方式出行的人，对行车与行人的交通秩序评价相对较好，满意度在三成左右，高出驾车和公交出行者6~13个百分点。

驾车者多认为车辆乱穿插和行人闯红灯现象严重，比例分别达57%和53%，而公交出行者持此看法的不到五成。

公交出行者则更多认为"五类车"乱搭客和车辆乱停靠现象严重，比例分别达64%和53%，较驾车者多出6~7个百分点。

二 对交警工作评价

（一）交警工作市民评价较好，但执法信息公开满意度显低

对广州交警维护交通秩序的工作，受访者的满意度较高，为45%，不满意度仅17%，还有34%的人认为一般（见图3）。在民意中心近年关于政府公务人员工作状态的调查中，市民对此的满意水平属于少见。

具体来看，"处理交通事故"、"疏导交通拥堵"和"执法力度"评价较好，满意度均在四成及以上；但"疏导交通拥堵"的不满意度不低，为22%。2012年已有调查显示，多达47%的受访者认为"经常有"道路堵塞情况。看来，交警"疏导交通拥堵"工作仍有较大改善空间。

需注意的是，"执法信息公开"的满意度显低，为28%，而不满意度有24%，几乎4人中就有1人不满（见表2）。

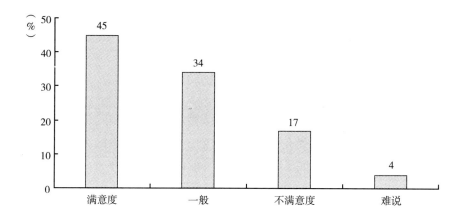

图3　受访者对交警工作的评价

表2　受访者对交警具体工作的评价

单位：%

态度指标	满意度	一般	不满意度
处理交通事故	42	29	12
疏导交通拥堵	41	31	22
执法力度	40	34	19
执法信息公开	28	30	24

（二）中心城区居民对"疏导交通拥堵"和"处理交通事故"评价不高

对交警工作，中心城区居民的评价均比外围城区要低：特别是"疏导交通拥堵"和"处理交通事故"，中心城区居民的满意度分别为38%和40%，而外围城区则均超五成，达51%和54%。

（三）驾车者对交警工作评价不高，对"执法信息公开"评价更低

对交警维护交通秩序工作，驾车者的评价低于公交出行者：前者的满意度为39%，后者的为46%。具体来看，对"疏导交通拥堵"和"执法力度"，驾车者的满意度均不超过35%，低于公交出行者10个百分点左右；对"执法

257

信息公开",驾车者评价更低,不满意度为31%,高于满意度,相反,公交出行者满意度高于不满意度。

(四)高学历者对交警"执法信息公开"评价差

对交警维护交通秩序工作,高学历者的满意度相对不高,为39%,比低学历者少10个百分点;特别是"执法信息公开",高学历者的满意度仅22%,低于不满意度的34%,而低学历者则相反,满意度高于不满意度。

附表:

"交通秩序广州市民评价"民调数据

单位:%

事 项 \ 评 价	满意	比较满意	一般	不太满意	不满意	难说
道路交通秩序	11	11	29	18	28	3
行车交通秩序	14	11	32	16	24	3
行人交通秩序	12	9	34	18	24	3
交警维护交通秩序的工作	25	20	34	8	9	4
执法力度	23	17	34	9	10	7
执法信息公开	18	10	30	10	14	18
疏导交通拥堵	23	18	31	10	12	6
处理交通事故	23	19	29	5	7	17

事 项 \ 评 价	不存在	不严重	不太严重	比较严重	严重	难说
车辆乱穿插	5	9	32	27	23	4
车辆乱停靠	5	9	30	22	28	6
车辆乱鸣喇叭	18	24	38	8	11	1
车辆闯红灯	19	27	37	6	8	3
"五类车"乱搭客	5	9	19	21	40	6
行人闯红灯	5	11	32	20	29	3

(审稿:郭炳松)

B.20

"2013 年度生态环境状况广州市民评价" 民调报告

王文俊*

摘 要:

本文调查市民对本地空气、水、声等环境状况的评价，及对生态环境的安全感受，并从城区、学历、收入等角度分析不同人群的态度特点。调查结果显示，广州市民对生态环境不满上升，水环境和空气环境尤其突出；而且表示本地环境受到污染、因污染感到身体不适的受访市民均有增多。

关键词:

生态环境状况　生态安全感受　环境污染　市民评价

广州社情民意研究中心于 2013 年 6 月进行了 "2013 年度生态环境状况广州市民评价" 民调，围绕空气、水、声、光、土壤五大环境状况，及生态安全感受、环境污染等，了解当前广州市民的评价。

本调查以分层随机抽样方式，通过电话访问了 1000 位广州市民。本报告数据源自广州社情民意研究中心 2013 年 6 月份进行的 "2013 年度生态环境状况广州市民评价" 及 "2013 年度生态安全感受广州市民评价" 调查。本调查范围覆盖全广州市 12 个区（县级市）的常住人口比例进行样本量配额，配额细化到广州市区（县级市）一层，样本分布评估也以区（县级市）一层为准，总样本量为 1000 位年龄在 16～65 岁的广州市民。在 95% 的抽样置信度下，最大绝对误差不超过 3.1%。

---

* 王文俊，广州市社情民意研究中心。

本调查采用电话访问法收集数据。抽样框以民意中心完全自主知识产权建立的"居民电话访问源码库"为准，采用分层随机抽样的方法抽取家庭电话号码。调查中同时采用"最近生日法"，邀请被抽中家庭中生日最靠近访问当天的成年人接受电话访问，以确保样本的随机性。本次调查样本范围覆盖不同性别、年龄、职业、地区、受教育程度的市民，符合广州市人口的性别、年龄基本特征。

调查由受访者对事项进行"满意"、"比较满意"、"一般"、"不太满意"、"不满意"的评价选择，并以满意度和不满意度进行评价特性分析。满意度为选择"满意"与"比较满意"的受访者比例之和；不满意度选择为"不太满意"和"不满意"的受访者比例之和。

本报告描述了不同城区及收入人群的评价特点。将 12 个区（县级市）划分为中心城区、周边城区和外围城区三类。中心城区指越秀区、荔湾区、海珠区和天河区；周边城区指白云区、黄埔区、番禺区和萝岗；外围城区指花都区、南沙区、从化市和增城市。报告对不同收入进行划分，调查中设置了 1、2、3……10 个分值，代表当地收入水平从低到高的 10 个数量等级，由受访者根据自己的感受，对个人收入进行分值选择，从而确定受访人群的收入层级划分标准。"低收入者"为选择"1 分"、"2 分"、"3 分"与"4 分"的受访者；"中等收入者"为选择"5 分"、"6 分"的受访者；"高收入者"为选择"7分"、"8 分"、"9 分"、"10 分"的受访者。

除了抽样误差之外，访问用语及实际操作均可能对民调结果产生影响，如加大误差或引起偏见。①

一 生态环境状况

（一）生态环境：不满意度反弹，超过满意度

市民对生态环境状况评价发生质变，不满意度较 2011 年上升 9 个百分点，

---

① 具体抽样方法请参见广州社情民意研究中心网站（www. c - por. org）上"我们的方法"，完整数据请查阅中心网站"数据库"。

达 30%，超过满意度；满意度较 2011 年下降 10 个百分点，低至 22%。

从近年数据来看，亚运期间生态环境治理取得了成效，市民评价曾有明显好转：2010~2011 年，生态环境市民满意度较 2009 年大幅升至 3 成以上，且高于不满意度。但亚运过去三年，市民满意度直线下降，不满意度迅速反弹，基本恢复到 2009 年时的负面评价（见图 1）。

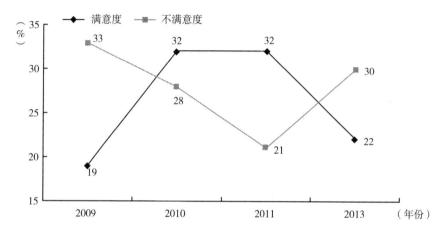

图 1　市民对生态环境的历年评价对比

（二）水环境：市民最不满，且不满上升最多

亚运期间政府治水投入近 500 亿元，然而据市环保局最新公布的 6 月河涌水质显示，50 条河涌中多达 39 条水质不达标，且大部分水质是劣五类。民调数据反映，市民最不满"水环境"，不满意度达 41%，较 2011 年上升了 11 个百分点，不满意度及其上升幅度均居各项环境之首（见图 2）。可见，近 500 亿元治水，却换来市民越来越不满。

分析发现，中心城区和周边城区的居民评价明显为差，不满意度均为 42%，明显高于外围城区 8 个百分点。

（三）空气环境：评价进一步变差，不满突显

市民对"空气环境"的不满意度仅次于"水环境"，为 38%，比 2011 年上升了 7 个百分点，且超过满意度 18 个百分点，评价进一步变差（见图 3）。

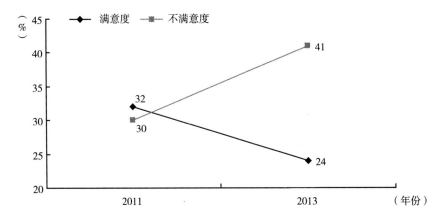

图2　市民对水环境的评价对比

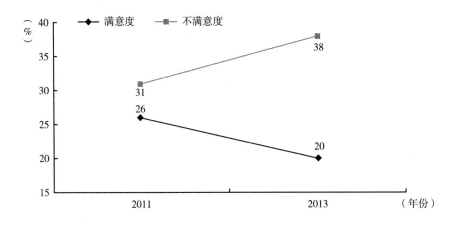

图3　市民对空气环境的评价对比

分析发现，中心城区居民对空气环境的不满意度最高，接近五成，为47%，远高于周边和外围城区11个和24个百分点；外围城区居民表示满意的居多，为37%，与中心和周边城区的不满居多评价截然不同。

（四）声环境：满意度略有下降，不满水平仍较高

对"声环境"，市民的满意度为36%，较2011年的40%略有下降。而不满意度不低，为27%，与2011年持平，依旧维持在每4人就有1人不满的较

高水平。

2011 年相关民调数据已显示，当时在市民看来，噪声污染普遍存在，且严重程度较高；其中以晚上大货车、跑车、改装车高速行驶产生的噪声，白天高分贝的建筑施工噪声污染最严重，认为"一般严重"、"比较严重"、"严重"的市民比例合计在 65% 左右，近两倍于"不太严重"、"不严重"的合计比例。

（五）土壤环境：评价略有下降，且"难说"者不少

对"土壤环境"，市民满意度从 2011 年的 31% 下降到 27%，而不满意度接近两成。此外，表示"难说"的比例一直维持在两成以上，是各项环境中最高的。看来，不少市民对土壤环境状况难以了解。

（六）光环境：满意度高，但有所下降

市民对"光环境"评价较好，满意度接近六成，为 58%，不满意度仅为 9%。相比 2011 年，满意度下降 6 个百分点。

分析发现，外围城区居民的满意度最高，为 73%，而中心城区和周边城区的满意度均不超过六成。

（七）政府环保工作：市民不满多

对政府的环境保护工作，市民不满意度超过三成，为 32%，其中明确表示"不满意"的就有 21%；而满意度为 24%，明显低于不满意度 8 个百分点。

二　生态安全感受

（一）市民对生态环境的安全感有所下降

对本地生态环境，感到"安全"、"比较安全"和"一般"的受访者比例合计为 76%（以下简称"安全感"），较 2011 年减少了 6 个百分点；而感到

"不太安全"和"不安全"的人增至21%（以下简称"不安全感"），即每5
个人就有1个（见图4）。

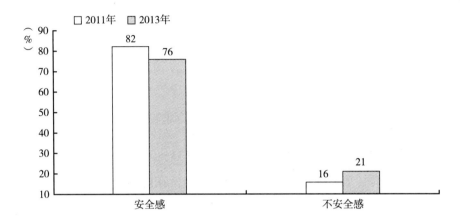

图4 受访者的生态安全感受

本科及以上高学历者不安全感最高，且较2011年上升了9个百分点，升
至30%，而初中及以下低学历者中只有18%。

高收入者和中等收入者的不安全感均明显上升，尤其是高收入者，较
2011年大幅上升12个百分点，至26%，与低收入者的27%基本持平（见
图5）。

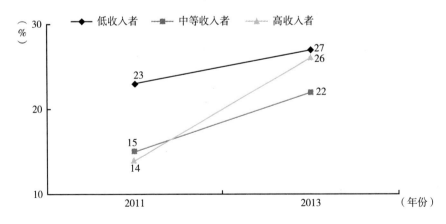

图5 不同收入人群的不安全感受

（二）更多人认为环境受污染，且污染程度较严重

对本地环境，认为"有"污染的受访者多达98%，较2011年增加7个百分点。在这些受访者中，认为"严重"和"比较严重"的人合计超过五成，为58%，其中表示"严重"的就有28%（见图6）。

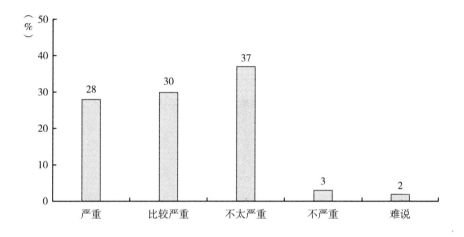

图6 受访者对本地污染严重程度的评价

高学历者中表示有污染的人最多，达80%，比低学历者多出16个百分点。

此外，高收入者中认为有污染的比例为70%，较2011年增加了16个百分点，在各人群中增幅最大。

（三）感到受污染伤害的市民增多，呼吸道疾病最突出

在本次调查中，表示近一年来因环境污染而感到身体不适的受访者比例，较2011年多了5个百分点，达33%，即3人中有1人（见图7）。在身体不适的受访者看来，表示污染对自己健康影响"严重"和"比较严重"的人多达45%，而表示"不严重"和"不太严重"的只有11%。

环境污染造成的不适类型中，不适者选择"呼吸道疾病"的最多，达

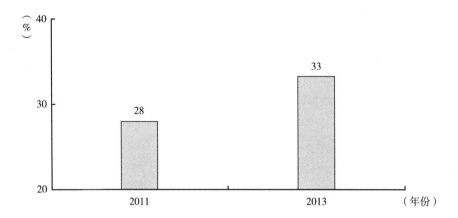

图7 受访者因环境污染而感到不适的比例

72%；其次为"咽喉类疾病"，占50%；选择"失眠、烦躁等精神疾病"和"皮肤类疾病"的人也不少，分别为27%和23%（见图8）。

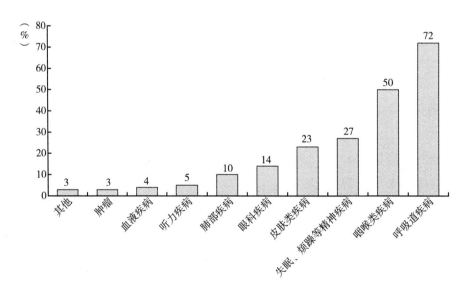

图8 受访者因污染而不适的类型（可多选）

附表：

"2013年度生态环境状况广州市民评价"民调数据

单位：%

事项 \ 态度	满意	比较满意	一般	不太满意	不满意	难说
生态环境状况	12	10	47	10	20	1
空气环境	12	8	41	12	26	1
水环境	15	9	33	13	28	2
声环境	24	12	36	7	20	1
光环境	39	19	31	3	6	2
土壤环境	18	9	32	5	14	22
政府环保工作	15	9	39	11	21	5

"2013年度生态安全感受广州市民评价"民调数据

单位：%

对本地生态环境的安全感受	安全	比较安全	一般	不太安全	不安全	难说
	20	17	39	10	11	3
本地有没有环境污染	—	有	—	—	没有	—
	—	98	—	—	28	—
对环境污染程度的评价	严重	比较严重	不太严重	不严重		难说
	28	30	37	3		2
近一年来有没有因环境污染而身体不适	—	有	—	没有		—
	—	33	—	67		—
不适者对环境污染影响身体健康的程度评价	严重	比较严重	一般	不太严重	不严重	难说
	25	20	43	8	3	1
因环境污染造成的身体不适类型	呼吸道疾病	咽喉类疾病	失眠、烦躁等精神疾病	皮肤类疾病	眼科疾病	
	72	50	27	23	14	
	肺部疾病	听力疾病	血液疾病	肿瘤	其他	
	10	5	4	3	3	

（审稿：蒋余浩）

B.21

BLUE BOOK

对广州"限外"的穗珠民意研究

梁幸枝*

摘 要:

本文调查广州和珠三角地区民众对广州"限外"的态度,对其效果及负面影响的看法。结果显示,两地民众均认为"限外"会起到缓解道路拥堵的效果,其中广州支持政策者过半,珠三角则反对者过半;两地民众均认为"限外"会造成负面影响,主要是影响珠三角一体化进程和增加民众出行的麻烦成本。

关键词:

限外 交通状况 民众看法

为缓解当地交通压力,广州政府拟对非本市籍载客汽车在特定时段、路段实施限行规定(以下简称"限外")。广州和珠江三角洲民众如何看待拟议中的"限外",广州社情民意研究中心 2013 年 4 月中旬,在广州市及珠三角 8 个城市的城区(包括深圳、肇庆、珠海、佛山、江门、惠州、东莞、中山),分层随机抽样电话访问了 1000 位广州市民和 1000 位珠三角市民,进行了专项民调和研究。

本调查分为广州市民及珠三角 8 个城市市民(包括深圳、肇庆、珠海、佛山、江门、惠州、东莞、中山)两部分,其中广州市民部分根据 12 个区(县级市)的常住人口比例进行样本量配额,配额细化到广州市区(县级市)一层,样本分布评估也以区(县级市)一层为准,总样本为 1000 位年龄在 16 以上、65 岁以下的广州市居民;珠三角市民部分根据 8 个城市城区常住人口比例进行样本量配额,总样本为 1000 位年龄在 16 以上、65 岁以下的珠三角市民。

---

* 梁幸枝,广州市社情民意研究中心。

本调查采用电话访问法收集数据。抽样框以民意中心完全自主知识产权建立的"居民电话访问源码库"为准，采用分层随机抽样的方法抽取家庭电话号码。调查中同时采用"最近生日法"，邀请被抽中家庭中生日最靠近访问当天的成年人接受电话访问，以确保样本的随机性。本次调查样本范围覆盖不同性别、年龄、地区和受教育程度的城镇居民，符合人口基本特征。

除了抽样误差之外，问卷用语及实际操作均可能对民调结果产生影响，如加大误差或引起偏见。[①]

一

近年珠三角一体化进程迅猛，以广州为中心，主要城市间的"1 小时生活圈"已初步形成。珠三角民众来穗频繁、密切，丰富了其生活。广州开放包容的城市形象及中心城市服务功能获得珠三角市民认可。但对广州市内交通状况，穗珠民众均多有不满。

1. 穗、珠两地交流频密，广州的中心城市服务功能得到认可

民调显示，达75%的珠三角市民表示近两年去过广州：16%的人"经常去"，59%的"偶尔去"。

在珠三角民众看来，广州既是旅游购物的好去处，又拥有优质的商业、教育、医疗、文娱等服务业。民调发现，珠三角市民到广州最多是"逛街购物"，比例为33%；其次是"旅游"和"探亲"，分别为28%和27%；再次是包括商务洽谈、公务办事和就职上班在内的"工作"，为25%；此外，去"读书"、"看病"及"看演出"者也有5%～10%（见图1）。

广州的中心城市服务功能和开放包容的城市形象，均受到珠三角市民的认可。民调显示，"广州作为中心城市，对周边城市的服务"，珠三角市民表示"满意"和"比较满意"的为37%，远高于不满意者（见图2）。同时，达72%的人认同"广州是一个开放包容的城市"。

---

① 具体抽样方法请参见广州社情民意研究中心网站（www. c – por. org）上"我们的方法"，完整数据请查阅本中心网站"数据库"。

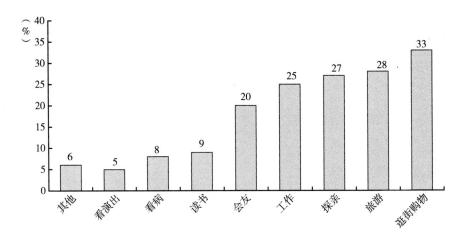

图1 珠三角市民到广州的目的（可多选）

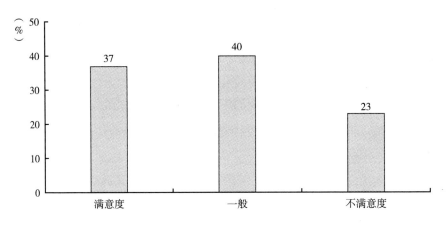

图2 珠三角市民对广州的中心城市服务功能评价

2. 对广州市内交通状况，穗、珠两地民众均多不满

广州城建发展十年巨变，进步显著，得到市民普遍好评，尤以"交通设施"为甚，认为十年来"越来越好"的广州受访市民多达83%，但民调也发现，市民多不满市内交通状况，2012年"道路通行状况"满意度不到三成，不满意度则达33%，且较2011年上升了5个百分点；而对"车内拥挤程度"的不满感受更为突出，达到47%的高水平；尤其是地铁乘客的不满凸显，达61%，较2011年飙升20个百分点。

珠三角市民到广州的方式，主要以"乘坐公共交通工具"为主，比例为

53%；"自己开车"的比例也不低，为38%。对广州交通困境，珠三角市民与广州市民同样深有感受。民调显示，珠三角市民对广州"市内通行"的满意度仅为26%，比广州市民的29%还要低；不满意度则达31%（见图3）。

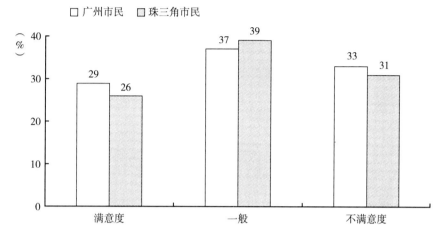

图3　对广州市内通行的评价

珠三角市民不满首要是"道路拥堵"，被选比例高达79%；其次是"停车难"和"公交、地铁拥挤"，被选比例分别为44%和43%（见图4）。此外，

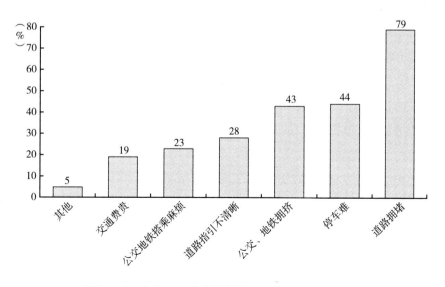

图4　珠三角市民不满广州市内通行的原因（可多选）

"道路指引不清晰"的被选比例也不低，为28%；而在交通费用水平方面，认为贵者仅19%。显然，对珠三角市民而言，广州市内交通的麻烦成本远大于货币成本。

二

穗珠两地民众对广州"限外"效果均给予积极预期，珠三角市民对"限外"也多表示理解；但对"限外"支持与否，两地民众看法不一，广州支持者过半，珠三角则反对者过半。

1. "限外"使珠三角民众赴穗更有搭乘公交意愿，从而减少入城车量

民调显示，珠三角自驾者①中，有42%的人表示"限外"后去广州会不驾车而改用公共交通；还有27%的表示开车到外围再换乘公交；两者比例合计达69%，即有近七成自驾者将不再开车进城（见图5）。

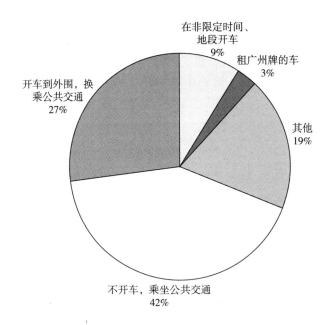

图5　珠三角自驾者应对"限外"的举措

---

① 珠三角自驾者是指自己开车去广州的受访者，下同。

2. 对"限外"效果，穗、珠两地多数市民有积极预期

广州"限外"对缓解道路拥堵的效果，不仅超六成广州市民预期"有用"，而且珠三角市民给予肯定的比例同样高，达58%。调查还发现，不管是广州还是珠三角的自驾者、搭乘公交者[①]，对"限外"效果多给予积极预期，认为"有用"者均过55%（见表1）。

值得注意的是，穗、珠两地仍有超过三成人预期"没用"，其中自驾者持此态度的较多，分别为35%和37%。

表1　受访者对"限外"缓解道路拥堵的预期

单位：%

项目	有用	没用	难说
广州市			
受访总体	61	32	7
搭乘公交者	63	30	7
自驾者	60	35	5
珠三角			
受访总体	58	34	8
搭乘公交者	61	31	8
自驾者	56	37	7

3. 过半数广州市民支持"限外"，但反对者也不少

民调显示，56%的广州市民表示"支持"限行外地车；不管是搭乘公交者还是自驾者的支持比例均较高，无明显差异，分别为57%和56%（见表2）。

然而，广州市民对"限外"表示"反对"者也不少，为27%，即4人中就有1人。

---

① 广州搭乘公交者是指日常出行以乘坐公共交通为主的受访者；广州自驾者是指日常出行以自己开车为主的受访者；珠三角的搭乘公交者是指乘坐公共交通去广州的受访者。下同。

表2　广州受访者对"限外"的支持与否

单位：%

项目	支持	反对	难说
受访总体	56	27	17
搭乘公交者	57	26	17
自驾者	56	29	15

4. 珠三角市民多理解广州"限外"，但支持者少

对广州"限外"，珠三角市民表示"理解"者接近五成，但表示"不理解"者也有44%。分析发现，珠三角搭乘公交者中理解的较多，为54%；自驾者中不理解的较多，为52%（见表3）。

表3　珠三角受访者对"限外"的理解与否

单位：%

项目	理解	不理解	难说
受访总体	49	44	7
搭乘公交者	54	36	10
自驾者	43	52	5

与广州市民多数支持"限外"不同的是，珠三角市民反对者居多，达55%；"支持"者不到三成。分析发现，自驾者、经常赴广州者中，"反对"的比例更高，分别达68%、63%；而佛山市民中"反对"者也甚多，达63%（见表4）。

表4　珠三角受访者对"限外"的支持与否

单位：%

项目	支持	反对	难说
受访总体	29	55	16
搭乘公交者	38	45	17
自驾者	21	68	11
经常赴穗者	26	63	11
偶尔赴穗者	30	56	14
没到过广州者	31	47	22
佛山市民	20	63	17

三

"限外"的负面影响在于，给外地人增添麻烦成本，使其减少赴穗，或转乘公交而承受"道路堵，公交挤"；影响珠三角一体化进程，同时也给广州的城市形象和城市功能造成不良影响。

1. 方便程度广泛受影响，珠三角市民会减少赴穗

"限外"必然增加外地人员赴穗的麻烦。民调中，达81%的珠三角市民预期"限外"对"外地人去广州的方便程度"有影响，广州市民也有72%的人持此态度；而佛山市民认为"有影响"的比例更高达88%。

"限外"造成的不方便，必然会令珠三角市民减少赴穗。民调显示，36%的珠三角受访者表示"限外"后会"减少"到广州的次数，"增加"者仅12%；另有52%的表示会"没变化"（见图6）。

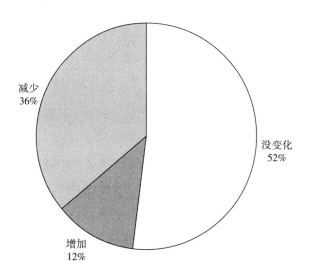

图6 "限外"后，珠三角市民预期赴穗状况

进一步分析发现，商务洽谈、公务办事等"工作"事项作为城际联系的核心，将因"限外"受到很大冲击。赴穗工作者中，达48%的人表示会"减少"到广州；而赴穗"看演出"的影响则相对较小，减少者为31%（见表

5）。同时，自驾者、经常赴广州者，会"减少"的比例甚为突出，分别达56%、54%；此外，佛山市民表示会"减少"的比例也较高，为45%。

表5　不同目的者预期赴穗状况

单位：%

项目	减少	没变化	增多	难说
工作者	48	47	2	3
探亲者	42	50	4	4
逛街购物者	41	50	4	5
会友者	41	56	1	2
读书者	40	51	4	5
看病者	40	52	3	5
旅游者	34	56	4	6
看演出者	31	63	3	3

2. 珠三角一体化建设受影响，佛山市民反应强烈

"限外"不仅影响珠三角市民出行，也影响珠三角一体化建设。对此，分别达63%的广州市民和66%的珠三角市民给予认同。

"广佛同城"是珠三角一体化建设的重要部分，"限外"无疑使"广佛同城"进程大受影响。因此，佛山市民认为"有影响"比例明显要高，达74%。

3. 对广州的城市形象和中心城市功能造成影响

民调显示，珠三角市民认为"限外"对"广州城市形象"和"广州作为中心城市的服务功能"有影响的比例高达68%和63%，而广州市民持此态度也分别达57%和61%。

四

根据上述研究分析，在政策制定上提出以下几点注意。

1. 政策定位要准确，目标要清楚

"限外"的政策目标是要对外地车限行缓堵，作为"限牌"的配套措施，"限外"政策还要防止广州市民"外地上牌，本地使用"，两者必须界定清楚。

为了堵住限牌的政策空子，应采取更有针对性的措施，如购车信息联网，本地户口本地上牌，而不宜以"限外"进行配套。"限外"虽有防止少数广州人到外地上牌的效果，但同时也让众多正当来穗的民众增加麻烦成本。

2. 政策要精细，切忌决策粗糙

研究已显示，民意对"限外"既有聚合点，也有明显分歧。问题的核心是平衡政策的收益与成本，平衡广州交通畅顺与外来民众麻烦加大的关系。需要认真判断，广州"限外"的必要性是否充分？限行路段、时段的选择依据是什么，会产生哪些影响？

3. 政策要试行渐进，减少社会代价

政策实施宜采取试行渐进方式，然后总结、评估，有错则纠，有效则立，无效则止，以此减少政策成本。

4. 要以决策民主化，保障决策科学化

好的决策，要把握民意，还要集中民智。"限外"影响着珠三角和华南地区，涉及了众多利益主体。因此，决策前应组织社会广泛讨论、协商；不仅应有广州市民参加，还应有珠三角市民参加。

（审稿：李江涛）

B.22

城管执法工作广州市民评价民调报告

刘荣新 *

摘 要：

本报告显示，半数受访市民认为城管执法工作有改善，但执法力度和廉洁执法评价均低，对投诉举报处理工作甚为不满；市民对各项具体执法事项不满突出，对违建和市容环境执法的不满明显上升。

关键词：

城管执法　工作状态　执法事项　市民评价

为了解民众对城管执法工作的评价，广州社情民意研究中心于2013年4月进行了民调。调查以分层随机抽样方式，通过电话访问了1000位广州市民。调查根据12个区（县级市）的常住人口比例进行样本量配额，配额细化到广州市区（县级市）一层，样本分布评估也以区（县级市）一层为准，总样本为1000位年龄在16～65岁的广州市民。在95%的抽样置信度下，最大绝对误差不超过3.1%。

调查采用电话访问法收集数据。抽样框以民意中心完全自主知识产权建立的"居民电话访问源码库"为准，采用分层随机抽样的方法抽取家庭电话号码。调查中同时采用"最近生日法"，邀请被抽中家庭中生日最靠近访问当天的成年人接受电话访问，以确保样本的随机性。本次调查样本范围覆盖不同性别、年龄、区（县级市）、受教育程度的城镇居民，符合广州市人口基本特征。

＊ 刘荣新，广州市社情民意研究中心。

调查由受访者对事项进行"满意"、"比较满意"、"一般"、"不太满意"、"不满意"的评价选择，并以满意度、不满意度进行评价特性分析。满意度为选择"满意"与"比较满意"的受访者比例之和；不满意度为选择"不太满意"和"不满意"的受访者比例之和。

除了抽样误差之外，访问用语及实际操作均可能对民调结果产生影响，如加大误差或引起偏见。①

一

1. 半数市民认为城管执法工作有改善，但总体评价不高

对近年广州的城管执法工作，认为"越来越好"的受访者比例为50%；认为"没变化"的人较多，比例为35%，还有8%的受访者认为"越来越差"。

虽然多数市民看到了城管执法工作的进步，但对其的总体工作现状，市民评价多为"一般"，比例为46%；表示"满意"与"比较满意"的比例为27%；持"不满意"与"不太满意"评价的人不少，为23%（见图1）。

同时，对城管执法人员的形象，市民评价也以"一般"居多，比例为48%；认为"好"与"比较好"的比例合计为29%，认为"不好"与"不太好"的合计为18%。

2. "文明执法"评价较高，"执法力度"评价最低

对城管执法工作状态的评价，包括"执法信息公开"、"日常巡查"、"执法力度"、"文明执法"及"廉洁执法"5个方面。

虽然近年各地城管暴力执法的事件不断，但对广州城管人员的"文明执法"，受访市民评价较高，满意度为38%，明显高于18%的不满意度20个百分点。

对"日常巡查"与"执法信息公开"，市民评价以"一般"为主，比例均在四成左右，满意度不高，分别为29%与27%。

① 具体抽样方法请参见广州社情民意研究中心网站（www.c-por.org）上"我们的方法"，完整数据请查阅本中心网站"数据库"。

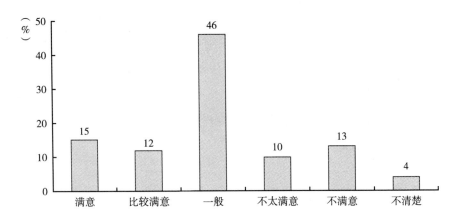

图1 对广州城管执法工作的总体评价

评价最低的是"执法力度"与"廉洁执法",满意度刚过两成,分别为22%与20%,而不满意度达到26%与23%(见表1)。

表1 对执法工作状态具体事项的评价

单位:%

事　　项＼评价	满意度	一般	不满意度
文明执法	38	36	18
日常巡查	29	41	22
执法信息公开	27	38	26
执法力度	22	41	26
廉洁执法	20	29	23

3. 投诉举报处理工作受访者甚为不满

对城管部门接到投诉举报后的跟进处理工作,大多数曾有投诉经历的受访者评价"不满意",比例达72%,而"满意"的只有25%。调查过程中有受访者反映多次打电话投诉举报,始终没有城管人员跟进处理。

二

本调查在广州城管部门的具体执法职责中,选取民众日常生活中最常接触的执法事项，了解市民评价。

1. 具体执法市民不满突出

对 10 项具体执法事项的评价，市民满意度均低于三成，最高的"查处工地违规施工"，也只有 27%，与 32% 的不满意度相比，仍低了 5 个百分点。

从不满意度来看，超过 35% 的多达 9 项。其中"查处乱张贴、乱涂写、乱拉挂、乱设广告"以及由城管与环保部门共同执法管理的"查处违规排放污水废气"，市民评价最差，不满意度高达 48% 与 50%，每两人中就有一人不满。

其次是"对违规放养犬只的执法"与"查处乱倒各类垃圾、淤泥"，不满意度超过四成，分别为 44% 与 43%（见表 2）。

表 2　不满意度前五位执法事项

单位：%

事　　　　　项　　　　评　　　　价	不满意度	满意度
查处违规排放污水废气	50	16
查处乱张贴、乱涂写、乱拉挂、乱设广告	48	25
对违规放养犬只的执法	44	21
查处乱倒各类垃圾、淤泥	43	21
对噪声扰民的执法	38	27

2. 市民对违建与市容环境方面执法的不满明显上升

从可与往年比较的具体事项来看，市民不满意度均上升明显。

其中对"违规乱搭、乱盖、乱建"、"工地违规施工"及"噪声扰民"的执法，不满意度继 2012 年下降后，2013 年分别跃升 13 个、14 个与 9 个百分点，并超过了满意度（见图 2）。原因大体在于：亚运后市政府停挖马路一年，及 2010 年罕见地对违建严厉查处，其后两年违规和扰民现象曾有减少；但 2013 年工地开工的增加，以及违建现象又死灰复燃，市民多有受扰的切身感受。

此外，对"违规排放污水废气"、"违规放养犬只"、"乱张贴、乱涂写、乱拉挂、乱设广告"及"乱倒各类垃圾、淤泥"执法，市民评价整体下降，不满意度较 2011 年增加了 6~13 个百分点（见表 3）。

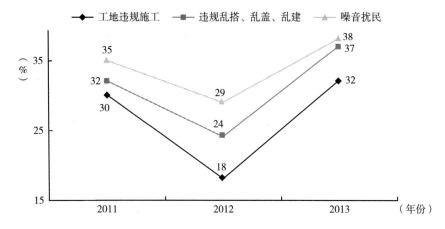

图2 具体执法的历年不满意度对比

表3 具体执法事项历年不满意度对比

单位：%

事项 \ 年份	2013	2011	三年变化
查处乱倒各类垃圾、淤泥	43	30	13
对违规放养犬只的执法	44	33	11
查处违规排放污水废气	50	40	10
查处乱张贴、乱涂写、乱拉挂、乱设广告	48	42	6

　　即使是不断引发"城管与小贩"话题的占道经营，市民对相关执法评价不仅没改善，还呈现下降趋势，满意度较2011年下降了5个百分点，不满意度始终维持在35%左右的较高水平（见图3）。

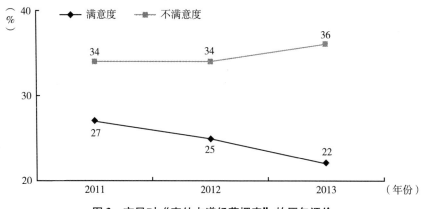

图3 市民对"查处占道经营摆卖"的历年评价

附表：

"城管执法工作广州市民评价" 民调数据

单位：%

事项\评价	满意	比较满意	一般	不太满意	不满意	不清楚
查处占道经营摆卖	13	9	36	13	23	6
查处乱倒各类垃圾、淤泥	14	7	26	9	34	10
查处乱张贴、乱涂写、乱拉挂、乱设广告	17	8	24	9	39	3
查处违规乱搭、乱盖、乱建	17	9	26	6	31	11
对违规占用道路、广场等公共用地的执法	17	8	29	7	29	10
对噪声扰民的执法	20	7	25	7	31	10
查处违规开挖道路	16	6	23	6	31	18
查处违规排放污水废气	12	4	20	8	42	14
查处工地违规施工（夜间施工、不设遮挡、扬尘等）	19	8	23	5	27	18
对违规放养犬只的执法	15	6	22	6	38	13
执法信息公开	19	8	38	8	18	9
日常巡查	19	10	41	5	17	8
执法力度	15	7	41	7	19	11
文明执法	26	12	36	4	14	8
廉洁执法	14	6	29	4	19	28
对广州城管执法工作的评价	15	12	46	10	13	4

广州城管人员给您的印象是	好	比较好	一般	不太好	不好	不清楚
	13	16	48	10	8	5

从趋势来看，广州的城管执法工作，您认为	越来越好		没变化		越来越差	不清楚
	50		35		8	7

近一年来是否有向城管执法部门举报投诉	有			没有		
	6			94		

对城管跟进处理工作的评价	满意		不满意		难说	
	25		72		3	

（审稿：张强）

B.23

垃圾处理实行"按袋收费"
广州市民看法民调报告

吴晓君 *

摘　要：

　　本报告基于"垃圾处理实行'按袋收费'广州市民看法"调查，描述市民对垃圾处理实行"按袋收费"和垃圾袋实行"阶梯式收费"的看法，并从不同城区居民、低收入者和家庭主妇等角度分析不同人群的态度特点。

关键词：

　　垃圾处理　按袋收费　阶梯式收费　市民看法

　　近期，广州市城管委环卫部门有关负责人透露，争取 2013 年上半年开始垃圾处理实行"按袋收费"试点。为了解市民对垃圾处理实行"按袋收费"的看法，广州社情民意研究中心于 2013 年 4 月进行了民调。本调查以分层随机抽样方式，通过电话访问了 1000 位广州市民。调查根据 12 个区（县级市）的常住人口比例进行样本量配额，配额细化到广州市区（县级市）一层，样本分布评估也以区（县级市）一层为准，总样本为 1000 位年龄在 16～65 岁的广州市民。在 95% 的抽样置信度下，最大绝对误差不超过 3.1%。

　　调查采用电话访问法收集数据。抽样框以民意中心完全自主知识产权建立的"居民电话访问源码库"为准，采用分层随机抽样的方法抽取家庭电话号码。调查中同时采用"最近生日法"，邀请被抽中家庭中生日最靠近访问当天的成年人接受电话访问，以确保样本的随机性。本次调查样本范围覆盖不同性别、年

　　* 吴晓君，广州市社情民意研究中心。

龄、区（县级市）、受教育程度的城镇居民，符合广州市人口基本特征。

调查中设置了1、2、3……10个分值，代表当地收入水平从低到高的10个数量等级，由受访者根据自己的感受，对个人收入进行分值选择，从而确定受访人群的收入层级划分。为了便于研究及减少统计误差，将10个分值按1~4、5~6、7~10分为三组，得出受访者3组收入分层。其中，"低收入者"为选择"1分"、"2分"、"3分"、"4分"的受访者；"中等收入者"为选择"5分"、"6分"的受访者；"高收入者"为选择"7分"、"8分"、"9分"、"10分"的受访者。报告中将城区划分为中心城区、周边城区和外围城区。其中，中心城区包括越秀区、天河区、海珠区和荔湾区；周边城区包括白云区、萝岗区、黄埔区和番禺区；外围城区包括增城市、从化市、花都区和南沙区。

除了抽样误差之外，访问用语及实际操作均可能对民调结果产生影响，如加大误差或引起偏见。[①]

一　基本调查情况

（一）越来越多的市民认同垃圾处理应实行"计量收费"

垃圾处理实行"扔得越多，收费越多"的计量收费原则，多达55%的受访市民表示"认同"，"不认同"者为36%，还有9%的人持"难说"态度。剔除"难说"的比例后发现，"认同"比例较1998年增加了6个百分点。

进一步分析发现，本科及以上人群最认同，比例达60%；即便对费用较为敏感的低收入者和家庭主妇，认同比例也有52%和49%。

（二）过半市民赞成垃圾处理实行"按袋收费"

对按袋收垃圾费方式，多达53%的受访市民表示"赞成"，"不赞成"的为36%；在人群上，低收入者和家庭主妇赞成比例也接近五成（见表1）。

---

① 具体抽样方法请参见广州社情民意研究中心网站（www.c‑por.org）上"我们的方法"，完整数据请查阅本中心网站"数据库"。

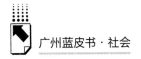

表1 受访者对垃圾处理实行"按袋收费"的看法

单位：%

项目	赞成	不赞成	难说
总体	53	36	11
低收入者	47	39	14
家庭主妇	49	44	7

（三）多数市民不赞成垃圾袋实行"阶梯式收费"

虽然多数人赞成按袋收垃圾费，但对于"垃圾袋用完后，再买专用垃圾袋的价格要比原来高"的做法，受访市民多表示"不赞成"，比例达56%，比"赞成"的多出20个百分点（见图1）。

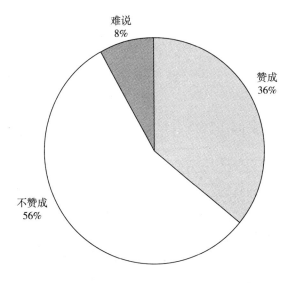

图1 受访者对垃圾袋实行"阶梯式收费"的看法

（四）家庭主妇、低收入者多认为会加重经济负担

按袋收垃圾费，48%的受访市民认为"不会"加重经济负担，但认为"会"的也不少，比例为44%。其中，家庭主妇认为会加重负担的最多，比例高达58%；低收入者也达55%，比高收入者多出17个百分点。

（五）半数市民表示会减少扔垃圾

如果按袋收垃圾费，50%的受访市民表示"会"减少扔垃圾，"不会"的为45%（见图2）。

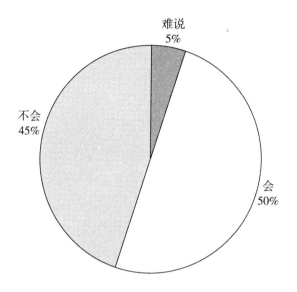

图2　受访者是否会减少扔垃圾

但分析发现，61岁以上老年人表示"不会"减少扔垃圾的比例达54%，截然不同的是，"90后"和"80后"将近六成人表示"会"。此外，中心城区市民表示"不会"的达52%，而周边和外围城区表示"会"的过半。看来，垃圾处理实行"按袋收费"对垃圾减量的效果，会受市民的生活习惯及环境等影响。

二　初步结论

——垃圾处理实行"按袋收费"，大多数市民表示赞同，并会因此减少扔垃圾，表明可达到垃圾减量的政策效果。但对于垃圾袋的"阶梯式收费"方式，市民多不赞成。

——近半数低收入者赞同垃圾处理实行"按袋收费"，同时也多认为会加重经济负担。

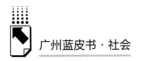

附表：

<h3 align="center">垃圾处理实行"按袋收费"广州市民看法民调数据</h3>

单位：%

	认同	不认同	难说
垃圾处理收费实行"扔得越多,收费越多"原则,对此您是	55	36	9
	赞成	不赞成	难说
对垃圾处理实行"按袋收费",对此您是	53	36	11
垃圾袋用完后,再买专用垃圾袋的价格要比原来高,对此您是	36	56	8
	会	不会	难说
如果按袋收垃圾费,您是否会减少扔垃圾	50	45	5
如果按袋收垃圾费,会不会加重您的经济负担	44	48	8

（审稿：刘冬和）

B.24

广州与珠三角市民关于"香港奶粉限带"意见调查报告

王文俊*

摘 要： 本报告基于"广州与珠三角市民看香港奶粉限带"的民意调查，描述了广州及珠三角两地居民对香港"奶粉限带令"的态度，对其影响的看法，及对国内奶粉的安全感受。

关键词： "奶粉限带令" 安全感 应对方式 居民看法

一 调查与分析方法

为了解民众关于香港政府对出境人员实施"奶粉限带令"的看法，广州社情民意研究中心于 2013 年 4 月，在广州市及珠三角 8 个城市的城区（包括深圳、肇庆、珠海、佛山、江门、惠州、东莞、中山），进行了两次专项民调，以分层随机抽样电话访问了 1000 位广州市民及 1000 位珠三角市民。本报告数据源自本中心 2013 年 4 月份进行的"广州与珠三角市民看香港奶粉限带"调查。本调查分为广州市民及珠三角 8 个城市市民（包括深圳、肇庆、珠海、佛山、江门、惠州、东莞、中山）两部分，其中广州市民部分根据 12 个区（县级市）的常住人口比例进行样本量配额，配额细化到广州市区（县级市）一层，样本分布评估也以区（县级市）一层为准，总样本为 1000 位年龄在 16 岁以上和 65 岁以下的广州市居民；珠三角市民部分根据 8 个城市城区

---

* 王文俊，广州市社情民意研究中心。

常住人口比例进行样本量配额，总样本为 1000 位年龄在 16 岁以上和 65 岁以下的珠三角市民。

本调查采用电话访问法收集数据。抽样框以民意中心完全自主知识产权建立的"居民电话访问源码库"为准，采用分层随机抽样的方法抽取家庭电话号码。调查中同时采用"最近生日法"，邀请被抽中家庭中生日最靠近访问当天的成年人接受电话访问，以确保样本的随机性。本次调查样本范围覆盖不同性别、年龄、地区和受教育程度的城镇居民，符合人口基本特征。

除了抽样误差之外，问卷用语及实际操作均可能对民调结果产生影响，如加大误差或引起偏见。①

二 基本调查情况

（一）"香港奶粉限带"对民众造成广泛影响，但民众多可理解港府政策

对于香港政府"奶粉限带令"，广州与珠三角市民认为对自己"有影响"的人均不少，分别为 36% 和 39%，即 3 人中就有 1 人。在家中有 3 岁以下婴幼儿的广州及珠三角市民看来，奶粉限带影响更大，前者认为"有"影响的为 55%，后者更达 59%。

虽受影响，但对于"香港政府为保障本土儿童的奶粉供应，实施奶粉限带"，广州与珠三角民众仍多表示"理解"，比例分别有 64% 和 59%。家中有婴幼儿的广州及珠三角市民亦多表示"理解"，均为 58%，而"不理解"者在 35% 左右（见表 1）。

（二）民众对国产奶粉仍普遍缺乏安全感，境外购奶行为或长期化

广州与珠三角市民认为国产奶粉"安全"及"比较安全"的人均不过 22%；相反，两地市民认为"不太安全"及"不安全"者达 68% 和 67%，且

---

① 具体抽样方法请参见广州社情民意研究中心网站（www. c - por. org）上"我们的方法"，完整数据请查阅本中心网站"数据库"。

表1　对"奶粉限带令"的影响及看法

单位：%

内容及人群　看法		有	没有	不清楚
影响与否	广州	36	62	2
	珠三角	39	58	3
		理解	不理解	难说
看法	广州	64	26	10
	珠三角	59	32	9

家中有婴幼儿的广州及珠三角市民对国产奶粉看法更为负面，认为"不太安全"及"不安全"者多达73%和71%。民调显示，对于政府监管国内奶企，两地市民认为"没信心"的人均有64%，而"有信心"者只有27%。

国内难以让人心安的奶粉监管，使民众多趋向到境外买国外奶粉。民调显示，在受到"限带"影响的广州与珠三角市民中，购买外国品牌奶粉的人分别多达84%及89%；且61%和59%的人完全通过境外购买，而不在境内购买国产或进口奶粉。

（三）多跑几趟港澳成为民众应对主要方式

由于对国产奶粉缺乏信心，家中有婴幼儿的广州及珠三角市民，应对"奶粉限带令"的首选均是"多跑几趟香港、澳门"，选择比例多达52%和45%；其次是"托关系买国外奶粉"；甚至"在国内买进口奶粉"，也有19%和33%的人选择；但"买国产奶粉"的选择比例，仅分别为16%和8%（见表2）。

表2　受"限带"影响且家中有婴幼儿的广州及珠三角市民应对方式（可多选）

单位：%

人群　看法	多跑几趟香港、澳门	托关系买国外奶粉	网购国外奶粉	买国产奶粉	在国内买进口奶粉	其他
广州	52	39	22	16	19	7
珠三角	45	40	7	8	33	7

附表：

广州与珠三角市民看"香港奶粉限带"数据

单位：%

受奶粉限带影响与否	有		没有		不清楚
广　州	36		62		2
珠三角	39		58		3
对香港政府实施"奶粉限带"的看法	理解		不理解		难说
广　州	64		26		10
珠三角	59		32		9

对国产奶粉的感受	安全	比较安全	不太安全	不安全	难说
广　州	10	9	30	38	13
珠三角	10	12	30	37	11

对政府监管国内奶企的信心	有信心		没信心		难说
广　州	27		64		9
珠三角	27		64		9

受奶粉限带影响的应对方式	多跑几趟香港、澳门	托关系买国外奶粉	网购国外奶粉	买国产奶粉	在国内买进口奶粉	其他
广　州	52	39	22	16	19	7
珠三角	45	40	7	8	33	7

（审稿：谢俊贵）

Abstract

As one of the series of the Guangzhou Blue Book which was listed in the National Series Books published by the Social Science Academic Press, *Analysis and Forecast on Social Situation of Guangzhou in China* (2014) is jointly compiled by Guangzhou University, the Publicity Department of the CPC Guangzhou Municipal Committee, Bureau of Health of Guangzhou Municipality, Guangzhou Municipal Human Resources and Social Security Bureau and Committee for Social Affairs of Guangzhou and published openly in China. The report is composed of the following five parts, including General Review, Social Management, Social Undertaking, Social Affairs and Social Opinion and Sentiment. It is the latest research results from research groups, universities and government departments' experts on social issues, and an important reference book on Guangzhou social operation situation and related topic analysis and forecast.

Throughout 2013, Guangzhou adheres to the people's livelihood first, focuses on the core mission of promoting new urbanization development and constructing happiness Guangzhou, taking protecting and improving people's livelihood as key point, to promoting the universal favorable social security system, and constantly promoting and strengthening social construction and management mechanism innovation, and creating a good social security order. The social development of Guangzhou has a steady trend, people's living standards continued to improve, social care service system construction has made historic progress, the institution construction in social governance areas are put forward steadily, the undertakings in culture, education, medical and health care achieve a major leap forward, and people's livelihood and welfare level is further enhanced, and new achievements in social organizations development and government purchasing social affair services as well.

In 2014, with the guideline of the spirit of the Third Plenary Session of the 18th Central Committee, Guangzhou will promote the social governance system and social management system reform, and build a sustainable development social construction mechanism on the basis of continuing enhancing the social welfare, and form a trend of promoting Guangzhou new type urbanization.

Contents

B I   General Review

Abstract: in 2013, Guangzhou continues to promote and strengthen the
construction of people's livelihood and social governance innovation, the social
system reform reaches a remarkable result, and social governance objects have initial
formed; in the field of some important social construction and development such as
implementing pension service facilities and social governance innovation of basic
people's livelihood construction and social governance have formed the trend of the
rapid advance. Looking into 2014, Guangzhou will undertake reform through the
people's livelihood and social construction, promote the integration of urban and rural
residents medical insurance system, improve public welfare level; social organizations
will develop in good status, the efforts of prevention and anti-corruption continue to
increase, and the social governance objects will form further.

Keywords: People's Livelihood Construction; Social Governance; Social
Organization; Guangzhou

B II   Social Governance

Abstract: this report conducts a comparative evaluation among Shanghai, Beijing and Guangzhou curbing vehicle purchase policy, finds that curbing vehicle purchase policy has a higher effectiveness and efficiency in the early stage, but lower in legitimacy, fairness and response. Moreover, with the policy implementation, the derived negative social effect will gradually emerge. The report suggests that a performance evaluation of the curbing vehicle purchase policy and improve the relevant supporting policy system is needed, and abolish this policy timely.

Keywords: Curbing Vehicle Purchase; Public Policy Evaluation; Improvement

Abstract: Through the survey, this paper finds the satisfaction is rising among new Guangzhou citizen in Guangzhou about sense of identity of integrated into city, public policy, social governance and social service, urban construction, etc. Furthermore, this paper proposes the Guangzhou model of "government making decision, enterprise operating, social participating, co-operation and sharing".

Keywords: Social Governance; Social Service; New Guangzhou Citizen; Integrate Model Innovation

B. 4　　Research on Social Psychological Counseling Mechanism of Construction Happiness Guangzhou　　　　　　　　*Qin Panbo* / 052

Abstract：currently, the social mentality is generally healthy and positive in Guangzhou, but the social negative attitude cannot be ignored. The establishment of social psychological counseling mechanism of construction happiness Guangzhou needs not only direct psychological counseling for adjusting the public psychology, but also the guarantee mechanism improvement, the rational allocation of resources, high efficient of management services and public participation orderly for mitigating the social mentality pressure source.

Keywords：Happiness Guangzhou; Social Psychological Counseling; Mechanism

B. 5　　Research on Migrant Workers Service Management Mechanism Innovation

　　—Taking Sanyuanli, Baiyun District and Shiling, Huadu District as
　　　an Example

　　　　　The Research Group on "Research on Migrant Workers
　　　　　Service Management Mechanism Innovation" / 065

Abstract：Sanyuanli, Baiyun District and Shiling, Huadu District explore the new migrant workers management model through cooperation in the establishment of mobile branch with the migrant workers local party committee. The practice of the exploration of social management mechanism innovation demonstrates that the grass-roots party organizations as an important social organization resource can play an important role in the new historical period.

Keywords：Mobile Party Branch; Migrant Worker; Social Management

B. 6   Talents System Reform and the Policy Innovation

　　—*the Main Experience and Enlightenment from the Construction of Talents Special Zone in Guangzhou Development Zone (High-tech Development Zone)*

The Administration Committee of Guangzhou

Development Zone (High-tech Development Zone) / 072

Abstract: Guangzhou Development Zone (High-tech Development Zone) learned from the Central Talents Affairs Coordination Group's practice in Zhongguancun, Beijing of constructing national talents special zone, accelerating the priority development of talent resources, priority guarantee of talent input, priority supply of talent service, priority cultivation of talent business start. Moreover, Guangzhou Development Zone (High-tech Development Zone) conducts first try in the reform and innovation of talent system and mechanism, and achieves new results in improving talents special zone construction.

Keywords: Talents Special Zone; System and Mechanism Reform; Policy Innovation

B Ⅲ   Social Work

B. 7   The Review of Development of Educational Performance of GuangZhou in 2013 and Expectations in 2014

Guo Haiqing / 083

Abstract: In 2013, GuangZhou education work was leaded for the conception of new urbanization development. Strongly, The work focused on education quality comprehensive evaluation reform of all of primary and secondary school. The reform guided the GuangZhou towards a great pattern of balanced and high quality education reform. In 2014, GuangZhou will be to "do good people's satisfactory education efforts" as the goal, strive to deepen the comprehensive

reform of education field.

Keywords: GuangZhou Education Work; Review; Expectations

B. 8　Investigation of Guangzhou's School-enterprise Cooperation in Technical Workers Training in 2013

He Shilin, Gu Donglian, Chen Caifeng, Li Xingjun and Li Liwen / 098

Abstract: "school-enterprise cooperation" is the basic school system of technical workers training. Guangzhou has positively pushed the school enterprise cooperation and established kinds of cooperation relation with near 2000 enterprises in major construction, curriculum development, teacher training and joint training, etc. , which promotes the technical workers training effectively.

Keywords: Technical Worker Training; School-enterprise Cooperation; Current Status Investigation

B. 9　The Review of Local Health Work in GuangZhou in 2013 and Forecast in 2014　　　　　*Huang Sui, Liu Xiujuan* / 115

Abstract: In 2013, GuangZhou health work mainly around we will deepen reform of the medicine and health care system and other important areas, major achievements; In 2014, GuangZhou health work will continue to promote the reform of the system, building public health service ability.

Keywords: GuangZhou Local Health Work; Reform of the Medicine and Health Care System; Public Health Service

B. 10   Surveying the Knowledge and Satisfaction of Medical Insurance for

Undergraduate in GuangZhou

Liang Pingping, Bai Liping, Chen Jifang,

Huang Hairong and Jiang Renren / 132

Abstract: Objective The survey was conducted to understand the insured and the knowledge and attitude of the undergraduate and the factors influencing satisfaction in Guangzhou. Methods Selected four universities with cluster random sampling method, and a questionnaire survey was carried out among the students. Results Among the students, the coverage of basic medical insurance for urban residents was less than 90% ; 48.3% of the students don't understand the basic medical insurance for undergraduates; single factor analysis showed that grade, census register , source of finance, the knowledge of health care policy that has significant influence on undergraduate'satisfaction of medical treatment insurance. Conclusion undergraduate cognition and satisfaction of medical insuranceare generally low, The government should intensify propaganda, improve policies, simplify reimbursement and referral program, improve the level of treatment, attract more students join.

Keywords: Undergraduate; Health Insurance; Coverage of Medical Insurance; Cognition; Satisfaction

B. 11   Research on the Sustainable Development of Guangzhou's Urban

and Rural Social Pension Insurance   *Bai Mingwen / 141*

Abstract: this paper selects 100 villages of 7 areas in Guangzhou to investigate, and finds the problems such as low pension, single investment channels and hard to hedge, slow in grass-root platform construction. It will impact the sustainable development of Guangzhou urban and rural social pension insurance fund in long term. Therefore, specific recommendations are proposed in the end.

Keywords: Urban Social Pension Insurance; Sustainable Development; Index

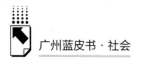

B IV   Social Organization

B. 12   Analysis of present development situation of Guangzhou social
work In 2013 and outlook in 2014

The Research Group of Guangzhou Development

Academe, *Guangzhou University* / 159

Abstract: In 2013, Guangzhou further advances work of the government
purchase of social service and social innovation project construction, and speeds up
the orderly and healthy development of the social organization, strengthens the
leadership and overall coordination of social work. In 2014, Guangzhou will heavily
work, in the development of the economy at the same time, to continue to social
management innovation, standardize social organization management, perfect social
organizations to foster support policy, as well as improve service ability and social
organization to activate social organization.

Keywords: Social Work; Government Purchase of Social Service; Social
Management; Guang Zhou

B. 13   Developmental Models of Government Purchase of Social Service
from Social Work in Guangzhou

Huang Lihua, *Li Qiang and Wang Zhenzhen* / 175

Abstract: Practices of social work in Guangzhou in recent years is distinctive.
Depending on social work institutions and integrated family service center, residents'
demand oriented basic service is supplied by government procurement, which forms
the collaborative governance mechanism. Service relying on social work institutions
has improved the quality of public services provided by government effectively.
However, there are several deficiencies in practice such as non-concrete policy,
unscientific assessment and the lack of social mobilization of services. To promote the

development of social work in Guangzhou, the related system on service specification, organization admittance, resource allocation, services supervision, and talent training needs to be improved.

Keywords: Social Work; Contracting-out; Governance Structure

B. 14   Investigation Report on the Construction of Street Family Comprehensive Service Center in Guangzhou

Wei Zhaolie, Huang Xiaowu / 199

Abstract: This report reveal the features of street family comprehensive service in operation model, fund source, service items and social affair team, and analyzes the elements which restricting its further development, mainly about fund raising and using is not reasonable. On this base, the report proposes countermeasures.

Keywords: Family Comprehensive Service Center; Community Service; Assessment System

Ⅰ⸝ V   Investigation

B. 15   Survey Report for GuangZhou Residents' Social Participation Situation Investigation in 2013

Huang Shiding, Ning Chaoqiao / 215

Abstract: Social participation is a indispensable way to achieve citizen's personal worth, and is also very important in driving social innovation and build an civilized society. This article focus on the true conditions and general characteristics , the participants of the study were 435 citizen in Guangzhou, according 11 different city districts and counties. And based on this, The problems existing in this question pointed out and the settlement policy is put forward.

Keywords: Social Participation; Motive for Participation; Participation Way; Social Organizations

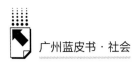

B. 16   Survey Report on Public Evaluation of Urban Status in

Guangzhou in 2013   *Wang Wenjun* / 234

Abstract: This report conducts the Guangzhou citizens' observational evaluation on seven aspects: safety status, economic status, social status, social services, municipal status, political status and the government work. The survey demonstrates that the urban current situation receiving public recognition, municipal status and social service receiving highest satisfaction; comparing with last year, public satisfaction evaluation is rising; "economic development" and "public transport service" increase most.

Keywords: Urban Current Status; Public Evaluation; Poll

B. 17   The Poll Reports of H7N9 Bird Flu in Guangzhou

Liu Rongxin / 243

Abstract: This report surveys on public evaluation on government's H7N9 information release and prevention work, and their opinion on the spread of the illness. The results show the public is satisfy with the government information release work, and hope the health management departments to strengthen prevention.

Keywords: H7N9 Bird Flu; Government's Information Release; Prevention; the Public Opinion

B. 18   Poll Report on the Indoor Air Pollution of Guangzhou Public

Evaluation   *Liang Xingzhi* / 247

Abstract: This report conducts the public opinion on the indoor air pollution status and pollution on health effects, and analyzes the feature of different groups' opinion from educations, ages, and careers. The results demonstrate that the public general feel sense of presence of indoor air pollution, many respondents felt that the pollution causing physical discomfort, and hope the government test the indoor air quality regularly.

Keywords: Indoor Air Pollution; Pollution Level; the Public Evaluation; Health

B. 19　Poll Report on Traffic Order of Guangzhou Public Evaluation

Wu Xiaojun / 252

Abstract: This report conducts the public opinion on the Guangzhou traffic order and the traffic police in maintaining traffic order. The results demonstrate that near half of respondents is not satisfied with traffic order, not only vehicle traffic but also pedestrian traffic order receiving unsatisfied evaluation. Meanwhile, the phenomenon of "five types of vehicles" giving a lift, vehicle random stop and vehicle chaos interspersed is most serious; traffic police receiving good evaluation, but information disclosure of law enforcement has a low satisfied evaluation.

Keywords: Traffic Order; Traffic Police Work; the Public Evaluation

B. 20　Poll Report on Ecological Environment Status of Guangzhou
　　　　Public Evaluation in 2013　　　　　　　　　*Wang Wenjun* / 259

Abstract: This report conducts the public opinion on the environment status of local air, water and sound, and their sense of safety on ecological environment, and analyzes the feature of different groups' opinion from districts, education, and incomes. The results demonstrate that the unsatisfactory is rising in ecological environment, especially in water and air, and a growth in respondents of local environment polluted and not feel right due to pollution.

Keywords: Ecological Environment Status; Sense of Ecological Safety; Environment Pollution; Public Evaluation

B. 21　Poll Report on Outer Car Limit Driving in Guangzhou of Public Evaluation in Guangzhou and Pearl River Delta Region

Liang Xingzhi / 268

Abstract: This report conducts survey about the public opinion in Guangzhou and Pearl River Delta region upon outer car limit driving in Guangzhou and their viewpoint on the effect and negative effect. The results show the public argues that "outer car limit driving" will serve to alleviate road congestion. Among them, more than half of Guangzhou respondents support the policy, while more than half of Pearl River Delta region respondents oppose the policy; the respondents of the two region response "outer car limit driving" will cause negative effect, mainly on the integration of Pearl River Delta and increasing the public travel cost.

Keywords: Outer Car Limit Driving; Traffic Status; the Public Opinions

B. 22　Poll Report on Law Enforcement of Urban Management of Guangzhou Public Evaluation　　*Liu Rongxin* / 278

Abstract: This report demonstrates that half of the respondents think the law enforcement of urban management improved, but the evaluation in law enforcement intensity and clean law enforcement is low, and very unsatisfied in complaint response; the public is unsatisfied with each specific law enforcement matters, the unsatisfactory in the law enforcement of illegally built and the urban environment is rising obviously.

Keywords: Law Enforcement of Urban Management; Working Status; Law Enforcement Matters; the Public Evaluation

B. 23　Poll Report on Garbage Disposal "Fee by Bag" of Guangzhou Public Evaluation　　*Wu Xiaojun* / 284

Abstract: Based on the public evaluation of garbage disposal "fee by bag", this report represent the public opinion on garbage disposal "fee by bag" and step toll of the garbage bag, and analyzes the viewpoints of different groups from districts, low income group and housewives.

Keywords: Garbage Disposal; Fee by Bag; Step Toll; the Public Opinion

B. 24　Poll Report on Hong Kong Milk Powder Restriction of the Public Evaluation in Guangzhou and PRD Region　　*Wang Wenjun* / 289

Abstract: Based on the public evaluation of Hong Kong milk powder restriction in Guangzhou and PRD Region, this report represent the public opinion on Hong Kong milk powder restriction, and their viewpoints of the impact, and their sense of safety of the domestic milk powder.

Keywords: Milk Powder Restriction; Sense of Safety; Response Method; the Public Opinion

权威报告　热点资讯　海量资源

当代中国与世界发展的高端智库平台

皮书数据库　www.pishu.com.cn

　　皮书数据库是专业的人文社会科学综合学术资源总库，以大型连续性图书——皮书系列为基础，整合国内外相关资讯构建而成。该数据库包含七大子库，涵盖两百多个主题，囊括了近十几年间中国与世界经济社会发展报告，覆盖经济、社会、政治、文化、教育、国际问题等多个领域。

　　皮书数据库以篇章为基本单位，方便用户对皮书内容的阅读需求。用户可进行全文检索，也可对文献题目、内容提要、作者名称、作者单位、关键字等基本信息进行检索，还可对检索到的篇章再作二次筛选，进行在线阅读或下载阅读。智能多维度导航，可使用户根据自己熟知的分类标准进行分类导航筛选，使查找和检索更高效、便捷。

　　权威的研究报告、独特的调研数据、前沿的热点资讯，皮书数据库已发展成为国内最具影响力的关于中国与世界现实问题研究的成果库和资讯库。

皮书俱乐部会员服务指南

1. 谁能成为皮书俱乐部成员？

- 皮书作者自动成为俱乐部会员
- 购买了皮书产品（纸质皮书、电子书）的个人用户

2. 会员可以享受的增值服务

- 加入皮书俱乐部，免费获赠该纸质图书的电子书
- 免费获赠皮书数据库100元充值卡
- 免费定期获赠皮书电子期刊
- 优先参与各类皮书学术活动
- 优先享受皮书产品的最新优惠

社会科学文献出版社
SOCIAL SCIENCES ACADEMIC PRESS (CHINA)　皮书系列

卡号： 7856140104892059
密码：

3. 如何享受增值服务？

（1）加入皮书俱乐部，获赠该书的电子书

　　第1步 登录我社官网（www.ssap.com.cn），注册账号；

　　第2步 登录并进入"会员中心"—"皮书俱乐部"，提交加入皮书俱乐部申请；

　　第3步 审核通过后，自动进入俱乐部服务环节，填写相关购书信息即可自动兑换相应电子书。

（2）免费获赠皮书数据库100元充值卡

　　100元充值卡只能在皮书数据库中充值和使用

　　第1步 刮开附赠充值的涂层（左下）；

　　第2步 登录皮书数据库网站（www.pishu.com.cn），注册账号；

　　第3步 登录并进入"会员中心"—"在线充值"—"充值卡充值"，充值成功后即可使用。

4. 声明

　　解释权归社会科学文献出版社所有

皮书俱乐部会员可享受社会科学文献出版社其他相关免费增值服务，有任何疑问，均可与我们联系

联系电话：010-59367227　企业QQ：800045692　邮箱：pishuclub@ssap.cn

欢迎登录社会科学文献出版社官网（www.ssap.com.cn）和中国皮书网（www.pishu.cn）了解更多信息

社会科学文献出版社 **皮书系列**

"皮书"起源于十七、十八世纪的英国，主要指官方或社会组织正式发表的重要文件或报告，多以"白皮书"命名。在中国，"皮书"这一概念被社会广泛接受，并被成功运作、发展成为一种全新的出版形态，则源于中国社会科学院社会科学文献出版社。

皮书是对中国与世界发展状况和热点问题进行年度监测，以专业的角度、专家的视野和实证研究方法，针对某一领域或区域现状与发展态势展开分析和预测，具备权威性、前沿性、原创性、实证性、时效性等特点的连续性公开出版物，由一系列权威研究报告组成。皮书系列是社会科学文献出版社编辑出版的蓝皮书、绿皮书、黄皮书等的统称。

皮书系列的作者以中国社会科学院、著名高校、地方社会科学院的研究人员为主，多为国内一流研究机构的权威专家学者，他们的看法和观点代表了学界对中国与世界的现实和未来最高水平的解读与分析。

自 20 世纪 90 年代末推出以《经济蓝皮书》为开端的皮书系列以来，社会科学文献出版社至今已累计出版皮书千余部，内容涵盖经济、社会、政法、文化传媒、行业、地方发展、国际形势等领域。皮书系列已成为社会科学文献出版社的著名图书品牌和中国社会科学院的知名学术品牌。

皮书系列在数字出版和国际出版方面成就斐然。皮书数据库被评为"2008~2009 年度数字出版知名品牌"；《经济蓝皮书》《社会蓝皮书》等十几种皮书每年还由国外知名学术出版机构出版英文版、俄文版、韩文版和日文版，面向全球发行。

2011 年，皮书系列正式列入"十二五"国家重点出版规划项目；2012 年，部分重点皮书列入中国社会科学院承担的国家哲学社会科学创新工程项目；2014 年，35 种院外皮书使用"中国社会科学院创新工程学术出版项目"标识。

法 律 声 明

"皮书系列"（含蓝皮书、绿皮书、黄皮书）由社会科学文献出版社最早使用并对外推广，现已成为中国图书市场上流行的品牌，是社会科学文献出版社的品牌图书。社会科学文献出版社拥有该系列图书的专有出版权和网络传播权，其LOGO（ ）与"经济蓝皮书"、"社会蓝皮书"等皮书名称已在中华人民共和国工商行政管理总局商标局登记注册，社会科学文献出版社合法拥有其商标专用权。

未经社会科学文献出版社的授权和许可，任何复制、模仿或以其他方式侵害"皮书系列"和LOGO（ ）、"经济蓝皮书"、"社会蓝皮书"等皮书名称商标专用权的行为均属于侵权行为，社会科学文献出版社将采取法律手段追究其法律责任，维护合法权益。

欢迎社会各界人士对侵犯社会科学文献出版社上述权利的违法行为进行举报。电话：010-59367121，电子邮箱：fawubu@ssap.cn。

社会科学文献出版社